Heidi Freistedt

Die Pflegeversicherung – die Sicherung der Pflege durch Wandel

AF667119

Heidi Freistedt, Jahrgang 1953

Heidi Freistedt

Die Pflegeversicherung – die Sicherung der Pflege durch Wandel

Vom Konzept der Sorgenden Gemeinschaften in ambulanten Pflege- und Sorgestrukturen zum digitalen Selbstmanagement aus der Perspektive einer Brandenburger Kommune

SCIENTIA
Das interdisziplinäre Wissenschaftsjournal
Sonderdruck 4 (2020)

Arbeitsgemeinschaft für internationale Beziehungen
Cooperation for international relations

Marosi Verlag, Dr. phil. Silvia Marosi

Bibliographische Information der Deutschen Nationalbibliothek
Die Deutsche Nationalbibliothek verzeichnet diese Publikation in der Deutschen Nationalbibliographie. Detaillierte bibliographische Daten sind im Internet über http://dnb.d-nb.de abrufbar.

Die vorliegende Studie, vormals eine Dissertation, die Prof. Dr. Norbert Kapferer von der Freien Universität zu Berlin aus gesundheitlichen Gründen nicht mehr weiter betreuen konnte, wurde im Rahmen einer erweiterten, akademischen Zusammenarbeit an der Ingenieur-Pädagogischen Akademie (UIPA/ Hochschule) zu Charkow/Ukraine in Verbindung mit einer akademischen, digitalen Vorlesung entwickelt und in dem vorgezeichneten Verlag publiziert.

© 2020 Marosi Verlag
Dr. phil. Silvia Marosi, Sudermannstraße 10, D-67061 Ludwigshafen &
Arbeitsgemeinschaft für internationale Beziehungen
Cooperation for international relations
Unterheide 25, D-46519 Alpen (Niederrhein)

Druck: Books on Demand GmbH, In de Tarpen 42, D-22848 Norderstedt
Printed in Germany 2020

ISBN 978-3-945636-18-3
ISSN 2511-5219

Herausgeber	Arbeitsgemeinschaft für internationale Beziehungen Cooperation for international relations Unterheide 25, D-46519 Alpen (Niederrhein) rs8227@bdvb.de
Redaktionsleitung	JU Dr. Michael F. Ochsenfeld (V.i.S.d.P.), Hildesheim Rechtsanwalt und Dipl.-Verwaltungswirt (FH) Datenschutzauditor (TÜV) Dr. oec. Rainer Schreiber (V.i.S.d.P.), Düsseldorf Promotor der Deutsch-Israelischen Gesellschaft/Berlin, Mitglied des Dt. Fachjournalisten-Verbandes/Berlin
Ausführende Redakteurin/Verlag	Dr. phil. Silvia Marosi, Marosi Verlag, Ludwigshafen
Beirat	Prof. Dr. Jakov Beltschikov †, Riga Prof. Anatolij Chujkin, Königsberg Prof. Dr. habil. Norbert Kapferer †, Berlin Prof. Dr. Hans Klecatsky †, Bundesjustizminister a.D., Innsbruck Prof. Dr. Pichan Sopikorn, Bangkok Prof. Dr. Chrysant von Sturm zu Vehlingen, St. Gallen Dr. Adrian Hollaender, Rechtsanwalt, Wien Dr. Albert Koch, Apotheker, Raesfeld Dr. Klaus Orth, Düsseldorf Dr. Kurt Zeitler, Aachen Dipl.-Ing. Rüdiger Muehle, Bergbau-Ingenieur, Krefeld Dipl.-Kfm. Ralph Seupke, Alpen (Niederrhein)

Inhaltsverzeichnis

Abkürzungsverzeichnis

AAL	Ambient Assisted Living
ACT-UP	Interessenverband, der gesellschaftliche Themen politisiert
AG	Aktiengesellschaft
AG	Arbeitsgruppe
AIOS	Name einer Unternehmensgruppe
App	(engl. von Application) Computerprogramm
AR	augmented reality
AZ	Arbeitszeit
BAGSO	Bundesarbeitsgemeinschaft der Seniorenorganisationen e.V.
BBSM	Brandenburgische Beratungsgesellshaft für Stadtentwicklung und Modernisierung
BfArM	Bundesinstitut für Arzneimittel und Medizinprodukte
BMBF	Bundesministerium für Bildung und Forschung
BTU	Brandenburgische Technische Universität
CBT	Caritas-Betriebsführungs- und Trägergesellschaft mbH
Chatbots	(Chatterbot oder Bot) textbasiertes Dialogprogramm, mit dem per Text oder Sprache kommuniziert werden kann
CM	Case-Manager
CM	Case-Management
COPD	Chronic Obstructive Pulmonary Disease
DVG	Digitales Versorgungsgesetz
DAA	Deutsche Angestellten Akademie GmbH
DSL	Digital Subscriber Line, bezeichnet Übertragungsstandards
DGCC	Deutsche Gesellschaft für Care und Case Managcmcnt c.V.
E-Health-Gesetz	Gesetz für sichere digitale Kommunikation und Anwendung im Gesundheitswesen

eGA	elektronische Gesundheitsakte
eGK	elektronische Gesundheitskarte
ePa	elektronische Patientenakte
ePD	elektronische Patientendokumentation
e-Rezept	Das Rezept wird statt auf Papier in elektronischer Form ausgestellt
e.V.	eingetragener Verein
FABIQ	Fachstelle Altern und Pflege im Quartier
GRG	Gesundheitsreformgesetz
GKV	Gesetzliche Krankenversicherung
IT	Informationstechnik
KGST	Kommunale Gemeinschaftsstelle für Verwaltungsmanagment
KDA	Kuratorium Deutsche Altenhilfe
KI	Künstliche Intelligenz
LPflegeG	Landespflegegesetz
LEA	Lean Empowering Assistant, ein Roboter
MASGF	Ministerium für Arbeit, Soziales, Gesundheit und Frauen
MDK	Medizinischer Dienst der Krankenkassen
ME	Maßnahmenentwickler
Micro-HDML/MHL	technische Bezeichnung für bestimmten Adapter/USB-Anschluss
MIOS	Medizinische Informationsobjekte
MR	mixed reality
mtl.	monatlich
NBA	Neues Begutachtungsassessment
NNP	NachbarschaftsNetzwerk Pflege
PE	Projektentwickler
PflBRefG	PflegeBerufeReformGesetz
PIN	persönliche Identifikationsnummer
PNG	Pflegeneuausrichtungsgesetz
PSG	Pflegestärkungsgesetze
PVG	Pflegeversicherungsgesetz
QK	Quartierskoordinator

QM	Quartiersmanager
SG	Sorgende Gemeinschaften
SGB	Sozialgesetzbücher
SIS	Strukturierte Informationssammlung
Std.	Stunden
SONG	Soziales Neu Gestalten
TI	Telematikinfrastruktur
Tool	ein Programmierwerkzeug
TSVG	Terminservice- und Versorgungsgesetz
TV	Television
TÜV	Technischer Überwachungsverein
USB	Universal Serial Bus, verbindet einen Computer mit einem externen Gerät
VR	virtual reality
WLAN	Wireless local area network, drahtloses lokales Netzwerk

Erklärung

Zur besseren Lesbarkeit wird in der gesamten Arbeit die männliche Form verwendet. Die Angaben beziehen sich auf alle Geschlechter.

1 Einführung in die Themenstellung

1.1 Kontext des Wandels

1.1.1 Der demografische und der gesellschaftliche Wandel sind umfassend

Wir leben in einer Gesellschaft, die durch einen sich schnell vollziehenden demografischen und gesellschaftlichen Wandel gekennzeichnet ist. Dieser wird seit Mitte der 1980er Jahre als strukturelles Risiko für die Bundesrepublik Deutschland eingeschätzt. Das Risiko besteht in der Überalterung der Bevölkerung. Bereits im Jahr 1993 haben Naegele/Tews (1) Deutschland durch eine „alternde Gesellschaft" charakterisiert. Wie in den meisten Industrienationen beruht auch in Deutschland die Überalterung zum einen auf der Tatsache, dass die Geburtenrate unter dem Bestanderhaltungsniveau liegt, und zum anderen darauf, dass die Lebenserwartung deutlich ansteigt.

1.1.2 Die Herausforderung wird von der Gesellschaft problemorientiert wahrgenommen

Die alternde Gesellschaft wird allgemein wahrgenommen als eine soziale Herausforderung, in der immer mehr ältere Menschen zunehmend weniger jüngeren Menschen gegenüberstehen. Darüber hinaus werden die älteren Menschen immer älter. Diese Wahrnehmung des dreifachen Alterns *(Die absolute Zahl der über 60jährigen Menschen steigt. Der Anteil der über 80jährigen Menschen steigt. Der Anteil der über 60jährigen Menschen an der Gesamtbevölkerung steigt.)* führte bereits Anfang der 1990er Jahre dazu, dass in den öffentlichen Debatten die möglichen Folgen des demografischen Wandels vorwiegend negativ dargestellt wurden. Diskutiert wurden eine außerordentlich hohe finanzielle, soziale und pflegerische Belastung und Gefahr für die Gemeinschaft und die nachfolgenden Generationen. Die in den öffentlichen Debatten vorherrschende Fokussierung auf die Auswirkungen der Alterung der Gesellschaft auf die bestehenden Systeme, insbesondere auf die Sozialversicherungssysteme, hat bundesweit zu Angst und Unsicherheiten geführt.

Themen wie Altenbetreuung, Altenfürsorge, Pflegebedürftigkeit, Pflegeleistungen, Pflegekosten und soziale Sicherheit wurden deshalb seit Anfang der neunziger Jahren als eine angstbesetzte ungewisse Herausforderung diskutiert. Die strukturellen, politischen, sozialen, wirtschaftlichen und kulturellen Auswirkungen und Folgen des demografischen Wandels für nachfolgende Generationen sind bis in die Gegenwart weder absehbar noch sind sie in ihrer Komplexität erforscht.

1.1.3 Die Alterung der Gesellschaft in der Wahrnehmung des Einzelnen

Die Alterung der Gesellschaft wirkt sich auf einzelne Familien aus. Gab es bisher üblicherweise drei, selten auch vier Generationen, die gleichzeitig lebten, verschiebt sich heute durch Hochaltrigkeit die Familienstruktur. Die Konstellation von vier Generationen ist nicht mehr unüblich, dadurch steigt in der familialen Pflege der Bedarf an Pflegeleistungen und Pflegeerbringern. Die berufstätige Generation der 40- bis 50-Jährigen, die noch für ihre Kinder sorgen muss, ist gleichzeitig eingebunden in die familiale Pflege von Eltern und Großeltern. Bisweilen stellt dies eine dreifache Pflegebelastung dar. Notwendige Voraussetzungen, um überhaupt pflegen zu können, sind, dass die räumliche Nähe des Pflegers zur pflegebedürftigen Person gegeben ist und die berufliche Einbindung des Pflegers eine Pflegeerbringung erlaubt.

Die heutige hochanteilige Erwerbstätigkeit der Frauen hat das Frauenbild und die bisherige Rolle der Frau als hauptsächliche Pflegeperson in der Gesellschaft nachhaltig verändert.

Wurden bislang ca. 70 % der Pflegebedürftigen ambulant, d.h. mithilfe der Familien, versorgt, vorzugsweise von nicht berufstätigen Frauen, stellt sich zunehmend folgende Frage: Wodurch werden künftig die familialen Leistungen ersetzt, um eine stationäre Pflege zu vermeiden?

1.1.4 Der sozialpolitische und der sozialwirtschaftliche Kontext

Bei schwindenden Pflege- und Sorgeerbringern, bei teilweise in Umbruch befindlichen Hilfestrukturen und dem Wegbrechen der familialen Pflege kommen Fragen nach Solidarität und Subsidiarität in der Gesellschaft auf.

Gleichzeitig halten Politik, Gesellschaft, Wohlfahrtsverbände und auch die Mehrheit der Bürger mit Überzeugung an dem Prinzip fest: Ambulante Versorgung hat Vorrang vor einer Unterbringung in Pflegeheimen.

Solidarität oder familiale Generationenbeziehungen unterliegen Bedingungen und Einflüssen, die nicht nur von den handelnden Personen gesteuert werden, sondern auch die Lebensbedingungen und die gelebten Arbeitsstrukturen bestimmen wesentlich die Generationenbeziehungen. Zu den Lebensbedingungen und Arbeitsstrukturen gehören das Arbeitsrecht, die Mietrecht, das Erbrecht etc.

Gesellschaftliche und kulturelle Voraussetzungen für Solidarität und Generationenbeziehungen sind geeignete Rahmenbedingungen und öffentliche Wertschätzung.

Subsidiarität ist ein ordnungspolitisches Prinzip im Sozialstaat. Es war ursprünglich dafür gedacht, die Selbstbestimmung und die Selbstverantwortlichkeit des Individuums zu schützen. Nur wenn die Möglichkeiten des Einzelnen zur Daseinsgestaltung nicht ausreichen, sollten staatliche Institutionen subsidiär eingreifen. „Begründet wird dieses Prinzip zum einen durch die Freiheit und Würde des Menschen. Er darf von der Gesellschaft nicht entmündigt werden. Sodann in der Struktur und Eigenart der kleinen Lebenskreise – allen voran der Familie. Subsidiarität (der höheren Ebene) bedeutet aber auch Hilfe von oben nach unten. Das höhere Sozialgebilde darf zugunsten des Einzelnen und seiner kleinen Lebenskreise eingreifen, wenn der Eingriff geboten ist: im Falle von Gemeinschaftsaufgaben oder ergänzend, wenn – möglichst vorübergehend – Hilfe geleistet werden muss. Der Bundestag … entschied sich für das Konzept einer umfassenden Sozialpolitik für die große Mehrheit des Volkes. Er traf damit die für die Entwicklung der Republik bis heute bedeutsamste und am nachhaltigsten wirksame politische Entscheidung. Angesichts der zentralen Bedeutung und des Gewichtes der Sozialpolitik und ihrer Institutionen formte sie von Anfang an und bis heute die Vorstellung der Bürger vom sozialen Rechtsstaat als dem umfassend sozial verpflichteten Staat als dem Vater Staat.“ (2)

Der Sozialstaat hat in den vergangenen drei Jahrzehnten die durch Substitution und das Recht auf eigene Verantwortung bestimmten Räume zunehmend besetzt und in der Folge verstaatlicht. Der Sozialstaat ist heute, insbesondere bei der Pflegeversicherung, hochgradig zentralistisch organisiert. Je zentralistischer eine staatliche Ordnung ist, desto geringer ist der Spielraum für zivilgesellschaftliche Verantwortung. So wird z. B. auf Bundesebene entschieden, welche Pflegeleistungen vor Ort gewährt werden. Staatliches Handeln ist notwendigerweise zentralistisches einheitliches Verwaltungshandeln ohne die persönlichen Dimensionen des zwischenmenschlichen Zusammenwirkens. Empathie als gesellschaftlicher Wert bleibt eine menschliche Eigenschaft.

Der Sozialstaat erweitert seine staatlichen Zuständigkeiten stetig, dadurch wird er anfälliger für zielgerichtete Beeinflussungen und er erschwert koordiniertes Handeln.

Unsere Erwartungen und Hoffnungen an den sorgenden, beschützenden, aber auch zentralistischen Sozialstaat beschreiben die Grenzen seiner wirtschaftlichen, politischen und demokratischen Möglichkeiten.

Es wird in der Architektur eines künftigen Sozialstaates um die Neujustierung der Subsidiarität in der politischen und gesellschaftlichen Ordnung gehen und damit auch um eine Ausdifferenzierung des Sozialstaates. Biedenkopf beschreibt dies wie folgt: „Alle Denkstrukturen müssen sich in offenen, an Problemen orientierten, politischen gesellschaftlichen und kulturellen Diskursen entwickeln. Dazu braucht es Offenheit, Vertrauen und die Bereitschaft zum Wettbewerb – Eigenschaften, die der Staat weder hervorbringen kann noch zu bieten hat.“ (3)

Deutschland hat historisch seine Ausrichtung als Sozialstaat im Wesentlichen auf das Sozialversicherungsprinzip gegründet. Neben den vier Säulen Renten-, Kranken-, Arbeitslosen- und Unfallversicherung wurde mit der Einführung der Pflegeversicherung im Jahr 1993 politisch an dieser Versicherungsorientierung weiter festgehalten. Die Beitragszahlungen sollen Rechtsansprüche der Beitragszahler für spätere Leistungen garantieren. Für die Sozialkassen bedeutete die Wiedervereinigung Deutschlands einen immensen Geldabfluss. Aus der ursprünglich gedachten Anschubfinanzierung für die neuen Bundesländer aus dem Überschuss der Sozialkassen entstanden eine, wie Trampusch sagt, „Erschöpfung des Sozialstaates“ (4) und eine schnell wachsende Staatsverschuldung.

Einen Kurswechsel in der Sozialpolitik und deren Neuausrichtung brachte die Agenda 2010. Neben zahlreichen Maßnahmenpaketen wurde ein neues Legitimationsmuster, die Ausrichtung auf die individuelle Verantwortungswahrnehmung und die persönliche Pflicht des Leistungsempfängers, herausgestellt. Auch die staatliche und die kommunale Daseinsvorsorge sind in einer umfassenden Veränderung begriffen. Mit neuen gesellschaftlichen und politischen Konzepten, wie der ‚Kultur des Helfens‘ neuen individuellen Lebensentwürfen und Verantwortungsübertragungen sollen die Herausforderungen des demografischen Wandels auf lokaler Ebene bewältigt werden. Der demografische Wandel zeigt heute, dass die Verlässlichkeit auf Personen, Strukturen und Prinzipien des Sozialstaates fragil erscheint, wie auch die Möglichkeiten von Verantwortungsübertragung und -übernahme durch Staat, Kommune und Familie.

1.1.5 Veränderungen als Chance verstehen

Der demografische Wandel verändert das gesellschaftliche System. Er reformiert die Altenpflege, verändert jede kommunale lokale Daseinsvorsorge und erfordert ein neues Denken, das Älterwerden und Alter selbstbestimmt und proaktiv interpretiert. Welchen Ausgang die durch den demografischen Wandel herbeigeführten Veränderungen nehmen werden, ist ungewiss. Der Ausgang ist offen, gestaltbar und chancenreich für neue Ideen.

Eine statische Sichtweise auf das Alter, zum Beispiel die Fragen, welche Gefahr der demografische Wandel für die Sozialversicherung birgt oder welche Gefahren sich aus dem demografischen Wandel für die Gesellschaft ergeben, missverstanden und negativ diskutiert, erscheint hinsichtlich einer Problemlösung nicht zielführend.

Die Gesellschaft sollte eine dynamische Sichtweise auf den demografischen Wandel entwickeln, und sich durch systemisches Denken, das sich an den Möglichkeiten, die der demografische Wandel hervorbringt, orientieren.

Der demografische Wandel ist gleichzeitig eine Chance für gesellschaftliche Veränderungen. Ein längeres gesundes Leben ist immer ein Glück, ein persönliches Geschenk, das über den Einzelnen hinaus Wirkung entfaltet. Wenn es der Gesellschaft gelingt, die Chancen des Wandels für Reformen zu nutzen, z.B. für Veränderungen im persönlichen Bereich (neue Lebenskonzepte), in der Gesellschaft (Wandel als Kultur), aber auch in der Wirtschaft (Umverteilung der Arbeit), kann der demografische Wandel auch durch Umbau der sozialen Sicherungssysteme zu mehr Individualität, Selbstbestimmung und Zufriedenheit beitragen.

Damit ermöglicht der demografische Wandel besonders im Bereich der ambulanten Pflege, Chancen, neue Konzepte, neue Initiativen und neue Verantwortungsgemeinschaften zu finden und zu etablieren.

Denn die Langlebigkeit ist kein Zukunftsszenario. Sie betrifft die meisten unserer Zeitgenossen. Langlebigkeit bedeutet heute nicht nur, lange gesund und aktiv zu bleiben, sie bedeutet auch, das Alter als Lebensphase neu zu definieren, es neu in gesellschaftliche, wirtschaftliche und kulturelle Strukturen einzubinden, Altersbilder zu verändern und dem Alter neue Formen der politischen Mitbestimmung und Mitverantwortung in verschiedenen Bereichen zugeben. Langlebigkeit ist auch eine Bildungsbereicherung der Gesellschaft.

Die Fragen, die sich ältere Bürger stellen, lauten nicht mehr, wie sie im Alter leben sollen, sondern sie fragen sich heute, wie, mit wem, wo und wofür sie die zusätzliche Zeit sowie die sozialen, wirtschaftlichen, kulturellen und intellektuellen Kompetenzen und Ressourcen konkret nutzen können, um noch lange Zeit mündig zu bleiben, die Selbstbestimmung und die soziale Teilhabe zu erhalten und im eigenen Wohnumfeld das Leben im Alter und bei Pflegebedürftigkeit zu bewältigen.

Die vorliegende Arbeit zeigt relevante Veränderungen im Bereich der Daseinsvorsorge, die durch den demografischen Wandel und durch aktuelle Gesetze entstanden sind. Sie untersucht auf kommunaler Ebene Pflege- und Betreuungskonzepte und geht Empfehlungen aus dem Sozialgesetzbuch nach, um Erkenntnisse für zukunftsfähige Reformen im Ambulanten Pflegebereich zu eruieren.

1.2 Die bundesdeutsche Pflegesituation – eine Bestandsaufnahme

1.2.1 Definition guter Pflege und Betreuung

Alle Menschen in Deutschland, unabhängig davon, ob sie Hilfe oder Pflege benötigen, haben die gleichen Rechte. Staat und Gesellschaft tragen eine besondere Verantwortung für den Schutz der Personen, die sich nicht selbst artikulieren oder vertreten können.

Die Bundesregierung hat in diesem Zusammenhang im Jahr 2005 den Runden Tisch *Pflege* einberufen, um grundlegende und selbstverständliche Rechte von hilfe- und pflegebedürftigen Menschen zu stärken, zu definieren, zusammenzufassen und zu erläutern. Es entstand die *Charta der Rechte hilfe- und pflegebedürftiger Menschen.* An dieser politischen Urkunde haben Vertreter aus Sozialverbänden, aus politischen Gremien wie Bundesländern und Kommunen, aber auch Experten aus Praxis und Wissenschaft mitgewirkt.

Die Charta beschreibt sowohl die Rechtsstellung der hilfe- und pflegebedürftigen Menschen und fungiert gleichzeitig als Richtlinie für Pflegekräfte und Pflegedienste, die Verantwortung tragen im Pflegeprozess, bei der individuellen Betreuung oder medizinischen oder therapeutischen Behandlung. Die Charta definiert Qualitätsmerkmale und Ziele für eine gute Pflege und Betreuung.

Die acht Artikel der Charta lauten:

(1) Selbstbestimmung und Hilfe zur Selbsthilfe,
(2) Körperliche und seelische Unversehrtheit, Freiheit und Sicherheit,
(3) Privatheit,
(4) Pflege, Betreuung und Behandlung,
(5) Information, Beratung und Aufklärung,
(6) Kommunikation, Wertschätzung und Teilhabe an der Gesellschaft,
(7) Religion, Kultur und Weltanschauung sowie
(8) Palliative Begleitung, Sterben und Tod.

Die in der Charta aufgeführten Rechte sind neben dem Grundgesetz auch verankert im

- § 1 Sozialgesetzbuch (SGB) IX – Recht auf Teilhabe am Leben in der Gesellschaft,
- im § 2 SGB XI – Recht auf Selbstbestimmung und Selbstständigkeit,
- im § 7 SGB XI – Recht auf Aufklärung und Beratung,
- im § 5 SGB XI – Recht auf Vorrang der Prävention und Rehabilitation
- im § 3 SGB XI – Vorrang der häuslichen Pflege und
- im § 33 SGB I – die Rechte nach dem Sozialhilferecht, die das Recht auf individualisierte Leistungen einschließt.

In zahlreichen weiteren bundesdeutschen Gesetzen und Verordnungen sind rechtliche Verbürgungen für hilfe- und pflegebedürftige Menschen festgeschrieben.

1.2.2 Politische und rechtliche Intentionen und Aktivitäten der Bundesregierung

Im Jahr 1989 hat die Bundesregierung das Gesundheitsreformgesetz (GRG) verabschiedet. Mit diesem wurde die gesetzliche Krankenversicherung aus der Reichsversicherungsordnung herausgelöst und als eigenständiger Teil in das Sozialgesetzbuch, als SGB V, überführt.

Mit dem GRG verfolgte die Bundesregierung unter anderem das Ziel, die Ausgaben der gesetzlichen Krankenversicherung zu reduzieren. Dazu wurde an dem Grundsatz, dass die ambulante Pflege Vorrang vor der stationären Pflege hat, festgehalten. Der Begriff der Solidarität wurde neu bestimmt, indem die Leistungen der Solidargemeinschaft auf das medizinisch Notwendige beschränkt wurden. Die Eigenverantwortung, die Ausschöpfung der Wirtschaftlichkeitspotentiale und die Nutzung der Reserven wurden gestärkt. Unter den zentralen Regelungen des Gesetzes fand sich auch die Neugründung des Medizinischen Dienstes der Krankenkassen.

Nur kurzfristig, bis Ende der neunziger Jahre, haben die Krankenkassen ihr Ziel erreicht, die Ausgaben zu reduzieren und die Beitragssätze konstant zu halten. Die danach beginnenden Reformen der gesetzlichen Krankenversicherung umfassen bis zum Jahr 2018 mehr als 30 Gesetze.

Das GRG war ein bedeutsamer strategischer Schritt, die Finanzierung der Pflege von den Kosten für die Krankenversorgung zu trennen.

1.2.3 Die soziale Pflegeversicherung

Im Jahr 1995 wurde die Pflegeversicherung als fünfte Säule, neben Kranken-, Unfall-, Renten- und Arbeitslosenversicherung, als SGB XI in die gesetzliche Sozialversicherung aufgenommen. Mit dem Pflegeversicherungsgesetz will der Gesetzgeber das Risiko der Pflegebedürftigkeit teilweise, denn ein Teil des Risikos verbleibt beim Pflegebedürftigen selbst, absichern und durch den Selbstbehalt die öffentliche Finanzierung begrenzen. Deshalb haben die Leistungen der Pflegeversicherung von Anfang an nur ergänzenden, nicht aber bedarfsdeckenden Charakter.

Erhalten Versicherte Leistungen aus der Pflegeversicherung, bleibt ihr Anspruch auf andere soziale Leistungen, ebenso wie bei der Krankenversicherung, z.B. Rente, Wohngeld, Sozialhilfe, davon unberührt. Aber die Leistungen der Pflegeversicherung decken nicht, wie bei der gesetzlichen Krankenversicherung, den notwendigen Bedarf, sondern stellen lediglich eine Grundsicherung dar, die im Regelfall durch eigene Beiträge, wie Familieneinkommen und -vermögen, Leistungen von Familienhaushalten, nachbarschaftlichen oder sozialen Netzwerken, komplettiert werden muss. Sind Familieneinkommen oder -vermögen nicht vorhanden, greifen die Betroffenen auf Hilfe zur Pflege, SGB XII, das ehemalige Bundessozialhilfegesetz, zurück.

Das Prinzip der Leistungsgewährung der sozialen Pflegeversicherung folgt der Logik der Subsidiarität im Sinne von Eigen- und Selbsthilfeverantwortung vor einer kollektiven, sozialstaatlichen Sicherung und Verantwortungsübernahme und bricht mit der Tradition der Bedarfsorientierung sowie dem bis dahin angewandten Solidarprinzip.

Damit verlässt die Pflegeversicherung konsequent das zuvor geltende Bedarfsdeckungsprinzip.

In § 3 SGB XI beschreibt der Gesetzgeber, „die Pflegeversicherung soll mit ihren Leistungen vorrangig die häusliche Pflege und die Pflegebereitschaft der Angehörigen und Nachbarn unterstützen, damit die Pflegebedürftigen möglichst lange in ihrer häuslichen Umgebung bleiben können. Leistungen der teilstationären Pflege und der Kurzzeitpflege gehen den Leistungen der vollstationären Pflege vor."

Die Pflegeversicherung, als eine reduzierte und abgestufte Sicherung, wird ergänzt durch die Beiträge des Sozialhilfeträgers, Leistungen der Familien, nachbarschaftliche Leistungen und Leistungen sozialer Netzwerke. Die Pflegeversicherung ist keine bedarfsdeckende Grundsicherung, die Gewährung der Leistungen erfolgt vermögens- und einkommensunabhängig als Grundsicherung, setzt aber eine unabhängige Einschätzung der Pflegebedürftigkeit durch den Medizinischen Dienst der Krankenkassen voraus.

Die Pflegeversicherung definiert die „pflegerische Versorgung der Bevölkerung“ als eine „gesamtgesellschaftliche Aufgabe“ (§ 8 SGB XI). Dabei sollen die Bundesländer, Kommunen, Pflegeeinrichtungen, Pflegekassen und der Medizinische Dienst die „Bereitschaft zu einer humanen Pflege und Betreuung durch hauptberufliche und ehrenamtliche Pflegekräfte sowie durch Angehörige, Nachbarn und Selbsthilfegruppen“ (§ 8 SGB XI) unterstützen und fördern. Sie sollen hinwirken „auf eine neue Kultur des Helfens und der mitmenschlichen Zuwendung“ (§ 8 SGB XI).

Die Pflegeversicherung ist, seit es sie gibt, vielfach kritisiert worden. Die Hauptangriffspunkte waren die Gewährung der Leistungen als Teilleistungen und die Kostenverschiebung hin zum Pflegebedürftigen und seiner Familie.

Fuchs, H. (5) fasst die Kritiken wie folgt zusammen, „Diese Gesetzespassagen sind vielfach negativ gedeutet worden. Kritikerinnen und Kritiker, die das SGB XI vorwiegend unter traditionellen bedarfsorientierten Sicherungs- und Versorgungsaspekten betrachten, haben hierin beschönigende Umschreibungen für eine unzureichende Absicherung des Pflegerisikos sowie einen wachsenden Kostendruck und die Deprofessionalisierung in der Versorgung und Pflege gesehen“.

Dammert, M. (6) differenziert die Kritiken am Pflegeversicherungsgesetz, „Kritik an der Ausgestaltung und inhaltlichen Konzeption der sozialen Pflegeversicherung muss also immer zweierlei beinhalten: zum einen Kritik an ihren Verfahrensfehlern, die eher technischer Natur sind, also „handwerkliche“ Fehler, … zum anderen aber auch Kritik an ihren grundsätzlichen Gestaltungsprinzipien“.

Dammert, M. bringt die soziale Pflegeversicherung auf die mathematische Formel „Grundversorgungsmodell“ + „Sozialpolitik aus der Nähe“ nach dem Leitbild einer „neuen Kultur des Helfens“ = soziale Pflegeversicherung“ (7).

Auffallend ist, dass hier zwei verschiedene Faktoren zusammengeführt werden: der Faktor „Grundversorgungsmodell", der berechenbar und kalkulierbar ist durch die Einnahmeseite und den gedeckelten Kostenbereich, sowie der unbekannte Faktor „Sozialpolitik aus der Nähe", den Dammert beschreibt als „das so genannte soziale Kapital und dessen Verhalten, oder vielmehr die Bedingungen, die das Verhalten und die Mitwirkungsbereitschaft des Sozialkapitals im gewünschten und vorgesehenen Maße positiv oder negativ beeinflussen". (8)

„Der Gesetzestext kann aber auch – so andere Expertinnen und Experten – als Ausgangspunkt für die Entwicklung einer neuen Balance von staatlichen, marktlichen, familiaren und nachbarschaftlichen, freiwilligen Beiträgen und Leistungen interpretiert werden. In dieser Sichtweise könne das SGB XI vielfältige Möglichkeiten zur Entwicklung von Konzepten eröffnen, die darauf abzielen, professionelle Hilfen und Beiträge aus dem familiären Umfeld produktiv miteinander zu verbinden", so Evers (9).

Die in den letzten zwanzig Jahren stattgefundenen zahlreichen Reformdebatten um die Pflegeversicherung zeigen, dass die Nachbesserungen der ‚handwerklichen Fehler' durch den Gesetzgeber erfolgten, aber die Grundsatzentscheidung, das Festhalten am Leitbild der neuen ‚Kultur des Helfens', das heißt der Vorrang der Subsidiarität vor der Solidarität, seitens der Bundesregierung nicht infrage gestellt wurde.

1.2.4 Nachbesserungen des Pflegeversicherungsgesetzes

Zu den bedeutendsten Nachbesserungen des Pflegeversicherungsgesetzes (PVG) gehören zum einen das Pflegeleistungsergänzungsgesetz (2002), das die Inanspruchnahme von Betreuungsleistungen vorsieht, zum anderen die Pflegereform (2008), die eine Dynamisierung der Leistungen aufgreift und einen Anspruch auf Pflegeberatung und auf Pflegezeit gesetzlich festschreibt. Für Menschen mit verminderter Alltagskompetenz werden mehr finanzielle Mittel und mehr Ressourcen bereitgestellt.

Die nächste Pflegereform, das Pflegeneuausrichtungsgesetz (PNG, 2012) gewährt z.B. auch Demenzkranken, die keine Pflegestufe haben, ein Pflegegeld in Höhe von 120 Euro oder eine Pflegesachleistung von bis zu monatlich 225 Euro. Darüber hinaus wird das Pflegegeld in den verschiedenen Pflegestufen angehoben.

Mit den drei Pflegestärkungsgesetzen (PSG) sollte die Pflegeversicherung weiter reformiert werden. Das erste PSG (2015) brachte z.B. zahlreiche Leistungsverbesserungen für Pflegebedürftige, Angehörige und Pflegekräfte hervor. Es erfolgte beispielsweise eine Aufstockung der Betreuungskräfte und für die ambulante Pflege wurden die Kurzzeit- und die Verhinderungspflege ausgebaut. Außerdem wurde die Kombination von Tages- oder Nachtpflege und ambulanten Pflegeleistungen ohne finanzielle Verluste für den Pflegebedürftigen möglich und es wurden zum altersgerechten Wohnungsumbau sowie für Hilfsmittel zusätzliche finanzielle Zuschüsse bereitgestellt.

Demenzkranke, psychisch Kranke und geistig behinderte Menschen mit erheblicher Alltagskompetenz werden durch das erste PSG besser unterstützt.

Mithilfe des zweiten PSG (2017) wollte der Gesetzgeber die Grundlage für mehr Individualität in der Pflege schaffen. Dazu wurde der Pflegebedürftigkeitsbegriff neu definiert. Aus drei Pflegestufen wurde fünf Pflegegrade, die eine personenenzentrierte Einstufung und damit passgenauere Zugänge zu den Leistungen der Pflegekasse ermöglichen sollen. Das neue Begutachtungssystem, auch Neues Begutachtungsassessment (NBA) genannt, prüft anhand von sechs Kriterien, wie selbstständig ein hilfe- und pflegebedürftiger Mensch tatsächlich noch ist. Geistige, körperliche und seelische Beeinträchtigungen werden bei der Begutachtung gleichberechtigt gewertet.

Von dem durch den Bund bereitgestellten jährlichen Betrag in Höhe von 2,4 Milliarden Euro sollen insgesamt 1,4 Milliarden Euro allein in die häusliche Pflege investiert werden. Der Gesetzgeber stärkt damit gezielt die ambulante vor der stationären Pflege.

Für die häusliche Pflege ergeben sich konkret:

- ein höheres Pflegegeld,
- finanzielle Zuschüsse für pflegerische Verbrauchsprodukte,
- höhere Zuschüsse für Umbauten,
- weniger Anträge für Hilfsmittel,
- höhere Pflegesachleistungen,
- Ausbau der Tages- und Nachtpflege,
- Ausweitung der Kurzzeitpflege,
- finanzielle Alltagsunterstützung,
- kostenloser Pflegekurs für Angehörige,
- Ausweitung der Verhinderungspflege,
- Familienpflegezeit und
- bessere soziale Absicherung für pflegende Angehörige.

Mit dem dritten PSG, oder PSG III (2017), wollte die Bundesregierung, so die Stellungnahme des AOK-Bundesverbandes[1], die Beratung von Pflegebedürftigen, Menschen mit Behinderungen und deren Angehörigen federführend von den Kommunen steuern und koordinieren lassen. Bis zum dritten PSG hatten die Kommunen nur begrenzte Möglichkeiten der Mitgestaltung und der Organisation von Beratungs-, Pflege- und Betreuungsangeboten für ihre Bürger.

Das PSG III, so der AOK-Bundesverband, „setzte damit in erster Linie die Empfehlungen der Bund-Länder-AG zur Stärkung der Rolle der Kommunen in der Pflege um und dient gleichzeitig zwei zentralen Zielen: Zum einen geht es um die Verbesserung der Steuerung, Kooperation und Koordination von Beratung und Pflege in den Kommunen, um die Sicherstellung der Versorgung, um sogenannte niedrigschwellige Angebote und um die Pflegeberatung. Zum anderen sollen die Hilfe zur Pflege an die bereits im PSG II erfolgte Neudefinition des Pflegebe-

[1] Stellungnahme des AOK-Bundesverbandes zur Sachverständigenanhörung im Gesundheitsausschuss des Bundestages am 17.10.2016.

dürftigkeitsbegriffs und an das Bundesversorgungsgesetz angepasst werden.

Städte und Gemeinden sollen künftig auf Initiative der Landkreise und kreisfreien Städte neue Beratungsstrukturen in Modellprojekten erproben dürfen. Die Landesverbände der Pflegekassen sollen verpflichtet werden, gemeinsam mit dem zuständigen Sozialhilfeträger entsprechende Vereinbarungen zu schließen, auch über das Personal, die Finanz- und Sachmittel, die die Pflegekassen beisteuern müssen.

Ebenso sollen Landkreise und kreisfreie Städte ein Initiativrecht zur Errichtung von Pflegestützpunkten erhalten. Die Pflegekassen werden verpflichtet, an den Pflegestützpunkten mitzuwirken und ebenfalls entsprechende Rahmenverträge zu schließen.

Es soll außerdem ein Initiativrecht für Kommunen zur Einrichtung von Pflegestützpunkten getestet werden, wenn sie sich an deren Finanzierung beteiligen.

Der Medizinische Dienst der Krankenkassen (MDK) wurde nach diesem Gesetz auch zu Abrechnungsprüfungen bei häuslicher Krankenpflege berechtigt.

Alle ergänzenden und flankierenden Gesetze der sozialen Pflegeversicherung waren für Pflegebedürftige notwendige und hilfreiche Verbesserungen. Sie haben den Versicherungsmodell-Aspekt der Pflegeversicherung für hilfe- und pflegebedürftige Menschen und deren Angehörige weiter verbessert.

Der politisch gewollte, ökonomische Erfolg der sozialen Pflegeversicherung basiert nach wie vor auf der Voraussetzung der Subsidiarität vor der Solidarität, einschließlich darauf, dass für Teilbedarfe Teilleistungen bereitgestellt werden.

Allerdings ist das sozialpolitisch angestrebte Ziel der Pflegeversicherung, das allgemeine Lebensrisiko Pflegebedürftigkeit in eine neue Kultur des Helfens einzubetten, wie es der § 8 im SGB XI einfordert, bisher nicht erreicht worden. Die gesellschaftspolitische Denk- und Erwartungshaltung an Sozialversicherungsgesetze wird immer noch vorrangig bestimmt von der Vorstellung der verantwortlichen und sorgenden Obrigkeit. Ein Helfen von oben nach unten. Um aber eine neue Kultur des Helfens zu etablieren, bedarf es der Überwindung des Denkens in ‚oben und unten' und in ‚Säulen'. Selbst auf ministerieller Ebene ist das Ziel der Pflegeversicherung, sich auch als Querschnittsaufgabe darzustellen und in die einzelnen Ministerien, verschiedenen Wissenschaftsbereiche sowie gesellschaftlichen und politischen Organisationen stärker eingebunden und vernetzt zu werden, bisher nicht realisiert worden.

Die neue Kultur des Helfens soll im direkten Umfeld, im Dorf, oder im Quartier des Pflegebedürftigen ansetzen. Sie richtet sich an Menschen, die Verantwortung für fremde Nächste wie für bekannte Angehörige übernehmen.

Freiwilliges Engagement und verlässliche Verantwortungsübernahme müssen sich jedoch entwickeln und benötigen lokale sowie formale Rahmenbedingungen.

1.2.5 Schaffung der Rahmenbedingungen – Altenberichte

Die Bundesregierung hat von 1993 bis 2018 insgesamt sieben Altenberichte vorgelegt, die durch eine Sachverständigenkommission entwickelt wurden.

Darin wurden die Lebenssituationen der älteren Menschen in Deutschland analysiert und Handlungsmuster sowie Handlungsempfehlungen für Verantwortliche beschrieben.

Die Altenberichte sind:

- 1993: Lebenssituationen älterer Menschen im vereinten Deutschland
- 1998: Wohnen im Alter
- 2001: Alter und Gesellschaft
- 2002: Risiko Lebensqualität und Versorgung Hochaltriger

- 2006: Potentiale des Alters in Wirtschaft und Gesellschaft
- 2010: Altersbilder in der Gesellschaft
- 2015: Sorge und Mitverantwortung in der Kommune – Aufbau und Sicherung zukunftsfähiger Gemeinschaften

1.2.6 Der Siebte Altenbericht

Mit den sieben Altenberichten sind ein veränderter Blick auf das Alter, aber auch die veränderten Erwartungen im Alter und die Frage, welche Auswirkungen das veränderte Altersverhalten auf den Einzelnen, die Gemeinschaft, in der er lebt, und die Wirtschaft hat, analysiert und differenziert dargestellt worden.

Im letzten Altenbericht (10) wurde davon ausgegangen, dass für die Lebensqualität der meisten älteren Menschen die Ausgestaltung ihres unmittelbaren Wohn- und Lebensumfeldes eine wesentliche Bedeutung hat. Der Ort, als alltägliche Lebenswelt des Einzelnen, sowie der Ort, an dem die Leistungserbringungen erfolgen, wurden in den Mittelpunkt der Betrachtung einer wirksamen kommunalen Daseinsvorsorge gestellt. Die Kommune hat eine essenzielle Aufgabe übertragen bekommen, deren Umfang deutlich über ihre bisherigen Pflichtaufgaben hinausging. Damit sind auch neue Leitbilder und Konzepte benannt worden, die zur öffentlichen Diskussion anregen sollen.

Die lokalen Rahmenbedingungen, die den Aufbau neuer kommunaler Strukturen ebenso umfassen wie die Begleitung von Prozessen und die Koordination von verantwortungswilligen und engagierten Akteuren, müssen sich daran messen lassen, wie passgenau die Dienstleistungen für den Einzelnen sind. Die Sachverständigenkommission hat herausgearbeitet, welche lokale Verantwortung, aber auch welche Gestaltungsspielräume der Kommune zugedacht sind. Es wurde detailliert aufgezeigt, an welche „lokalen Voraussetzungen eine gesellschaftliche Teilhabe und ein gutes Leben älterer Menschen geknüpft sind und unter welchen Bedingungen und auf welche Weise die Kommune und die lokale Politik Strukturen der Sorge und Mitverantwortung aufbauen und gestalten“ (ebenda 10) können.

Die Kommune soll künftig die Daseinsvorsorge als Ganzes und ihre Gesamtwirkung auf die Lebensqualität des Einzelnen in den Blick nehmen. Sie erhält durch die Bundesregierung einen konkreten Auftrag und eine umfassende, bisher nicht gekannte Verantwortung für die Daseinsvorsorgeplanung und Daseinssicherung.

Die Mitglieder der Sachverständigenkommission haben bezogen auf die Bereiche Gesundheit, Pflege, Wohnen und Mobilität folgende konkrete Kernaussagen zu der Frage erarbeitet, wie eine Kommune den Ansprüchen auf gesellschaftliche Teilhabe sowie eine selbstbestimmte und selbstständige Lebensführung älterer Menschen gerecht werden kann:

Gestaltungsaufgaben der Kommunen:

Die Kommunen sollen die Verantwortung für die Gestaltung der örtlichen Rahmenbedingungen für ein gutes Leben im Alter tragen. Dazu gehören Daseinsplanung, Daseinsvorsorge und Vorsorgemanagement. Deshalb werden ihre Gestaltungsmöglichkeiten und Kompetenzen in den Bereichen Pflege, Betreuung, Wohnen und Gesundheitswesen gestärkt und ausgeweitet. Für diese Aufgabenerfüllung benötigen sie außer neuen Kompetenzen, Rechten und Finanzen auch Begleitung sowie Beratung durch Bund und Länder. Der Ordnungsrahmen für die neuen lokalen Strukturen und Netzwerke soll auf der Grundlage einer Neuauslegung des Subsidiaritätsprinzips erfolgen.

Finanzielle Spielräume der Kommunen:

Viele Kommunen haben heute keine oder nur geringe finanzielle Spielräume für die Verbesserung der Lebenssituation älterer Bürger. Nationale und europäische Förderprogramme, wie das Bund-Länder-Programm Soziale Stadt, schaffen vereinzelt Abhilfe. Die finanzielle Situation der meisten verschuldeten Kommunen wird aber langfristig dadurch nicht verbessert werden. Ihre Möglichkeiten, z.B. hauptamtliche Mitarbeiter für Koordination einzustellen, werden somit langfristig begrenzt bleiben.

Einbindung der lokalen Akteure:

Auf lokaler Ebene müssen die Planung, Abstimmung, Vernetzung und Koordination zwischen den ehrenamtlichen und hauptamtlichen Akteuren der örtlichen Seniorenpolitik und Daseinsvorsorge erfolgen. Eine Zusammenarbeit mit lokalen hauptamtlichen Akteuren bereichert die Kommune mit Fachwissen, die Zusammenarbeit mit Ehrenamtlichen ermöglicht der Kommune Einsichten in notwendige Handlungsfelder.

Kommunen agieren als Netzwerker:

Die Aufgaben, ein Netzwerk zu unterhalten, umfassen Koordination, Management, Moderation, Motivation und Ermöglichung. Kommunen mit einem hauptamtlichen Pflegekoordinator gelingt es leichter, lokale Pflegenetze aufzubauen, zu unterhalten, Kontakte zu Pflegekassen und anderen Akteuren in der Pflege herzustellen mit dem Ziel, die Pflegeinfrastruktur kontinuierlich zu verbessern.

Regionale Unterschiede in Deutschland:

Jede Kommune hat Besonderheiten. In ländlichen Regionen sind die wichtigsten Themen Mobilität, digitale Vernetzung und Erreichbarkeit der medizinischen Versorgung. In Ballungsräumen stehen die Versorgung mit bezahlbarem Wohnraum, die Gestaltung von Quartieren und die Belebung nachbarschaftlicher Beziehungen im Vordergrund. Deshalb müssen neue Förderprogramme diese regionalen Herausforderungen berücksichtigen.

Lokale Sorgestrukturen:

Es ist eine zentrale Aufgabe der lokalen Politik, Sorgestrukturen systematisch zu fördern und zu unterstützen. In diesen lokalen Strukturen der Sorge und Mitverantwortung finden sich Familienangehörige, professionelle Fachkräfte, Nachbarn, Freunde und freiwillig Engagierte zusammen und helfen einem bekannten, hilfebedürftigen Menschen.

Die lokalen Sorgestrukturen müssen bekannt sein, um sie unterstützen zu können.

Sozialer Ausgleich:

Bestimmte Bevölkerungsgruppen, wie Menschen mit niedrigem Einkommen, zurückgezogen lebende Menschen, Menschen mit Sprachbarrieren, Migrationshintergrund und kulturellen Unterschieden oder Menschen, die nicht mobil sind, lassen sich schwer in lokale Netzwerke einbinden. Die Sorgestrukturen vor Ort müssen sich daran messen lassen, wie gut es ihnen gelingt, all diese Menschen zu erreichen. Um diese Bevölkerungsgruppen zu erreichen, ist es notwendig ihre Lebensräume und ihre Kultur zu kennen.

Aufteilung der Sorgeaufgaben zwischen Frauen und Männern:

Es übernehmen mehr Frauen Sorgeaufgaben in den Familien und im informellen sozialen Netzwerk als Männer. Daraus können den Frauen materielle Nachteile entstehen, wenn sie wegen der Pflege eines Familienmitgliedes ihre Arbeitszeit reduzieren oder früher in den Ruhestand gehen. Der Ausbau lokaler Sorgestrukturen ist nur dann nachhaltig und gerecht, wenn derartige Nachteile abgebaut werden.

Teilhabe und Partizipation:

Die Menschen müssen stärker an Planungs- und Entscheidungsprozessen, die ihre Gemeinschaft betreffen, beteiligt sein. Senioren sollen die sie betreffende lokale Seniorenpolitik mitplanen und an deren Umsetzung beteiligt werden.

1.2.7 Schaffung der Rahmenbedingungen – Erster und Zweiter Engagementbericht

Eine Kultur des Helfens braucht Menschen, die helfen wollen. Im Auftrag der Bundesregierung hat eine Sachverständigenkommission einen verfassten Engagementbericht mit dem Titel „Für eine Kultur der Mitverantwortung“ im Jahr 2012 vorgelegt. Darin werden die Ziele erklärt, die Entwicklung nachhaltiger Engagementpolitik zu fördern und dabei mitzuhelfen, vorhandenen Potentialen für bürgerschaftliches Engagement in der Gesellschaft Raum zu geben.

Im Engagementmonitor des Bundesministeriums für Familie, Senioren, Frauen und Jugend lautet es (11), „Er soll neben einer allgemeinen Bestandsaufnahme zur Lage und Situation des bürgerschaftlichen Engagements in Deutschland insbesondere auch einen thematischen Schwerpunkt behandeln. Dieser liegt beim Ersten Engagementbericht auf dem bürgerschaftlichen Engagement von Unternehmen.

Zukunftsorientiert werden dabei die engagementpolitischen Potenziale in Gesellschaft und Unternehmen aufgezeigt. Als zentrale Aufgabe der Engagementpolitik werden verläßliche und zielgruppenorientierte Rahmenbedingungen für bürgerschaftliches Engagement herausgearbeitet – insbesondere auch für Unternehmen, deren Engagement in Deutschland in der Tradition der sozialen Marktwirtschaft steht“.

Bürgerschaftliches Engagement definiert die Sachverständigenkommission durch vier Kernaussagen:

(1) „Bürgerschaftliches Engagement ist freiwillige Mitverantwortung im und für den öffentlichen Raum. Es reflektiert und erkennt die Bürgerpflichten gegenüber dem Gemeinwesen. Es wird von Individuen und Organisationen erbracht.

(2) Bürgerschaftliches Engagement ist strukturbildend, setzt wichtige Impulse für das gesellschaftliche Miteinander und generiert so positive externe Effekte für die Gesellschaft.

(3) Bürgerschaftliches Engagement kann sich in kontinuierlichen Leistungen, Innovationen und Problemlösungen ausdrücken, mit denen primär kein finanzieller Nutzen angestrebt wird.

(4) Bürgerschaftliches Engagement kann sowohl auf neue Formen der Regelfindung als auch auf die Gestaltung des Miteinanders innerhalb der staatlichen Rahmenordnung gerichtet sein.“ (12)

Die Sachverständigenkommission hat Handlungsempfehlungen für die Verantwortlichen in Politik, Wirtschaft und Gesellschaft entworfen. Diese elf Empfehlungen, sinngemäß entnommen und gekürzt aus dem Engagementmonitor (13), lauten:

(1) Bürgerschaftliches Engagement stärkt Vertrauen und bedeutet Mitverantwortung. Bürgerschaftliches Engagement muss gewürdigt werden. Der Staat muss einen breiten Diskurs für eine Kultur der Mitverantwortung, über seine Bedeutung, über die Bedingungen und die Anforderungen an die Zivilgesellschaft, aber auch an die Unternehmen initiieren.

(2) Engagement braucht verlässliche Rahmenbedingungen.
Unter dem Leitmotiv der Subsidiarität benötigt das bürgerschaftliche Engagement Eindeutigkeit, Transparenz, Verlässlichkeit und Glaubwürdigkeit des Staates. Gesetzliche steuerliche und bürokratische Hürden sowie Hindernisse in der Ausübung des freiwilligen Engagements sind abzubauen.

(3) Bildung und Erwerbstätigkeit stärken bürgerschaftliches Engagement.
Eine gute Bildungs- und Beschäftigungspolitik fördert bürgerschaftliches Engagement und dient einer Kultur der Mitverantwortung.

(4) Mehr individuelle Teilhabe durch Mitverantwortung schaffen.
Individuelle Teilhabemöglichkeiten unterschiedlicher Zielgruppen sollen beachtet werden.

(5) Das Engagementpotenzial älterer Menschen soll mobilisieren werden.
Älteren Menschen soll der Weg in die Selbstverantwortung und Mitverantwortung im öffentlichen Raum geebnet werden.

(6) Durch die Gewinnung und Bindung von Freiwilligen in einem Ehrenamt, soll das Vereinswesen verbessert werden.

(7) Unternehmen sind zu freiwilligem Engagement aufgefordert.
Die Weiterentwicklung der sozialen Marktwirtschaft bedarf eines gesellschaftlichen Diskurses unter Einbeziehung der Wirtschaft.

(8) Das strategische Engagement von Unternehmen soll unterstützt werden.

Unternehmen benötigen Hilfen und Informationen zu Engagementformen und Fördermöglichkeiten, zu regionalen und lokalen Netzwerken, zu Schnittstellen zwischen Unternehmen und gemeinnützigen Organisationen und mehr Wissen über Erfolgsfaktoren des Engagements.

(9) Ausbau der Cluster- und Netzwerkpolitik
Kooperationen zwischen Unternehmen und anderen Akteuren können die Engagementbereitschaft erhöhen.

(10) Wirtschaftsethik in der Managementausbildung
Führungskräfte sollten den ordnungspolitischen Kontext von Freiheit, Haftung und Mitverantwortung kennen und ihr eigenes Handeln daran orientieren.

(11) Verbesserung des Wissensstandes
Mit der Schaffung besseren Datenmaterials können verlässlichere Aussagen über Entwicklung und Wirkung des bürgerschaftlichen Engagements getroffen werden.

Der Zweite Engagementbericht aus dem Jahr 2016 hat den thematischen Schwerpunkt: Demographischer Wandel und bürgerschaftliches Engagement: Der Beitrag des Engagements zur lokalen Entwicklung.

Die Sachverständigenkommission hat untersucht, welche Bedeutung den vielfältigen Formen bürgerschaftlicher Mitwirkung zukommt, z.B. dem klassischen Ehrenamt, der politischen Beteiligung, der Nachbarschafts- oder der Flüchtlingshilfe, und wie sich diese verschiedenen Formen der bürgerschaftlichen Mitwirkung auf den demografischen Wandel in Städten, im ländlichen Raum und im sozialen Nahraum darstellt.

Die Kommission geht von einem weiten Engagementbegriff aus; es gibt vielfältige Engagementbereiche und es gibt eine Vielzahl von Engagementformen mit unklaren Bezeichnungen. Dabei besteht die Gefahr, dass die Engagementformen mit Öffentlichkeitsbezug deutlicher und allgemeiner wahrgenommen werden als die stillen Formen des Engagements.

Im Engagementmonitor von 2016 (14) heißt es:

> „Die Kommission empfiehlt, das bisher vorherrschende Verständnis von Engagement zu überprüfen und eine auf verschiedenen Ebenen agierende Engagementpolitik anzustoßen, die die unterschiedliche Ausgestaltung von Engagement in „Spannungsachsen“ – zwischen Freiwilligenarbeit und Mitsprache, informellem und organisiertem Engagement, Geselligkeit und Zweckorientierung etc. – stärker würdigt.
>
> Dabei soll es nicht primär um die gezielte Förderung einzelner Formen freiwilligen Engagements gehen, sondern vor allem um die Auseinandersetzung mit Fragen der Abgrenzung und Sicherung grundlegender Freiheitsräume und Voraussetzungen, zu denen auch die Strukturbedingungen auf regionaler Ebene gehören.“

Die Sachverständigenkommission formuliert in ihren Ausführungen (ebenda 15) sechs Kernaussagen, die anschließenden Erläuterungen sind gekürzt wiedergegeben.

(1) „Bürgerinnen und Bürger greifen gesellschaftliche Herausforderungen aktiv auf.“
Insbesondere die aktuelle Herausforderung in der Flüchtlingsthematik zeigt, dass Deutschland über eine innovative Zivilgesellschaft verfügt.

(2) „Die Mitverantwortung der Bürgerinnen und Bürger nimmt zu und hat viele Gesichter“.
Engagement sollte künftig als Oberbegriff verwendet werden, dazu wird eine Aufstellung klarer Regeln für den Umgang mit nichtdemokratischen, unzivilen Formen des Engagements gefordert.

(3) „Engagement beruht auf einer freien Entscheidung. Es darf nicht funktionalisiert werden“.
Engagement basiert auf Selbstverantwortung. Wenn Engagement gestärkt werden soll, muss vermieden werden, dass es auch für weitere Zwecke ausgenutzt wird. Die Kommission fordert Klarheit und Offenheit im Umgang mit Geld bei freiwilligem Engagement.

(4) „Ein aktiver Staat und aktive Bürgerinnen und Bürger sind zwei Seiten einer Medaille."
Das Beispiel auf europäischer Ebene zeigt, dass sich in offenen und sicheren Gesellschaften mehr Menschen engagieren. Damit beruht bürgerschaftliches Engagement auf einem aktiven Staat und auf bestimmten Voraussetzungen, für die der Staat verantwortlich ist.

(5) „Gesellschaftliche Mitgestaltung der Bürgerinnen und Bürger braucht ‚Good Governance'".
Bedingungen für ein gutes Leben gestalten sich am Lebensort. Es werden neue Formen des kooperativen Regierens und Verwaltens im Sinne einer ‚Good Governance' gesucht. Diese neue Form muss alle Beteiligten in die Aufgaben der Daseinsvorsorge und Teilhabe einbinden. Das Leitbild einer Bürgerkommune muss politische Beteiligung und Daseinsvorsorge aufeinander beziehen.

(6) „Engagementpolitik ist ein wesentlicher Baustein für ein zukunftsgerichtetes Handeln von Parlament und Regierung".

(7) Engagementpolitik ist auf kommunaler Ebene eine Querschnittsaufgabe. Engagement für eine Gesellschaft im demografischen Wandel verlangt vom Einzelnen, von der Gesellschaft und von der Politik eine inhaltliche Neubestimmung des Subsidiaritätsprinzips. Die Bewältigung zukünftiger Herausforderungen wird eine zentrale Aufgabe der lokalen Politik werden. Daher muss Engagementpolitik auf kommunaler Ebene sensibel und achtsam mit Verantwortungsbereitschaft und Verantwortungswillen der Bürger umgehen.

Zu den lokalen Unterstützungsstrukturen trifft die Sachverständigenkommission folgende sinngemäße Kernaussagen.

Freiwilliges Engagement, insbesondere die Sorge und der Einsatz für Mitmenschen, schafft für die Gemeinschaft, im Quartier oder im Dorf etc. einen Mehrwert. Es fördert die Weiterentwicklung der sozialen Gemeinschaft und den sozialen Frieden in einer Kommune. Die Kommune ist aufgefordert, dieses freiwillige Engagement mit Unterstützungskonzepten zu fördern und zu begleiten.

> „Es geht um so etwas wie die soziale Ökologie des Engagementbereiches, die Wiederentdeckung und die Neubewertung von Vielfalt, die Anerkennung von Verbindungen und wechselseitigen Abhängigkeiten, die Suche nach guten Balancen zwischen verschiedenen Kulturen und Arten von Engagement. Dafür braucht es eine Politik, die diese Vielfalt anerkennt und „kultiviert“, neue verbindende Formen und Synergien fördert, so dass beispielsweise Partizipationskonzepte auf vorhandenes Engagement bauen und umgekehrt alternativen Projekten Wege in den Mainstream geebnet werden. Politik sollte dabei so intervenieren, dass beides – Schutz vor Übergriffen politisch Mächtiger und ein respektvolles Fördern und Fordern – möglich wird.“ (16)

1.2.8 Schaffung der Rahmenbedingungen – Demografiestrategie

Im November 2009 beschloss die Bundesregierung die Entwicklung einer Demografiestrategie, um die aktuellen demografischen Entwicklungen in Deutschland zu erfassen und daraus ableitbare künftige Entwicklungen zu untersuchen. Die bundesdeutsche Demografiestrategie sollte dynamische und strategische Antworten auf die Demografieentwicklung der Bevölkerung geben.

Dass die Bundesregierung von einer Strategie spricht, dimensioniert die Demografie zu einer tragenden Säule der gesellschaftlichen Entwicklung, vergleichbar mit z.B. Arbeit oder Wirtschaft. Tilman Mayer meint dazu: „Erfreulicherweise wird aber auch der Anspruch der ‚Gestaltung des demographischen Wandels‘ erhoben, der zwar hoch gegriffen ist, strategisch aber richtig ansetzt. Es handelt sich um eine gesamtgesellschaftliche und vor allem auch gesamtstaatliche Aufgabe, die ressortübergreifend oder auch ressortbezogen umsetzbar bis 2012 entwickelt werden soll. .... Der Beschluß der Bundesregierung ist ‚interministriell‘ angelegt, das heißt, es wird von einer Querschnittsaufgabe ausgegangen und eine gouvernementale Gestaltung des demographischen Wandels beabsichtigt.“ Weiter heißt es ebenda, „So kann folgende, dem demographischen Politikfeld angemessene Definition gegeben werden: Demografische Strategie bedeutet politisches Handeln mit dem Ziel, demographische Prozesse a) zu beeinflussen oder zu steuern und/oder b) zu verwalten und zu kanalisieren. Über eine Strategie zu verfügen heißt also, ein Ziel zu haben, wohin man steuernd gelangen will, und mitzuteilen, mit welchen Mitteln und unter welchen Umständen dies geschehen soll.“ (17)

Im Jahr 2011 hat die Bundesregierung einen Demografiebericht vorgelegt, der die mittel- und langfristigen Folgen der Demografie in Deutschland aufzeigt. Die Demografiestrategie mit dem Titel „Jedes Alter zählt“ zielt darauf ab, die Bevölkerungsentwicklung als Chance zu nutzen.

Es werden in diesem ersten Demografiebericht zehn konkrete Handlungsfelder benannt, die für die politische Gestaltung des demografischen Wandels relevant sind. Auf dieser Grundlage hat die Bundesregierung Dialoge, im Rahmen eines Dialogprozesses, mit allen staatlichen Ebenen, mit Wirtschaft und Wissenschaft, mit Sozialpartnern und mit der Zivilgesellschaft begonnen. In gemeinsamen Arbeitsgruppen wurden Lösungsansätze erarbeitet und im Jahr 2013 dem Zweiten Demografiegipfel der Bundesregierung vorgestellt.

Die Ergebnisse der Arbeitsgruppen sind in die Demografiestrategie eingeflossen und ermöglichen weitere konkrete Maßnahmen der Bundesregierung.

Folgendes Beispiel kann dazu genannt werden. Ein Handlungsfeld aus dem Ersten Demografiebericht lautet ‚selbstbestimmtes Leben im Alter‘. Die Arbeitsgruppe hat auf der Grundlage des Leitbildes Sorgender Gemeinschaften, oder Caring Communities, ein strategisches Konzept zum selbstbestimmten Altern entwickelt, das beide Dimensionen (das aktive Altern sowie die Unterstützung und Pflege) miteinander verbin det.

Die Arbeitsgruppe orientiert sich an dem Rahmenkonzept der Sorgenden Gemeinschaft, sie richtet ihre Handlungsempfehlungen an die kommunale Ebene. Dieses Konzept der Sorgenden Gemeinschaft verbindet Maßnahmen folgender zwei Themenfelder:

- Stärkung der Kompetenzen, des Managements und der Vernetzung vor Ort für die Entwicklung Sorgender Gemeinschaften
- Maßnahmen in den Bereichen Wohnen, Wohnumfeld, Assistenzsysteme und Mobilität für ältere Menschen, Maßnahmen im Bereich Gesundheit, Prävention und Pflege für ältere und bedürftige Menschen

Ausgewählte Maßnahmen der Bundesregierung, die bereits realisiert wurden, sind das Aktionsprogramm Mehrgenerationenhäuser und Anlaufstellen für ältere Menschen, die Entwicklung altersgerechter digitaler Assistenzsysteme, die Einrichtung der Forschungsagenda „Das Alter hat Zukunft“, das Wohnungsumbauprogramm „Altersgerecht Umbauen“, Modellprojekte wie „Gemeinschaftlich wohnen, selbstbestimmt leben“ und der Leitfaden „Barrierefreies Bauen“.

Zu den bereits durchgeführten Maßnahmen der Bundesregierung für gesundes Älterwerden und eine gesicherte Gesundheitsversorgung gehören auch das 2015 verabschiedete Präventionsgesetz, das Prävention und Gesundheitsförderung in allen Lebenswelten erreichen soll, die Stärkung der hausärztlichen Versorgung durch das Versorgungsstärkungsgesetz, das E-Health-Gesetz als Grundlage für den Aufbau der Telemedizin, das Hospiz- und Palliativgesetz, die Ausbildungs- und Qualifizierungsoffensive Altenpflege und die drei Pflegestärkungsgesetze.

Die Bundesregierung verfolgt aus den Erkenntnissen des Dialogprozesses und den Arbeitsergebnissen der Arbeitsgruppen folgende Ziele weiter, um den Menschen im Alter ein noch selbstbestimmteres und zufriedeneres Leben zu ermöglichen:

- Gestaltung des demografischen Wandels in Zusammenarbeit mit der lokalen Politik, Verwaltung und Zivilgesellschaft;

- Gestaltung der Lebensräume, sodass Menschen möglichst lange selbstständig sein und am gesellschaftlichen Leben teilhaben können;
- Gestaltung von Sozialräumen durch die Weiterentwicklung lokaler Netzwerke;
- Unterstützung eines altersgerechten Wohnungsumbaus;
- stärkere Verankerung des altersgerechten Umbaus auch im Quartier sowie
- Einrichtung eines Runden Tisches „Aktives Altern – Übergänge gestalten".

Die „neue Kultur des Helfens und der mitmenschlichen Zuwendung", wie es das SGB XI einfordert, ist einerseits eine durch den demografischen Wandel bedingte, wachsende sozialpolitische und kulturelle Herausforderung an die Zivilgesellschaft. Andererseits stellt sie eine Chance dar, lokale Pflegepolitik am Unterstützungsbedarf, an kulturellen und sozialen Sinnbezügen sowie Ressourcen des Einzelnen zu verorten und damit Sorge und Pflege im direkten Wohnumfeld zukunftsfest zu machen.

1.3 Pflegesituation in Brandenburg

1.3.1 Selbsteinschätzung der Landesregierung

Die Landesregierung von Brandenburg schätzte die Bevölkerungsentwicklung im Jahr 2005 wie folgt ein: „Infolge des altersstrukturellen Wandels werden die Senioren einen wesentlich größeren Bevölkerungsanteil stellen als heute. Dabei stellen die Hochaltrigen (80 Jahre und älter) die Altersgruppe dar, die relativ am stärksten wächst. … Gesamtgesellschaftlich stehen wir vor folgender Situation:

- Der Bedarf an alten- und behindertengerechter Infrastruktur und entsprechender Dienstleistung wird steigen. Aktuell ist z.B. die Anzahl der Pflegeplätze noch weitgehend ausreichend. Es ist aber von einem steigenden Bedarf auszugehen. Zur Beherrschung der

Kosten wird die Stabilisierung des Anteils der häuslichen Pflege an der Gesamtversorgung erforderlich. Dem steht jedoch gegenüber, dass durch die Veränderung innerfamiliärer Generationenbeziehungen, die steigende Anzahl kinderloser Alter, älterer Alleinlebender bzw. von Ehepaaren ohne Angehörige die familiären Netze abnehmen.

- Die wachsende Zahl Älterer und die steigende Lebenserwartung führen zu einem höheren Bedarf an Hilfe und Unterstützung. Um z.B. die Sozialausgaben im Bereich der Hilfen zur Pflege zu begrenzen, muss Altersarmut entgegengewirkt werden. Dazu ist auch künftig eine existenzsichernde Funktion der Rentenversicherung erforderlich.
- Die zunehmend agileren Senioren sind an einer aktiven Teilhabe an der Gesellschaft interessiert. Damit wächst das Potential für bürgerschaftliches Engagement – dieses muss erschlossen und das Wissen und die Erfahrungen der Senioren genutzt werden.

Für diesen Bereich sind u.a. folgende Fragen zu klären:

- Ist die derzeitige Organisation der Altenpflege in Anbetracht der erheblichen Zunahme hochbetagter Menschen noch finanzierbar und welche Alternativen gibt es ggf.?
- Wie wird sichergestellt, dass ein bedarfsgerechtes Angebot an Pflegeplätzen und altengerechtem Wohnen zur Verfügung steht?
- Wie wird sichergestellt, dass ausreichend Personal zur Bewältigung der sozialen Betreuung, insbesondere für die altenpflegerischen Aufgaben, zur Verfügung stehen?“ (18)

Zu ähnlichen Aussagen kommt die Landesregierung auch bei der Einschätzung der medizinischen Versorgung der Bevölkerung.

Welche Maßnahmen die Landesregierung zur Lösung dieser Aufgaben ergreifen will und in wessen Verantwortung die Erfüllung der Aufgaben liegt, beschreibt sie in ihrem Bericht: „Zur Sicherung der eigenen Häuslichkeit unterhalb der Schwelle der Pflegebedürftigkeit müssen die Kommunen unter Einbeziehung von semiprofessionellen Helfern und ehrenamtlichen Beratungs- und Hilfeangeboten verrichtungsbezogene Leistungen entwickeln.“ Weiter heißt es ebenda: „Mit dem Ziel der Begrenzung der Belastungen des Landeshaushaltes durch Aufwendungen für Leistungen der „Hilfe zur Pflege“ nach dem Sozialgesetzbuch (SGB XII) wird die Gewährung von Hilfen zur Pflege bei ambulanter und stationärer Versorgung neu geordnet. Darüber hinaus ist zum Erhalt des heutigen Anteils ambulanter Pflege ein gut aufeinander abgestimmtes System von Beratung und Entlastung für die Angehörigen, die grundsätzlich zur Pflege bereit sind, notwendig. Dabei muss eine Politik des Vorrangs ambulanter Versorgung die Gesamtgruppe der Hilfebedürftigen im Blick haben. Die Schlüsselfunktion für die Schaffung und Koordinierung einer Beratungs- und Entlastungsstruktur zur Verwirklichung des Vorrangs ambulanter Pflege haben damit die Kommunen im Rahmen der örtlichen Daseinsvorsorge.“ (19)

Im Dritten Demografiebericht der Landesregierung aus dem Jahr 2011 rückt die Landesregierung die Senioren- und Pflegepolitik in das Zentrum der Aufmerksamkeit. Dort heißt es, „Die Landesregierung hat im Mai 2011 ein seniorenpolitisches Maßnahmenpaket beschlossen, das insbesondere die strategischen Ansätze verfolgt, realistische Vorstellungen über das Alter(n) zu entwickeln und Ungleichbehandlung älterer Menschen zu verhindern, die Rahmenbedingungen für eine aktive Teilhabe Älterer weiterzuentwickeln, die Selbstständigkeit und Aktivität durch Bildung zu fördern sowie Ältere dabei zu unterstützen, heute soziale Netze zu knüpfen, die ihnen morgen Sicherheit bieten. … Die Versorgung pflegebedürftiger Personen wird dabei als eine Aufgabe gesehen, die über die Umsetzung der Pflegeversicherung hinausgeht. Unnötige Umzüge in stationäre Pflegeeinrichtungen sollen u.a. durch eine Vielzahl von Hilfen auch im Vor- und Umfeld der Pflege sowie verschiedene unterstützende Wohnformen vermieden werden. Ferner soll durch wohnortnah arbeitende Pflegestützpunkte eine trägerneutrale Pflegeberatung vorhanden sein und die Vernetzung der Pflege- und Unterstützungsangebote vor Ort mit der medizinischen und rehabilitativen Versorgung, den Strukturen der Selbsthilfe und des bürgerschaftlichen Engagements erfolgen.“ (20)

1.3.2 Maßnahmen der Landesregierung

1.3.2.1 Landespflegegesetz

Im Jahr 2011 erfolgte eine Novellierung des Landespflegegesetzes (LPflegeG). Sozialminister Baaske skizzierte in einer Pressemitteilung am 01.03.2011 die Herausforderungen, vor denen das Land Brandenburg steht. „In Brandenburg leben 90 000 pflegebedürftige Menschen – bis 2030 sind es voraussichtlich 130 000. Mehr Pflegeheime können aber nicht die alleinige Antwort auf dieses Problem sein. Ausschließlich professionelle Hilfen sind weder bezahlbar, noch entsprechen sie den Wünschen der Menschen, die in ihrer häuslichen Umgebung gepflegt und alt werden wollen. Notwendig sind kleine dezentrale Lösungen, welche die Gegebenheit vor Ort berücksichtigen und sich darin einfügen…Die Betreuung zu Hause muss stärker unterstützt werden. Ein Mix von der Einkaufshilfe bis hin zur modernen Pflege-Wohneinrichtung soll die Lösung sein.“ (21)

Damit will das Land den Anteil der stationären Versorgung begrenzen und das Selbsthilfepotential in den Familien, in den Nachbarschaften und im Freundeskreis stärken. Pflegestützpunkte, lokale Pflegestrukturen und regionale niederschwellige Betreuungsangebote, auch die neuen Aufgaben des Landespflegeausschusses, sollen diesem Ziel dienen.

Umfasste das Gesetz (22) bisher die Geltungsbereiche der ambulanten, teilstationären und stationären Pflegeeinrichtungen, wird künftig der Geltungsbereich des Gesetzes erweitert, indem wohnortnahe Hilfs-, Unterstützungs- und Beratungsangebote einbezogen werden. Der § 4 des vorgenannten Gesetzes beschreibt explizit die Aufgaben von lokalen Pflegestrukturen, § 5 trifft Aussagen zur Errichtung von Pflegestützpunkten und § 6 Aussagen zu den neuen Aufgaben des Landespflegeausschusses.

Die Aufgaben der Pflegestützpunkte beinhalten, alle lokal bestehenden pflegerischen, medizinischen, therapeutischen und sozialen Leistungen im Interesse des Pflegebedürftigen miteinander zu verbinden sowie eine fachlich kompetente Information und Beratung auf den Individualfall bezogen, anzubieten. Sie sollen für Angehörige die ersten Ansprechpartner sein. Im § 4 des LPflegeG werden die Aufgaben der Pflegestützpunkte wie folgt beschreiben. Sie sollen „ihrer beratenden, koordinierenden und vernetzenden Funktion gerecht werden und eine wohnortnahe Beratung, Versorgung und Betreuung der Versicherten gewährleisten können.“ (22)

Daneben weist dieses Gesetz auch die Kommunen, die Pflegeeinrichtungen und die Pflegekassen an, sich als regionale Koordinierung stärker zu vernetzen, um den örtlichen Pflegemarkt besser zu unterstützen, Maßnahmen der sozialräumlichen Entwicklung abzustimmen sowie eine wirtschaftliche und sachgerechte Leistungserbringung zu fördern.

Auch der Landespflegeausschuss, bisher hauptsächlich ein Beratungsgremium der Landesregierung, hat einen erweiterten Aufgabenbereich erhalten. Er soll nun landesweit alle an der Pflege beteiligten Dienste, Einrichtungen und Organisationen beraten und unterstützen.

1.3.2.2 Seniorenpolitisches Maßnahmenpaket

Die Landesregierung beschloss im Jahr 2011 das Seniorenpolitische Maßnahmenpaket „Aktives Altern in Brandenburg“ für die Jahre 2011 bis 2014 (23). Darin werden 40 konkrete Maßnahmen und Verantwortlichkeiten und die möglichen anfallenden Kosten aufgelistet.

Alle Maßnahmen sind den sechs seniorenpolitischen Schwerpunktthemen

(1) Altersbilder und Öffentlichkeitsarbeit,
(2) Wohnen und Leben,
(3) Arbeiten,
(4) Engagieren,
(5) Gesundheit, Sport und Bildung sowie
(6) Kultur und Tourismus zugeordnet.

Damit will die Landesregierung in einem ressortübergreifenden Ansatz eine programmatische Grundlage für die Gestaltung der Seniorenpolitik der künftigen Jahre in Brandenburg schaffen.

Allein zu dem Schwerpunktthema Altersbilder und Öffentlichkeitsarbeit sind acht Einzelprojekte und Maßnahmen vorgesehen. Den Schwerpunkt des Maßnahmenpaketes bildet das Thema Engagieren, mit insgesamt zehn Unterprojekten.

So lautet z. B. das Unterprojekt mit der Projektnummer 2 aus dem Schwerpunktthema Altersbilder und Öffentlichkeitsarbeit: *Fünf Regionalkonferenzen zur Seniorenpolitik durchführen*. Was darunter zu verstehen ist, wird wie folgt beschrieben. „Der Seniorenrat des Landes Brandenburg e.V. führt in 2011 fünf Regionalkonferenzen zu seniorenpolitischen Themen durch. Zielgruppe sind engagierte Seniorinnen und Senioren, Engagierte in Vereinen, Verbänden, Einrichtungen der Seniorenarbeit und Interessenvertretungen. Hierbei geht es um eine weitere Vernetzung und den Erfahrungsaustausch engagierter Seniorinnen und Senioren und anderen Akteuren in der Seniorenarbeit. Es werden zudem spezifische Themen behandelt, wie die Ergebnisse der Auswertung der Seniorenpolitischen Leitlinien und des 6. Altenberichtes der Bundesregierung. Verantwortlich für die Durchführung sind das Ministerium für Arbeit, Soziales, Gesundheit und Familie (MASGF) und der Seniorenrat des Landes Brandenburg e.V. Es ist als Zeitraum das Jahr 2011 bestimmt. Für die Durchführung hat die Landesregierung ein Finanzvolumen von 14.000 Euro bereitgestellt." (24)

Eine andere Maßnahme, Nr. 28, befasst sich mit der *Gewinnung von älteren Arbeitnehmerinnen und Arbeitnehmern für das Ehrenamt*. Verantwortlich ist das MASGF in Zusammenarbeit mit einem Projektträger. Es sind als Zeitraum die Jahre 2011 bis 2014 bestimmt. Für die Finanzierung dieser Maßnahme hat die Landesregierung für das erste Jahr 15.000 Euro und für die folgenden Jahre je 5.000 Euro zur Verfügung gestellt. Als Auftrag wurde formuliert, „Das Projekt verfolgt das Ziel, den Unternehmen/Gewerkschaften/Kammern/Kommunen die gesellschaftliche und unternehmerische Bedeutung der Gewinnung von älteren Arbeitnehmerinnen und Arbeitnehmern direkt vor dem Übergang in den Ruhestand für freiwilliges Engagement zu vermitteln und die Möglichkeiten und Formen der Gewinnung aufzuzeigen. In einem ersten Schritt soll durch Diskussionsforen mit Unternehmerverbänden, Kammern etc. das Thema vorgestellt und in einem zweiten Schritt zwei bis drei Formen der Gewinnung entwickelt werden. Geplant ist in einem dritten Schritt die Erprobung der aufgezeigten Möglichkeiten in regionalen Unternehmen.“ (25)

Der rote Faden, der sich durch alle Projekte und Maßnahmen zieht, ist das politisch gewollte und beschriebene aktive Altern. Es sind die Potentiale Älterer, wie Gesundheit, erlernte Kenntnisse und Fähigkeiten, persönliche und berufliche Erfahrungen, Verhaltensweisen und Lebensstile, Vermögen und Einkommen, Wertvorstellungen und Lebenseinstellungen, aber auch soziale Netzwerke, die hier in den Fokus genommen werden. Die Potentiale Älterer haben eine Wichtigkeit für die Gesellschaft, auf die die Landesregierung nicht verzichten will. Die Gewinnung Älterer für das Ehrenamt ist dazu eine Möglichkeit des aktiven Alterns.

1.3.2.3 Leitlinien der Seniorenpolitik

Im Jahr 2007 hat die Landesregierung im Rahmen ihrer Altenpolitik ein Leitlinienprogramm beschlossen: „Alt werden im Land Brandenburg – Leitlinien zur Seniorenpolitik der Landesregierung“. (26) Diese neun Leitlinien umfassen die Bereiche:

(1) Rahmenbedingungen für aktive Teilhabe schaffen,
(2) Bürgerschaftliches Engagement stärken,
(3) Lebenslanges Lernen als zentralen Baustein fördern,
(4) Dialog der Generationen unterstützen,
(5) Erwerbstätigkeit ermöglichen,
(6) Ältere Menschen in ihrer Rolle als Verbraucherinnen und Verbraucher stärken,
(7) Gesundheitliche Prävention fördern,
(8) Mobilität gewährleisten und

(9) Pflege in Selbstbestimmtheit und Würde.

Damit erklärt die Landesregierung ihre Seniorenpolitik zu einer politischen, gesellschaftlichen, sozialen, wirtschaftlichen und kulturellen Querschnittsaufgabe.

Die konkrete Umsetzung der neun Leitlinien erfolgte durch das Seniorenpolitische Maßnahmenpaket der Landesregierung, mit dem ressortübergreifend von 2011 bis 2014 eine Vielzahl von Projekten entwickelt und umgesetzt wurde. Das Seniorenpolitische Maßnahmenpaket lief im Jahr 2014 aus. Seine Fortschreibung wurde im Koalitionsvertrag der rot-roten Landesregierung 2015 verankert.

Im Jahr 2015 hat die Landesregierung auch auf Vorschlag von Senioren sowie Experten ein neues weiterentwickeltes Leitlinienkonzept (27) vorgelegt und mit einem dazugehörenden Maßnahmenpaket ergänzt. Explizit verweist die Landesregierung in den Leitlinien auf die Verantwortung der Kommunen, „sie sieht in der kommunalen Daseinsvorsorge die wichtigste Handlungsebene für die Gestaltung des Lebensalltags älterer Menschen und anerkennt ausdrücklich das seniorenpolitische Engagement von Städten und Gemeinden. In kommunaler Regie sowie in Trägerschaft von örtlichen Vereinen, Initiativen und der freien Wohlfahrtspflege sind vielfältige Einrichtungen, Anlaufstellen und Netzwerke zur Aktivierung, Beteiligung, Beratung und Unterstützung älterer Bürgerinnen und Bürger in Brandenburg entstanden“. (28)

Das neue Leitlinienkonzept umfasst nur noch fünf Leitlinien:

(1) Wohnen und Leben im Quartier,
(2) Mobilität gewährleisten,
(3) Gesundheitsversorgung und Pflege sichern,
(4) Lebenslanges Lernen für die ältere Generation gestalten – Digitalisierung der Lebenswelt und
(5) Engagement ermöglichen und gesellschaftliche Teilhabe fördern.

Zu jeder Leitlinie gibt es seniorenpolitische Maßnahmen in Form von Projekten. Für die Umsetzung dieser Projekte sind verschiedene Ressorts der Landesregierung zuständig. Die Umsetzung wird finanziell mit Landesmitteln gefördert oder das Land übernimmt Koordinierungsfunktionen.

Zwei Beispiele sollen dies im Folgenden verdeutlichen.

Zu der Leitlinie 1, Wohnen und Wohnumfeld, gehört die Maßnahme Wohnraumförderung mit dem Schwerpunkt des generationengerechten Wohnens. Dafür ist das Ministerium für Infrastruktur und Landesplanung Projektträger. Als Zeitrahmen sind die Jahre 2016 bis 2019 vorgegeben und es wurde seitens der Landesregierung eine Fördersumme von 100 Mio. € zur Verfügung gestellt.

Bei der sozialen Wohnraumförderung konzentriert sich die Förderung auf die wohnungswirtschaftliche und städtebauliche Entwicklung von Städten und Gemeinden. Es sollen damit generationengerechte und barrierefreie Wohnungen geschaffen werden für junge Familien, und Senioren.

Zu der dritten Leitlinie, Gesundheitsversorgung und Pflege, gehört das Maßnahmenpaket „Lange sicher und mobil zu Hause. Aufbau eines Netzwerkes, um gemeinschaftliches, ehrenamtliches Engagement zu alten und hochaltrigen Menschen in ihrer Häuslichkeit zu lenken". Verantwortlich für die Durchführung des Massnahmenpaketes sind das Ressort des Ministeriums für Arbeit, Soziales, Gesundheit, Frauen und Familie und die Akademie 2.Lebenshälfte, aber die Durchführung obliegt allein der Akademie 2.Lebenshälfte. Der Zeitraum der Umsetzung umfasst die Jahre 2014 bis 2019. Die geplante Fördersumme beträgt für diese Maßnahme 60.000 Euro.

Es sollen hier haupt- und ehrenamtliche Akteure lokaler Träger gewonnen werden, die sich schulen und landesweit vernetzen lassen und als Multiplikatoren in den Kommunen Gruppen ehrenamtlicher Begleiter aufbauen, anleiten und betreuen.

1.3.3 Rahmenbedingungen in Brandenburg

Das Berlin-Institut für Bevölkerung und Entwicklung hat im Auftrag der Landesregierung im Jahr 2007 ein Gutachten vorgelegt, in dem die demografische Entwicklung Brandenburgs für die nächsten dreißig Jahre untersucht wurde, Schlüsselpositionen herausgestellt wurden, die Arbeit und die Reaktionen der Landesregierung sowie der Verwaltung bewertet und mögliche Lösungen vorgeschlagen wurden.

In der Bestandsaufnahme wird ausgeführt: „Brandenburg ist zunehmend durch eine polare Bevölkerungsstruktur geprägt. In weiten Teilen hat das Bundesland einen extrem ländlichen Charakter. In seinem Zentrum besteht es dagegen aus den Randgebieten der Bundeshauptstadt – dem „Speckgürtel", zu dem auch die Landeshauptstadt Potsdam zählt. Diese Disparität spiegelt sich auch in der demografischen Situation des Landes wider. Während ein Großteil Brandenburgs schon heute mit starken Bevölkerungsverlusten zu kämpfen hat, konnte der Speckgürtel Berlins zwischen 1994 und 2004 einen Bevölkerungszuwachs von 27 % verzeichnen. Auf den dazugehörenden 15 % der Landesflächen wohnten schon 2004 39 % aller Brandenburger." (29)

Das Institut zeigt auch auf, wie neben der Entleerung in der Fläche die öffentliche Daseinsvorsorge in den kommenden Jahren schwieriger wird, weil die finanziellen und demografischen Herausforderungen sich gegenseitig verstärken. Die Kosten für z.B. die Aufrechterhaltung von öffentlichem Nahverkehr, für Trinkwasserbereitstellung und Abwasserentsorgung, für Daseinsvorsorge und Pflege sowie für medizinische Versorgung und Bildung werden weiter steigen, dagegen werden die Einnahmen der öffentlichen Haushalte langfristig zurückgehen, wenn der Länderfinanzausgleich entfällt und Steuereinnahmen infolge des Bevölkerungsrückgangs sinken.

Das Institut prognostiziert auch, dass nicht nur die Landesmittel geringer werden, sondern auch die Einkommen der Bevölkerung, insbesondere die der Rentner. Haben diese in Brandenburg heute noch vergleichsweise ein hohes Einkommen, weil beide Ehepartner langjährig berufstätig waren, wird sich, wenn diese Generation verschwunden ist, das Einkommen der Rentnerhaushalte z.B. aufgrund von Zeiten der Arbeitslosigkeit oder künftiger Besteuerung deutlich verringern.

Das Institut spricht von ‚Problemknoten' und meint damit die Verflechtung sowie die gegenseitige Bedingung der einzelnen Probleme.

Infolge des demografischen Wandels ist in den letzten 15 Jahren im Land Brandenburg auch ein drastischer Anstieg der Anzahl der Pflegebedürftigen zu verzeichnen. Deutlicher wird die Herausforderung, die mit dem hohen Anstieg der Pflegebedürftigen verbunden ist, wenn man die Pflegequoten ermittelt.

- Tabelle 1 – Pflegebedürftige im Land Brandenburg im Jahr 2015
- Tabelle 2 – Steigerung der Anzahl der Pflegebedürftigen von 2001 bis 2015 (aus 30 und 31).

1.3.4 Die Pflegequote

Die Pflegequote, die aus der Anzahl der Pflegebedürftigen je 10 000 Einwohner errechnet wird, spiegelt die Aussage des Berlin Institutes für Bevölkerung und Entwicklung wider. Sie lag im Jahr 2013 laut dem Statistischen Bundesamt deutschlandweit bei 3,3 % (32); im Jahr 2015 betrug die Pflegequote deutschlandweit gemäß der Pflegestatistik bereits 3,5 % (33).

Im Land Brandenburg entwickelte sich die Pflegequote für die Jahre 2001, 2011, 2013 und 2015 wie folgt (34):

- Im Jahr 2001 betrug sie 2,6 %, bundesweit dagegen 2,5 %.
- Im Jahr 2011 lag sie bei 3,9 %, bundesweit bei 3,1 %.
- Im Jahr 2013 betrug sie 4,2 %, bundesweit 3,3 %.
- Im Jahr 2015 belief sie sich auf 4,5 %, bundesweit auf 3,5 %.

Damit ist Brandenburg hinter Mecklenburg-Vorpommern mit 4,9 % im Jahr 2015 das Bundesland mit der zweithöchsten bundesdeutschen Pflegequote.

Bedingt durch die unterschiedlichen Bevölkerungsdichten variiert die Zahl der Pflegebedürftigen zwischen den einzelnen Landkreisen und kreisfreien Städten teilweise erheblich, Tabelle 3 (aus 30 und 31).

Auf Besonderheiten der Verteilung der Pflegebedürftigen wird im Folgenden eingegangen.

Im Betrachtungszeitraum 2001 bis 2015 ist die Anzahl der Pflegebedürftigen im Land Brandenburg um 66,1 % gestiegen.

In einigen Landkreisen und kreisfreien Städten hat sich die Anzahl der Pflegebedürftigen sogar um über 90 % erhöht, in anderen hingegen nur ca. 30 %. So verzeichnete z. B. der Landkreis Barnim eine Steigerung um 98,9 %, der Landkreis Märkisch-Oderland um 83,6 % und der Landkreis Oder-Spree um 83,9 %. Dagegen betrugen die Steigerungen in Cottbus 30,5 %, im Landkreis Spree-Neiße 27,4 % und im Landkreis Oberspreewald-Lausitz 36,3 %.

Die Pflegequoten verdeutlichen das Verhältnis von Pflegebedürftigen zur Gesamtbevölkerung. Der deutschlandweite Trend, dass besonders hohe Pflegequoten sich in strukturschwachen Regionen finden, trifft auch für Brandenburg zu. Hier sind die Gebiete westlich der Oder, wie die Uckermark, die Prignitz, aber auch teilweise Barnim und Märkisch-Oderland, zu nennen.

Mit der Alterung der Bevölkerung steigt die Pflegequote steil an, Tabelle 4 (35)

Da Frauen durchschnittlich älter als Männer werden, sind sie heute unter den Hochbetagten wesentlich stärker vertreten. Mehr als zwei Drittel der Hochaltrigen (69,9 Prozent, siehe Tabelle 4) aller Pflegebedürftigen sind 2019 weiblich.

Infolge der höheren Lebenserwartung von Frauen und aufgrund dessen, dass sie üblicherweise in jüngeren Jahren heiraten als Männer, haben Frauen ein größeres Risiko, Witwen zu werden. Hinzu kommt, dass die potenziell pflegebedürftigen Jahrgänge der Männer infolge des Zweiten Weltkrieges stärker dezimiert sind als die Jahrgänge der Frauen. Deshalb leben Frauen im Alter häufiger ohne Partner als Männer. Als Alleinstehende sind sie bei eintretender Pflegebedürftigkeit daher eher auf Leistungen der Pflegeversicherung angewiesen. Männer leben dagegen häufiger mit ihren Partnerinnen zusammen und werden von diesen oftmals auch ohne den Bezug von Leistungen oder Hilfen nach dem PVG mitversorgt.

Insgesamt wird der überwiegende Teil, 72,6 % der Pflegebedürftigen, deutschlandweit zu Hause versorgt. Von den zu Hause versorgten Pflegebedürftigen erhalten 24,2 % Pflegeleistungen durch einen ambulanten Pflegedienst und 48,4 % der Pflegebedürftigen beziehen Geldleistungen und werden von Dritten, zumeist von Angehörigen, versorgt. (vgl. 34)

Bezüglich des Landes Brandenburg ist für das Jahr 2015 festzustellen (36), dass sogar 78,6 % der Pflegebedürftigen in der Häuslichkeit versorgt werden.

Im Ministerium für Arbeit, Soziales, Gesundheit und Familie des Landes Brandenburg wurde bereits 2014 eingeschätzt: „Im Berliner Umland wird die Bevölkerung bis 2030 um etwa 37 000 Einwohner zunehmen, während sie im weiteren Metropolenraum um 237 000 abnehmen wird. Der Altenquotient wird von 36 % auf 78 % im Jahr 2030 steigen. Im Rahmen einer Fachkräftestudie Pflege Brandenburg haben wir die Auswirkungen dieser demografischen Entwicklung auf die Pflege projiziert: Danach würde die Zahl der Pflegebedürftigen in Brandenburg von aktuell knapp 96 000 bis zum Jahr 2030 auf 162 000, d.h. um knapp 70 % steigen, sofern die Rahmenbedingungen in der Pflege unverändert bleiben. Daraus würde sich ein erheblicher Mehrbedarf an Pflegepersonal ergeben: Der Personalbedarf der ambulanten Dienste würde von derzeit etwa 12 500 Beschäftigten auf fast 21 000 im Jahr 2030 steigen. Der Fachkräftebedarf in der stationären Versorgung würde in Brandenburg von gut 16 400 Beschäftigten auf über 33 000 im Jahr 2030 steigen. Dies wäre eine Zunahme von 87 %. Wenn wir uns nun die Entwicklung des Erwerbstätigenpotentials betrachten, so wird dieses bei einem Ausgangswert von 100 % im Jahr 2009 im Jahre

2030 vermutlich auf 71 %, d.h. über ein Viertel des derzeitigen Volumens sinken. Aus diesem gesunkenen Erwerbspotential hätten wir den genannten Mehrbedarf – aber auch den durch altersbedingtes Ausscheiden entstehenden Ersatzbedarf – von Pflegefachkräften und auch sonstigen Fachkräften für soziale Dienstleistungen zu rekrutieren. Es versteht sich fast von selbst, dass wir vor dieser außerordentlichen beschäftigungspolitischen Herausforderung bestrebt sind, alle gesellschaftlichen Kräfte in den jeweiligen Sozialräumen zur Entlastung der professionellen Dienstleistungen zu mobilisieren.“ (37)

Für Brandenburg ist das pflegepolitische Szenario der Zukunft eine der gegenwärtig größten sozialpolitischen Herausforderungen. Bei steigender Anzahl der Pflegebedürftigen und bei gleichzeitig abnehmender Zahl der pflegenden Angehörigen und dem Mehrbedarf an professioneller Pflege, sinkt zusätzlich infolge des demografischen Wandels das Potential an Erwerbspersonen und damit an Personal für die professionelle Pflege. Bisherige Lösungsansätze, scheinen für diese Verflechtung verschiedener Herausforderungen nicht geeignet. Auch die Suche nach Lösungsansätzen innerhalb der Pflegeversicherung, etwa, wie Einschränkungen bei Pflegebedürftigkeit besser zu kompensieren, zu organisieren, zu verwalten sind oder wie körperliche Verrichtungen besser unterstützt werden können, würde sich vornehmlich statisch gestalten und wäre damit ebenfalls nicht zielführend. Das in sich geschlossene System, Familie und Pflegeheim, in dem sich Pflegebedürftige heute befinden, ist nicht zukunftsfähig, weil es den Pflegebedürftigen in seiner besonderen Lebenssituation weitgehend von der Gesellschaft separiert und die Gesellschaft andererseits nicht über Strukturen, Mechanismen und geeignete Systeme verfügt, den Pflegebedürftigen als ‚Normalität‘ in der Gemeinschaft zu unterstützen. Zukunftsfähig wird Pflege, wenn sie in der Gesellschaft, am Ort, wo der Pflegebedürftige lebt, übergreifend stattfindet. Dabei sollte sie vorhandene starre Systeme, wie stationäre Pflege und ambulante Pflege, durchlässig, flexibel und transparent gestalten.

Im Jahr 2014 wurde von der Landesregierung eine Fachkräftestudie in Auftrag gegeben. Darin wurde der zukünftige Fachkräftebedarf ermittelt und es wurden Pflegestrukturen in verschiedenen Regionen untersucht sowie Handlungsempfehlungen zu den Handlungsfeldern Prävention, alternative Versorgungsstrukturen, alternativer Personaleinsatz und Kostenentwicklung bei der Hilfe zur Pflege formuliert. Im Abschlussteil fordert der Minister Baaske einen „pflegepolitischen Aufbruch, um die Herausforderungen zu bewältigen“. (38) Die Strukturveränderungen in der Pflegepolitik gehen hin zu einer Pflege im Quartier, die gestärkt und getragen ist von einer notwendigen, aber noch zu schaffenden passgenauen Infrastruktur. Der Minister erwartet künftig von den Ämtern und Gemeinden des Landes, dass sie wieder Verantwortung für die Lebensbedingungen Pflegebedürftiger und ihrer Angehörigen übernehmen und den Ausbau niedrigschwelliger Angebote gezielt fördern. Ihre Verantwortung hatten die Kommunen mit der Einführung der Pflegeversicherung an die Sozialversicherung übertragen. Jetzt mahnt der Minister an, dringend eine Kooperation zwischen Land, Landkreis und Gemeinden zu schaffen, um lokale Versorgungsstrukturen zu initiieren. Er fordert weiterhin den Aufbau regionaler Beratungs- und Koordinierungsstellen, die den Aufbau der Pflege im Quartier unterstützen und begleiten.

1.4 Pflegeoffensive der Brandenburger Landesregierung

Der Minister Baaske plädierte als Konsequenz aus der Brandenburgischen Fachkräftestudie Pflege eine konsequente Veränderung der landesweiten Pflegepolitik und Altenhilfe. Dazu forderte er einen landesweiten „pflegepolitischen Aufbruch“ (39).

Der Aufbruch in der Pflegepolitik, wie diese Strukturveränderung seitens der Landesregierung auch verstanden wird, orientiert sich am Leitbild der gesamtgesellschaftlichen Verantwortung. Seine Verantwortung wahrnehmend, beschloss der Landtag im Dezember 2014 die *Pflegeoffensive für eine verantwortungsvolle pflegerische Versorgung im Land Brandenburg auch in Zukunft.* Er genehmigte für diese Offensive jährlich 1 Million Euro. „Mit der Pflegeoffensive sollen zur Bewältigung der anstehenden Aufgaben in der Pflege zielgerichtete, nachhaltige

Maßnahmen entwickelt werden und damit ein praktikabler Lösungsweg aufgezeigt werden.“ (39) Die Landespolitiker gehen davon aus, dass die Brandenburger Pflegeoffensive, d. h. die Bewältigung des demografisch bedingten Anstieges der Anzahl und des Anteils der pflegebedürftigen und/oder alten Menschen, nur gelingen kann, wenn sie überall im Land vor Ort umgesetzt wird. Die Landespolitiker orientieren darauf, dass die wichtigsten Rahmenbedingungen für eine gelingende Pflege am Wohnort des Pflegebedürftigen durch eine spezielle Infrastruktur geschaffen werden müssen. Deshalb ist die Pflegeoffensive ein politischer Appell an alle pflegepolitischen haupt- und ehrenamtlichen Akteure des Landes, aber auch an die politischen Verantwortungsträger auf allen kommunalen Ebenen:

> „- Alle Möglichkeiten auszuschöpfen, durch gute Rahmenbedingungen für ein aktives und gesundes Älterwerden den Eintritt von Pflegebedürftigkeit zu verschieben, zu verringern, vielleicht auch ganz zu vermeiden.
>
> - Effektive Hilfe- und Pflegestrukturen vor Ort zu schaffen, die frühzeitig, verlässlich und aufeinander abgestimmt Pflegebedürftige und ihre Angehörigen dabei unterstützen, trotz der pflegebedingten Einschränkungen ein möglichst selbstbestimmtes und selbstständiges Leben zu führen.
>
> - Die Ausbildungs- und Beschäftigungsbedingungen in der Pflege so zu verändern, dass deutlich mehr Menschen einen Pflegeberuf ergreifen und dort gern und lange tätig sind.“ (40)

Die Pflegeoffensive des Landes Brandenburg umfasst inhaltlich ein pflegepolitisches Aktionsprogramm mit den vier Schwerpunkten:

(1) Modellprojekt Fachstelle Altern und Pflege im Quartier (FAPIQ)
(2) Kompetenzzentrum Demenz für das Land Brandenburg
(3) Modellprojekt Innovative Personaleinsatz- und Personalentwicklungskonzepte
(4) Erarbeitung von Pflegedossiers für alle Landkreise, kreisfreien Städte und das Land Brandenburg

Das Modellprojekt (A), Fachstelle Altern und Pflege im Quartier, ist die größte Maßnahme innerhalb des Aktionsprogramms. Es wird unterstützt von der Alzheimer Gesellschaft Brandenburg e.V., vom Verein Gesundheit Berlin-Brandenburg e.V., Selbsthilfe Demenz und dem Berliner Institut für Gerontologische Forschung e.V. Das Projekt hat eine Laufzeit bis 2019. Die Fachstellen sollen Landkreise, Kommunen, Initiativen und Akteure vor Ort kostenfrei beim Aufbau einer regionaltypischen Infrastruktur für ein selbstbestimmtes und teilhabeorientiertes Leben unterstützen. Die Hilfen umfassen Beratungen, Bestandsanalysen, Erfahrungstransfer sowie das Aufzeigen von Finanzierungs- und Fördermöglichkeiten. Die fünf Handlungsfelder der Fachstellen umfassen die Bereiche

(1) Wohnen im Alter,
(2) neue Wohnformen,
(3) alltagsunterstützende Angebote,
(4) kommunale Altenhilfe- und Pflegeplanung und
(5) die regionalspezifische Entwicklung von alternsgerechten Quartieren.

Projektstart war im Oktober 2015. Im Jahr 2016 wurden vier dezentrale Standorte (Neuruppin, Eberswalde, Luckenwalde und Lübben) für ‚Fachstellen Altern und Pflege im Quartier' eingerichtet.

Das Modellprojekt (B), Kompetenzzentrum Demenz für das Land Brandenburg, wird in Zukunft weiter an Bedeutung gewinnen müssen, da sich die Anzahl der Demenzkranken in den nächsten 20 Jahren fast verdoppeln wird. Die Arbeit des Kompetenzzentrums wird fachlich unterstützt von der Alzheimer Gesellschaft Brandenburg e.V. und der Selbsthilfegruppe Demenz.

Zum Thema demenzielle Erkrankungen soll das Kompetenzzentrum gezielte Öffentlichkeitsarbeit organisieren, die Gesellschaft sensibilisieren, Angehörige schulen und zur Selbsthilfe befähigen, den Zugang zu Dienstleistern und Netzwerkpartnern aufzeigen sowie Fachwissen zum Umgang mit Demenzkranken weitergeben.

Mit dem Modellprojekt (C), Innovative Personaleinsatz- und Personalentwicklungskonzepte, will die Landesregierung Unternehmen unterstützen, die in der Pflegebranche tätig sind. Das Projekt läuft seit 2015 und wird fachlich begleitet von der Brandenburgischen Technischen Universität Cottbus-Senftenberg und dem Institut für Pflege- und Gesundheitswissenschaften Berlin. An sechs konkreten Pflegeeinrichtungen werden betriebliche Gestaltungsspielräume hinsichtlich eines kompetenz- und lebensalterorientierten Personaleinsatzes untersucht und optimiert. Die gewonnenen Erfahrungen sollen anschließend ausgewertet und für andere Pflegeeinrichtungen nutzbar gemacht werden.

Mit dem Modellprojekt (D), dem Erstellen eines Pflegedossiers, soll eine praktische Arbeitshilfe in Form einer Datenbank geschaffen werden. Es ist ein Zahlenwerk, das über eine Momentaufnahme der Pflegesituation und Bevölkerungszusammensetzung in Brandenburg hinausgeht. Das Modellprojekt zeigt aufbereitete Zeitreihen ab 2005, um Entwicklungen in den zurückliegenden Jahren zu verdeutlichen. Zudem beschreibt es lineare Fortschreibungen des Statusquo bis zum Jahr 2040 unter Berücksichtigung der amtlichen Bevölkerungsentwicklung und vergleicht die für die einzelnen Landkreise und kreisfreien Städte aufgezeigten Zusammenhänge mit vergleichbaren Landes- und Bundeswerten. Die aktuelle Ausgabe des Pflegedossiers basiert auf der Grundlage der Pflegestatistik 2015 (26), die Datensammlung wurde der amtlichen Pflegestatistik nach § 109 SGB XI entnommen, die zweijährlich erhoben wird. Sie soll für die kommunale Altenhilfe und Daseinsvorsorge eine Datengrundlage für mögliche zukünftige Daseinsvorsorgeplanungen bieten.

Die Arbeitshilfe Pflegeoffensive verzichtet bewusst auf Wertungen, „wie letztlich ein gutes Leben im Alter und ggfs. mit Pflegebedarf im jeweiligen Landkreis gestaltet werden kann, dazu müssen in Landkreisen oder kreisfreien Städten selbst eigene Vorstellungen entwickelt und politisch verabschiedet werden. Auf der Grundlage dieser Leitvorstellungen kann dann eingeschätzt werden, welche Rahmenbedingungen ältere und pflegebedürftige Menschen und ihre Angehörigen für ein gutes Leben im Alter benötigen und inwieweit die vorhandenen Strukturen ausreichend sind oder aus- bzw. umgebaut werden müssen. Dabei gilt in der Pflege das Recht auf freien Marktzugang. Weder Land noch Kommunen noch Pflegekassen haben die Möglichkeit, Planungen rechtlich verbindlich durchzusetzen. Gleichwohl zeigen bundesweite Untersuchungen, dass es Kommunen mit klarem Gestaltungsanspruch häufig gelingt, Versorgungslücken zu schließen, Überversorgungen zu verhindern und vor allem aus nebeneinander bestehenden Angeboten ein aufeinander abgestimmtes vernetztes Versorgungssystem zu schaffen", so die Verlautbarungen aus dem MASGF. (41)

1.4.1 Die Pflegestützpunkte und Modellkommune Pflege

Das Pflegeweiterentwicklungsgesetz vom 01.07.2008 sah erstmals die Errichtung von Pflegestützpunkten vor. Seit 2009 hat jeder, der Leistungen der Pflegeversicherung erhält, einen rechtlichen Anspruch auf individuelle Beratung und Hilfestellung durch einen Pflegeberater. Der Gesetzgeber schuf mit den Pflegestützpunkten zentrale Ansprechpartner und Anlaufstellen für Pflegebedürftige und ihre Angehörigen für alle Anliegen zum Thema Pflege. Die Pflegestützpunkte sollen die Pflegebedürftigen und ihre Angehörigen wohnortnah beraten, versorgen und betreuen.

Die Pflegeberater der Pflegestützpunkte erfüllen diese Ziele insbesondere durch:

- umfassende und unabhängige Information und Beratung auf der Grundlage des SGB;
- umfassende und unabhängige Information und Beratung über die Inanspruchnahme bundes- oder landesrechtlich vorgesehener Sozialleistung und Hilfsangebote;
- wohnortnahe Koordinierung aller in Betracht kommenden gesundheitsfördernden, präventiven, kurativen, rehabilitativen und anderen medizinischen, pflegerischen und sozialen Hilfe- und Betreuungsangebote;
- Hilfestellung bei der Inanspruchnahme von Pflegeleistungen sowie

- Verknüpfung aller pflegerischen und sozialen Versorgungs- und Betreuungsangebote.

Die Pflegestützpunkte wurden von den Pflege- und Krankenkassen mit Zustimmung der Landesbehörde eingerichtet. Das Gesetz sieht vor, dass die Möglichkeit der finanziellen Förderung durch den Spitzenverband der Gesetzlichen Krankenkassen besteht, wenn sich die kommunalen Verwaltungen und Sozialhilfestellen als Träger an den Pflegestützpunkten beteiligen (Tabelle 5). (42)

Da die Verwendung des Begriffes ‚Pflegestützpunkt' nicht geschützt ist und auch kein bundeseinheitliches Logo für Pflegestützpunkte existiert, besteht die Gefahr des Missbrauches.

Im Dritten Pflegestärkungsgesetz von 2016 wird Landkreisen und kreisfreien Städten ein Initiativrecht zur Errichtung von Pflegestützpunkten zugestanden. Die Pflegekassen werden zur Mitwirkung verpflichtet. Ebenso erhalten Kommunen ein auf fünf Jahre befristetes Initiativrecht zur Errichtung von Pflegestützpunkten, wenn sie sich an deren Finanzierung beteiligen.

Die Bedeutung der Kommune in der Pflege wird damit neu definiert. Die Verbesserung der Steuerung, die Kooperation und Koordination von Beratungsleistungen, die Pflegevorsorge und die Sicherstellung sogenannter niedrigschwelliger Angebote sowie die individuelle Pflegeberatung werden in die kommunale Verantwortung überführt.

Darüber hinaus gewährt das Bundesgesetz in § 123 SGB XI die Möglichkeit, neue Beratungsstrukturen in Modellprojekten zu erproben. Die Beratung von Versicherten zu den Themen Pflegebedürftigkeit und Pflege kann unterschiedliche Formen von Koordination und Kooperation aufweisen. Die Bundesvereinigung der kommunalen Spitzenverbände der Kommunen entwickelte dazu ein Konzept mit dem Titel „Modellkommune Pflege". Es soll hier die kommunale Beratung im Rahmen der Daseinsvorsorge mit den Beratungsangeboten der Pflegekassen eng miteinander verbunden werden. Beratungsangebote waren früher alleinige Aufgabe der Pflegekasse. Nun sollen sie auch Aufgabe der Kommune werden. Die Modellkommunen schließen mit der Pflegekasse/Krankenkasse einen Kooperationsvertrag über die konkrete Umsetzung vor Ort ab. Danach übernimmt die Modellkommune die in § 123 Abs.1 Satz 5 SGB XI genannten Aufgaben und verknüpft sie mit den eigenen Beratungsaufgaben. Die Modellkommune erbringt diese Leistungen mit eigenen Ressourcen oder bedient sich der Leistungen Dritter. Sie führt in Eigenregie die Pflegeberatung nach § 7 a bis 7 c SGB XI, die Beratung in der eigenen Häuslichkeit nach § 37 SGB XI und Kurse nach § 45 SGB XI durch.

Voraussetzungen für die Errichtung eines solchen Modells sind, dass Land und Bund dem Modell zustimmen, ein begleitender Beirat geschaffen wird und die Durchführung einer Evaluation erfolgt. Es sollen bundesweit 60 solcher Modellkommunen entstehen, die ihre Beratung in Pflegestützpunkten anbieten.

Die dem Gesetz zugrunde liegende Idee ist, dass Kommune und Pflegekasse zusammenarbeiten und nah am Betroffenen sind, der ihre Beratung benötigt. Die Kommunen könnten auch das Recht erhalten, ihre Beratungsangebote auszuweiten und Pflegegeld zu erhalten, um davon vorgeschriebene Beratungseinsätze bei häuslicher Pflege zu leisten.

Schon während der Verabschiedung des Gesetzes äußerte der Bundesrat Zweifel, dass es statt einer Zusammenarbeit zwischen Kommunen und Pflegekassen zu einer Konkurrenzsituation kommen könnte. Die Mitglieder des Bundesrates warnten vor der Gefahr, die eine solche Vernetzung birgt und forderten vom Gesetzgeber eine Nachbesserung.

Die Nachbesserung im Änderungsantrag der Bundesregierung fiel zulasten der Kommune aus. Die Zusammenarbeit, so der Gesetzgeber, soll sich zwischen Kommunen und Pflegekassen klarer nur auf die Pflegeberatung begrenzen.

Während der Bundesrat fordert, dass eine vorgesehene sozialräumliche Beratung in den Modellkommunen durch eine umfassende Kooperation mit funktionierenden Beratungsstrukturen erfolgt und nicht auf das Herausgreifen einzelner Elemente beschränkt wird, drängt der Landkreistag darauf, den Kommunen noch mehr Handlungsspielraum zu geben, und fordert zudem eine auskömmliche Finanzierung der Modellprojekte.

Die Kommunen, die Sozialhilfeträger sind, können einen Antrag stellen auf Zulassung als Modellkommune, wenn dies nach Maßgabe landesrechtlicher Vorschriften möglich ist (43).

Das Landespflegegesetz von Brandenburg sieht gegenwärtig die Einrichtung von Modellkommunen nicht vor.

Als Zwischenbericht zur angelaufenen Pflegeoffensive stellten die Sozialministerin Golze und ihre Sozialstaatssekretärin Hartwig-Tiedt im Jahr 2017 zufrieden fest, dass in Brandenburg die Herausforderungen in der Pflege rechtzeitig erkannt wurden, die zentralen Maßnahmen der Pflegeoffensive erfolgreich gestartet sind und die Resonanz darauf sich landesweit positiv zeigt. Sie beschreiben den politischen Erfolg „Die Pflege der Zukunft ist eine Pflege im Quartier. Dort, wo Menschen leben und alt werden wollen, brauchen wir kleine, dezentrale Lösungen. Die pflegepolitische Tour zeigt eindrucksvoll, dass dieser Ansatz landesweit in den Kommunen mit den unterschiedlichsten Initiativen umgesetzt wird.“ (44) Auf der pflegepolitischen Tour besuchten Golze und Hartwig-Tiedt auch elf der landesweit 19 Pflegestützpunkte. Sie fordern, dass bei der anhaltenden und steigenden Nachfrage das Netz der Pflegestützpunkte weiter ausgebaut werden muss, denn die Pflegestützpunkte sind für die Angehörigen und die Pflegebedürftigen häufig die ersten Anlauf-, Informations- und Beratungsstellen für ihre Fragen.

Brandenburg hatte sich im Bundesrat (2016) dafür eingesetzt, dass die Kommunen mit dem Dritten Pflegestärkungsgesetz ein „Initiativrecht zur Errichtung weiterer Pflegestützpunkte“ erhalten. Brandenburg forderte. “Wir werden uns nun mit den Landkreisen und kreisfreien Städten auf der einen Seite sowie mit den Pflege- und Krankenkassen auf der anderen Seite zusammensetzen, um diese neuen Möglichkeiten in Brandenburg anzuwenden und so möglichst schnell weitere Pflegestützpunkte zu eröffnen.“ (ebenfalls 44)

2 Sorgende Gemeinschaften als aktuelles bundesdeutsches Konzept

Dass das Konzept der Sorgenden Gemeinschaft, im Folgenden SG genannt, für die Pflegewissenschaften und ihre pflegereformatorischen Anliegen von großer Bedeutung ist, steht außer Frage. Aber auch an seiner Bedeutung über den Pflegekontext hinaus können kaum Zweifel bestehen, zu prägnant sind mit dem Siebten Altenbericht und dem Zweiten Engagementbericht, die seit Oktober 2015 und Mai 2016 den zuständigen Bundesministerien vorliegen, zwei zentrale pragmatische Initiativen der Bundesregierung auf eben jenes Konzept ausgerichtet. Diese Bezugnahme wird ergänzt um drei sozial- und politikwissenschaftliche Themenstränge, den Wohlfahrtspluralismus, die soziale Stadtentwicklung und die kooperative Demokratie. Für die kooperative Demokratie ist der Zusammenhang mit dem Konzept der SG möglicherweise nicht sofort erkennbar, aber sie stehen exemplarisch für weitere Verschränkungen mit aktuellen sozial- und politikwissenschaftlichen Diskursen, die sich aus der Komplexität des Konzeptes und seiner großen thematischen Reichweite speisen.

2.1 Wohlfahrtspluralismus

Die Idee des Wohlfahrtspluralismus wird seit langer Zeit von Skepsis gegenüber einem konfliktfreien Zusammenwirken der einzelnen Sektoren Staat, Markt, intermediärer Bereich und privater Sektor in einer gemischten Wohlfahrtsproduktion begleitet. Mit dem intermediären Bereich, zwischen Staat und Markt angesiedelt, werden Wohlfahrtsverbände bezeichnet. Sie verbinden mit dem staatlichen Sektor die Non-Profit-Orientierung und mit dem Sektor Markt das Freiwilligkeitsprinzip. Gemeinnützigkeit und Freiwilligkeit sind für das Verständnis von Wohlfahrt typisch. Die Schwierigkeit des Zusammenwirkens besteht, weil die Handlungslogiken und Strukturen der einzelnen Sektoren zu unterschiedlich und unvereinbar erschienen.

2.1.1 Sektor Staat

Der Staat agiert hierarchisch aus seinen zentralen Verwaltungen heraus. Seine Handlungen sind formal an gesetzlichen Grundlagen ausgerichtet. Bedürftige haben ein Recht auf Unterstützung oder Hilfe des Staates. Der Staat gewährt ihnen die Sicherheit, dass ihre erwartete Leistungserfüllung nach dem Grundsatz der Gleichbehandlung erfolgt. Auf Einzelbedürfnisse, Sonderbedürfnisse oder die Bedürfnisse weniger Menschen, die nicht durch das Gesetz erfasst sind, kann der Staat nicht reagieren. Einschränkungen gibt es bei der Pflegeversicherung. Die Hilfen werden nur der Solidargemeinschaft der Versicherten gewährt. In der juristisch hinterlegten Sozialgesetzgebung des Staates wird der Anspruchsteller, der Bedürftige, zum Sozialbürger.

2.1.2 Sektor Markt

Der Markt, oder die Summe wirtschaftlicher Unternehmen, ist privatrechtlich organisiert. Der Austausch von Waren, Gütern und Dienstleistungen erfolgt auf der Basis von Angeboten und Nachfragen. Der Nachfragende, der Kunde, hat das Recht, sich frei zu entscheiden. Das Tauschmedium für Dienstleistungen, Güter oder Waren ist Geld. Dabei zielen die Interessen des Marktes auf die Vermehrung seines Gewinnes, während der Nachfragende sein Wohlbefinden erwerben möchte. Da die Menge des Geldes aber unterschiedlich verteilt ist, ist auch der Zugang der Kunden zum Markt unterschiedlich und es entstehen Ungleichheiten.

2.1.3 Intermediärer Sektor

Der dritte Sektor, auch als intermediärer Sektor bezeichnet, ist ein eigenständiger Bereich neben dem Staat (erster Sektor) und dem Markt (zweiter Sektor) als Summe von privatwirtschaftlichen Unternehmen (zweiter Sektor) und dem privaten Sektor. Die Beiträge von Staat und Markt sind durch bestimmte festgelegte Strukturprinzipien geprägt.

Diese sind hoheitlich oder marktförmig. Die Leistungen, die Institutionen, Organisationen, organisierte Gruppen oder im Rahmen des ehrenamtlichen Engagements freiwillige Helfer der Bürgergesellschaft erbringen, erfolgen indirekt. Diese Hilfen werden im Namen formeller Institutionen erbracht, für die Helfer tätig sind. Ihr Engagement gründet auf gesellschaftlicher Solidarität. Charakteristisch für den intermediären Sektor sind die vereinstypischen Aktivitäten. Nach der Definition aus dem Handbuch der Vereinten Nationen (45) zeichnen sich die Einheiten des dritten Sektors durch fünf Kriterien aus:

(1) Sie sind formal organisiert, das heißt, sie agieren als Organisationen.
(2) Sie treten privat auf, das bedeutet, sie sind institutionell vom Staat getrennt.
(3) Sie arbeiten nicht gewinnorientiert, das heißt, der erwirtschaftete Gewinn wird nicht ausgeschüttet, sondern verbleibt in der Organisation zur besseren Zielerreichung.
(4) Sie verwalten sich selbst, das bedeutet, ihre Aktivitäten und Kontrolle liegen in ihrer Verantwortung.
(5) Sie zeichnen sich durch Freiwilligkeit ihrer Akteure aus, das heißt, es gibt keinen Zwang zum Beitritt und zur Mitarbeit.

In Deutschland können die Besonderheiten von Organisationen des dritten Sektors auf Antrag mit einem steuerrechtlichen Gemeinnützigkeitsstatus versehen werden. Jede Organisation in Deutschland, die einen solchen Gemeinnützigkeitsstatus aufweist, ist formal dem dritten Sektor zuzuordnen.

2.1.4 Privater Sektor

Der private Sektor, er umfasst Hilfen und Unterstützungen von und für Familien, Freunden und Nachbarschaften, basiert auf einer ethisch-moralisch begründeten Basis. Der im Markt Sektor übliche ‚Kapitalbegriff‘ oder ‚Produktionsfaktor‘ entspricht in diesem Sektor menschlicher Nähe, persönlicher Fähigkeiten, Verantwortung und Zuneigung,

Familienbeziehungen, Freundschaften und informellen Kontakten sowie Zeitressourcen. Das Austauschmedium ist eine moralische Kategorie, wie Liebe, Wertschätzung oder Schuld. Angehörige fühlen sich verpflichtet, pflegebedürftige Familienmitglieder zu betreuen, oder aus einer gegenseitigen Wertschätzung heraus werden von Freunden oder Nachbarn Pflegeleistungen erbracht. Im Gegenzug erwarten die Pflegenden bewusst oder unbewusst für die erbrachten Pflege- und Hilfeleistungen Dankbarkeit und Anerkennung. Die Pflegenden implizieren, später von ihren Kindern ebenso versorgt und betreut zu werden. Familiale Hilfen benötigen keine formalen Rechte und Pflichten, auch eine vertraglich vereinbarte, direkte finanzielle Beziehung existiert zwischen einer pflegebedürftigen Person und ihren Angehörigen nicht. Familiale Hilfen sind individuelle, für Außenstehende wenig kalkulierbare Verpflichtungen Bedürftigen gegenüber, die zur gleichen Gemeinschaft (Familie, Gemeinschaftsmitglied) gehören. Diese Hilfen stellen für die Gemeinschaft wichtiges Sozialkapital dar, das den Zusammenhalt in der Gemeinschaft stärkt, indem es dazu beiträgt, Vertrauen zu vermehren und Konflikte mit Vertrauen zu lösen. Der Staat hat eine Mitverantwortung für die Erhaltung von Sozialkapital.

2.1.5 Das Zusammenwirken der Sektoren

Der öffentliche Sektor kann nicht beliebig weiter expandieren. Die Bürger trauen dem Staat, insbesondere dem Sozialstaat, immer weniger zu. Auch die Märkte haben nach den aktuellen weltweiten Finanz- und Wirtschaftskrisen ihre Glaubwürdigkeit weitgehend verloren. Die Bürger mussten in den letzten zwei Jahrzehnten erfahren, dass die vermeintliche Sicherheit von Staat und Wirtschaft nicht existiert. Sowohl die Rente aus dem Sozialsicherungssystem als auch die privaten Vorsorgemaßnahmen sind nicht mehr sicher.

Eine Verbindung innerhalb der Wohlfahrtsproduktion des staatlichen Sektors und des Sektors Markt stellen im Bereich der Pflegeversicherung z.B. öffentlich-rechtliche Versorgungsverträge dar, die von den Pflegekassen mit den Pflegedienstleistern geschlossen werden. Gegenstand dieser Verträge sind die Leistungsbeschreibungen und die Vergütung nach marktrechtlichen Preisen.

Neben dem Sozialstaat und dem Markt gibt es zwei andere Bereiche, die Wohlfahrt produzieren. Der dritte Sektor, der intermediäre Sektor, wird vorrangig bestimmt von Mitgliedsinteressen und deren Aushandlung, von gemeinnützigen Zielen und Bezügen der Organisationen. Der vierte Sektor, die primären privaten Netze, die von Familien, Nachbarschaften etc. produzierte Wohlfahrt, ist exklusiv an eine bestimmte Gemeinschaft gebunden.

Jeder der vier Sektoren hat Potentiale sowie Grenzen und trägt zu allgemeinen Wohlfahrt bei. Je nach Gesellschaft dominiert der eine oder andere Sektor stärker, z.B. gibt es Gesellschaften, in denen der Markt im Vergleich zu den anderen Sektoren stärker ausgeprägt ist (Großbritannien, USA), oder solche, in denen der Wohlfahrtsstaat eine dominantere Rolle spielt (Schweden, Norwegen). Der Staat hat die Möglichkeit, in das Zusammenwirken der Sektoren entscheidend einzugreifen. Er kann kraft Gesetzes bestimmen über Objekt- oder Subjektförderung, über Ausweitung oder Einschränkung seiner Tätigkeit und er kann selbst wie ein Markt agieren, wenn er die Bürger zu Kunden macht, z.B. zu Empfängern von Gutscheinen. Auch die Wohlfahrtsverbände haben sich als Markt versucht, indem sie sich als Sozialunternehmen definiert haben und Arbeitgeber- sowie Dienstleisterfunktionen wahrnehmen.

Seit den 1990er Jahren, in denen Engagement Förderung zur Querschnittsaufgabe geworden ist, kann eine neue Entwicklung beobachtet werden, die auf die Stärkung der Zivilgesellschaft und des bürgerlichen Engagements abzielt.

Auch die Einführung der Pflegeversicherung hat in den 1990er Jahren das Konzept des Wohlfahrtspluralismus verändert, indem sie zu einer Rollenverteilung zwischen den Sektoren führte und neue Handlungsoptionen eröffnete. Der Markt erhielt eine stärkere Position, indem dic bis dahin übliche Ordnung (erst Familie, dann Wohlfahrt, zum Schluss staatlicher Zuschuss) ersetzt wurde durch ein Konzept, nach dem Staat, Markt, freigemeinnützige Träger von Pflegeeinrichtungen und Diensten, Familien und bürgerschaftlichen Organisationen aus dem intermediären Bereich miteinander Pflegearrangement aushandeln sollen.

Innovationen von modernen sozialen Einrichtungen oder Diensten zeigen heute, dass Verbesserungen, Erneuerungen oder Weiterentwicklungen nicht mehr entstehen durch mehr Staat, mehr Markt oder mehr Wohlfahrtsverband, sondern durch einen intelligenten Mix aus Wohlfahrtsleistungen aller vier Sektoren. Dieser Mix, auch Wohlfahrtspluralismus genannt, muss von den eigenen Akteuren strukturiert, ausgestaltet und angeleitet werden. Die Verantwortung für die Aushandlung und Anleitung dieser Ausgestaltungsprozesse liegt dort, wo der Prozess gelebt wird: im Gemeinwesen.

Das Konzept des Wohlfahrtspluralismus dient auch als Vorlage zum Umbau anderer staatlicher oder sozialer Versorgungsarrangements, indem die Beiträge von Familienangehörigen, ehrenamtlich engagierten Bürgern, Nachbarn und Gruppen neu bestimmt und gewertet werden. Dabei ist zu berücksichtigen, dass die unterschiedlichen Sektoren auch verschiedenen Steuerungsprinzipien unterliegen. Es gibt rechtlich-bürokratische Regelungen, zwischenmenschliche Solidarität und familiäre Verbundenheit, die sich nicht immer konfliktfrei zusammenführen lassen. Es existiert ein Spannungsfeld zwischen nichtprofessionellen Unterstützungssystemen und sozialstaatlichen Hilfeleistungen. Wohlfahrtspluralistische Konzepte können diese Spannungen überwinden, indem sie den privaten/familiären und den intermediären Bereich stärker fokussieren und ihn als einen bedeutsamen sowie gleichberechtigten Bestandteil des Konzeptes aufwerten. Erst dann erhält die Sozialpolitik eine neue Qualität und eine Pflegekultur.

2.1.6 Wohlfahrtspluralismus und Demokratie

Der öffentliche Bereich der Kommune ist seit den 1990er Jahren ebenfalls im Umbruch begriffen. Kommunalpolitik und Verwaltung haben ihre einstige starre Rolle als Obrigkeit verloren. Die Akteure des öffentlichen Bereiches der kommunalen Ebene haben erkannt, dass sie weitere Ressourcen, Helfer oder Organisationen benötigen, um ihre Aufgaben erfüllen zu können. Sie brauchen z.B. die Eltern, die Unternehmen oder freiwillig Engagierte. Den Erfolg der Zusammenarbeit bestimmt vorrangig die Rolle, die die Kommune einnimmt. Präsentiert sie sich den Mitstreitern als Ermöglicher und gleichrangiger Mitakteur, erzeugt dies Interesse, Mitwirkungsabsichten und Vertrauen bei den Partnern, was einen bedeutenden Schritt zu neuen Governance-Formen darstellt. Governance wird zum Zentrum von Wohlfahrtspluralismus und bedeutet, dass die Kommunen mit Unternehmen des Marktes und gemeinnützigen sozialen Organisationen sowie der Bürgerschaft kooperieren, um öffentliche Leistungen besser zu erbringen. Dabei handeln die Kommunen mit den Partnern Ziele und Arbeitsweisen aus und entwickeln Netzwerke, in denen Akteure, insbesondere ehrenamtlich Engagierte, sich entfalten können oder Rahmenbedingungen dafür geschaffen werden.

Aktuell zeigen sich zwei wesentliche Hindernisse bei der Realisierung von Governance. Zum einen fehlen rechtliche Rahmenbedingungen für die Mitwirkung von Bürgern in einem wohlfahrtspluralistischen System, das von einer Politik der Vernetzung, Einbeziehung und Ermöglichung getragen wird. Zum anderen fehlen häufig gewählten Kommunalpolitikern die Bereitschaft und der Mut, ehrenamtlich Tätige in kommunale Angelegenheiten einzubeziehen, wenn sie nicht sogenannte Sachkundige Bürger in gemeindlichen Vertretungen sind. Auch Mitarbeiter der Verwaltungen sind oftmals nicht bereit, auf die Hinweise und Vorschläge von Bürgern einzugehen, es sei denn, der ehrenamtlich Tätige kann als zusätzliche ‚Hilfe‘ im kommunalen Interesse eingesetzt werden. Das gegenwärtig übliche Verhalten von Kommunalpolitikern und Verwaltung gegenüber ehrenamtlich Tätigen ist von einer eher verhaltenen und reservierten Bereitschaft geprägt.

Wohlfahrtspluralismus geht vom Mitdenken, Mitplanen, Mitverantworten, von der Mitsprache und dem Mittun aller Akteure aus. Das Verhältnis von Staat, Markt und Bürgerschaft hat sich kontinuierlich und nachhaltig verändert, z.B. ist in der Umwelt-, Energie-, Kultur-, Bildungs- und Sozialpolitik die Bedeutung der Bürgergesellschaft in den letzten zwei Jahrzehnten deutlich gewachsen. Das erkennt man daran, dass immer mehr Projekte und Initiativen realisiert werden, bei denen die Bürger aktiv werden und neue Lösungen suchen. Sie tun dies teils freiwillig oder deshalb, weil sie von der Einsicht in die Notwendigkeit der Veränderung gedrängt werden. Politik und Verwaltung sollten in der Mitverantwortung für z.B. soziale Einrichtungen bleiben und bürgerschaftliches Engagement als nutzbringend sowie bereichernd anerkennen und einbeziehen. Es dürfen keine Nischen gesucht werden, in denen soziales bürgerschaftliches Engagement stattfinden kann. Das soziale Engagement lässt sich heute nicht mehr in ein punktuelles institutionelles Gefüge integrieren. Es ist ein eigenes dialogisches Medium, Ehrenamt und demokratische Mitsprache müssen zusammengefügt werden. Dann können für klassische hauptamtliche kommunale Aufgaben deutliche Mehrwerte und für die engagierten Bürger mehr Akzeptanz, mehr Beteiligung, mehr Mitverantwortung, also mehr demokratische Mitsprache entstehen.

2.2 Soziale Stadtentwicklung

Mit dem Begriff ‚Quartierskonzept' steht nicht das ‚Wie', sondern das ‚Wo' des Wohlfahrtsmixes gegenüber ehrenamtlich Tätigen oder Wohlfahrtspluralismus im Vordergrund. Der Fokus verlagert sich hin zu einer quartiersbezogenen Aufgaben- und Verantwortungsteilung. Propagiert wird die Idee der Quartierskonzepte vor allem vom Kuratorium Deutsche Altershilfe, dem Netzwerk SONG (Soziales neu gestalten) und der Bertelsmann Stiftung. Auch der Siebte Altenbericht der Bundesregierung verweist auf die Wirksamkeit von Quartierskonzepten. Zahlreiche Studien der letzten zehn Jahre untersuchten die sozioökonomischen Wirkungen von pflegeorientierten Quartierskonzepten für die Quartiersbewohnerschaft.

Wie die konkreten Anforderungen an eine Kommune, an die Wohlfahrtspflege und an Bund und Länder aussehen sollten, die gemeinwesenorientierte Quartierskonzepte umsetzen wollen, beschreiben U. Krick vom Deutschen Städte- und Gemeindebund, U. Kremer-Preiß vom Kuratorium Deutsche Altershilfe, sowie U. Kuhn aus dem Netzwerk SONG.

Die kommunale Steuerung soll alle an den Quartierskonzepten beteiligten Akteure einbeziehen, wie Vertreter der Wohnungswirtschaft, Mitarbeiter von Sozialkassen, lokale, soziale und gewerbliche Dienstleister, bürgerschaftliche Initiativen, Ehrenamtliche und Verantwortliche aus den Kommunen selbst, damit eine sozialraum- und eine beteiligungsorientierte Verortung gewährleistet bleiben.

Ihre Handlungsempfehlungen werden im Folgenden verkürzt wiedergegeben.

- Um eine integrierte soziale Versorgung und Infrastruktur zu entwickeln, ist eine Abstimmung von Sozial- und Wohnungspolitik, Quartiersplanung und Infrastrukturplanung notwendig.
- Generationengerechte Wohnangebote sollen vor Ort entwickelt werden, dabei sollen, barrierefreier Neubau und alters- sowie generationengerechte Umgestaltung des vorhandenen Wohnungsbestandes berücksichtigt werden.
- Der soziale Zusammenhalt soll durch Gemeinwesenarbeit gefördert werden, indem der soziale Austausch der Quartiersbewohner und die Stärkung sozialer Netzwerke im Quartier durch die Schaffung von Begegnungsmöglichkeiten und die Förderung von Nachbarschaftsbeziehungen gestärkt werden.
- Soziale und pflegerische Dienste sollen kleinräumig verfügbar gemacht werden, indem häusliche Versorgungsdienste und ambulante Pflege stärker kleinräumig organisiert werden. Darüber hinaus sollte es Alternativen zur häuslichen Pflege (von der Wohngruppe bis hin zur kleinen stationären Einrichtung) im Quartier geben, damit auch bei Schwerstpflege kein Wegzug aus dem Quartier notwendig wird.
- Durch die Vernetzung der Akteure vor Ort sollte die Kooperation der Akteure gefördert und die Bürgerbeteiligung ermöglicht werden. Kommunen können die notwendigen Rahmenbedingungen für den Austausch schaffen, Kooperationen moderieren und Interessen ausgleichen. Die Bürgerinnen und Bürger sollten über Befragungen, Quartiersbegehungen, Bürgerforen und -werkstätten etc. von

Anfang an in die Entwicklung und Umsetzung von Quartierskonzepten eingebunden werden.

Für die Wohlfahrtsträger ist eine Neuorientierung erforderlich, weg von einer bloßen Investoren- und Dienstleisterrolle und hin zu einem gemeinwesenorientierten Akteur.

- Es bedarf eines Leitbildes zur Selbstbestimmung und Teilhabe. Deshalb müssen Wohlfahrtsträger, die sozialraumorientiert arbeiten, differenzierte Dienstleistungskonzepte für Prävention und Selbsthilfe umsetzen. Sie müssen aber auch im Bedarfsfall die notwendige professionelle Versorgung sicherstellen.
- Lokale Netzwerke und Kooperationen zu stärken gelingt, wenn die Akteure lernen, nicht gegeneinander, sondern miteinander in Netzwerken zu arbeiten und Berührungsängste zu überwinden.
- Betroffene können zu Beteiligten gemacht werden, wenn Bewohnerinnen und Bewohner von Wohnprojekten und Quartieren Verantwortung übernehmen und ihre eigenen Potentiale zur Gestaltung des sozialen Miteinanders vor Ort nutzen.
- Professionelle Mitarbeiter sollten zu Moderatoren und Managern qualifiziert werden, denn integrierte Quartierskonzepte erfordern einen höheren Grad an Personalausstattung. Professionelle Mitarbeiterinnen und Mitarbeiter arbeiten am Aufbau eines inklusiven Gemeinwesens mit.
- Organisation und Lobbyarbeit weiterzuentwickeln, erfordert von den Sozialunternehmen, ihre Organisationsstrukturen weiter zu differenzieren und zu flexibilisieren.

Auch die Anforderungen an den Bund und die Länder haben sich geändert. Es sind grundlegende Veränderungen der politischen Rahmenbedingungen erforderlich, um Quartierskonzepte auf lokaler Ebene nachhaltig zu verankern.

- Um neue soziale Netzwerke durch Gemeinwesenarbeit zu unterstützen, sind neue soziale Netzwerke im Miteinander von Familie, Nachbarschaft, bürgerschaftlichem Engagement und professionel-

len Diensten erforderlich. Aufgrund des nachweisbaren sozioökonomischen Nutzens muss daher künftig ein Anteil der Mittel aus den Sozialkassen für diese Netzwerkarbeit eingesetzt werden.
- Prävention und Rehabilitation sollen gefördert werden.
- Kommunale Gestaltungsmöglichkeiten sollten gestärkt werden. Pflege und Assistenz müssen vor Ort gestaltbar sein, da dort der demografische Wandel und das soziale Zusammenleben stattfinden.
- Ordnungs- und Leistungsrecht müssen flexibler gestaltet werden, damit neue gemeinwesenintegrierte Wohn- und Betreuungsmodelle in der Realisierung nicht durch das Leistungs-, Förder- und Ordnungsrecht benachteiligt werden.
- Zuständigkeiten im Sozialsystem sollten grundlegend neu geordnet werden. Längerfristig ist eine grundlegende Überprüfung und Neuordnung der Zuständigkeiten im Sozialsystem dahingehend anzustreben, dass die starren Systemgrenzen zwischen den einzelnen Leistungstöpfen überwunden und die Leistungen der sozialen Sorge, insbesondere aus Sozialversicherung, Hilfe zur Pflege und Eingliederungshilfe auf lokaler Ebene gebündelt und vernetzt werden (47).

2.2.1 Verknüpfung von Quartierskonzepten mit bestehenden Politikprogrammen

An dieser Stelle sei auf einen Sachverhalt hingewiesen, der sich zunächst zögerlich, aber zunehmend vernehmlich artikuliert verbreitet: der Vorschlag, pflegereformatorische Quartierskonzepte an bereits bestehende Politikprogramme anzubinden, insbesondere an Maßnahmen der Sozialen Stadtentwicklung. So wird im letzten Abschlussbericht der Enquetekommission Pflege des Baden-Württemberger Landtages auf die Möglichkeit hingewiesen, pflegebezogene Quartierskonzepte mit dem Bund-Länder-Programm „Soziale Stadt“ zu verknüpfen und dessen Förderstrukturen zu nutzen (46). An anderer Stelle weist Thomas Klie die Soziale Stadt als Programm aus, das die Sorgende Gemeinschaft „in ihren Voraussetzungen in den Blick nimmt und ihr Entstehen fördert“ (48).

Abgesehen davon, dass die besagte Maßnahme der Stadtentwicklungsförderung nur unter bestimmten Voraussetzungen greift und keinesfalls den Regelfall quartiersbezogener Pflegearrangements abdecken kann, steht der politikwissenschaftliche Diskurs diesem Programm kritisch gegenüber Bernt und Fritsche (49). Ein wesentlicher Kritikpunkt sind die signifikanten Steuerungsmängel, die neben einer Überforderung der lokalen Strukturen und Akteure existieren können, zumal die Auflagerung diverser Zusatzaufgaben, z.B. präventive Ansätze der Gesundheitsförderung, an die pflegeorientierten Quartiersprojekte nahtlos anschließt. Es wird verkannt, dass die prekäre Ausgangslage sozial benachteiligter Quartiere und ihrer Bewohner, die mit basalen Ausgangsproblemen (Armut, Migrationshintergrund) behaftet sind, den Aufbau quartiersbezogener Selbstorganisation, die Einrichtung sozialer nachbarschaftlicher Netze oder die Errichtung von Beteiligungsstrukturen ungleich erschwert.

Begriffe und Konzepte wie Quartiere, soziale Netzwerke und Lebenswelten haben immer auch einen Bezug zum Begriff der Nachbarschaft. Dabei sind Nachbarschaften und Quartiere nicht Synonyme. Auch wenn ihre Definitionen vielfältig und unscharf sind, ist doch das Quartier vordergründig in ein sozialgeografisches Gebilde eingebettet, als ein alltäglicher individueller Lebensort. Das Thema Nachbarschaft ist, obwohl es anerkanntermaßen eine hohe Bedeutung für den Erfolg der Gemeinwesenarbeit aufweist, noch heute weitgehend ein soziales Phänomen, da es bisher in der Literatur und in der Forschung nur randständiges Interesse findet.

2.3 Kooperative Demokratie

In diesem Unterkapitel soll der Begriff der Bürgerkommune erklärt werden, der auch im Pflegediskurs zunehmend relevant wird und eng mit der Frage nach dem Verhältnis und der Aufgabenteilung zwischen

Bürgern und dem politisch-administrativen System verbunden ist. Wenn auch im politikwissenschaftlichen Diskurs unterschiedliche Ansätze für die Bürgerkommune existieren, einigt man sich doch bei der Erweiterung der Rolle des Bürgers im Sinne eines kooperativen Demokratieverständnisses, das repräsentative und direktdemokratische Elemente auf lokaler Ebene ergänzt.

Im Konzept der kooperativen Demokratie tritt der Bürger partizipativ gegenüber dem Staat auf, „als politischer Auftraggeber (der Bürger beteiligt sich an der politischen Willensbildung), als Adressat der Leistungserstellung (als Kunde, Klient, Untertan) sowie als Beteiligter und als Mitgestalter des Gemeinwesens. Auf der Grundlage von ehrenamtlichem bzw. bürgerschaftlichem Engagement tritt er als Koproduzent der Leistungserstellung auf den Plan (Politik Implementation). Kooperative Demokratie beinhaltet sowohl Formen der Mitwirkung an den Planungsprozessen als auch die Mitwirkung an den Entscheidungsprozessen. Unter kooperativer Demokratie werden die freiwilligen, dialogisch orientierten und auf kooperative Problemlösungen angelegten Verfahren der Bürger- und Verbändebeteiligung an der Politikformulierung und -umsetzung auf kommunaler Ebene verstanden“ (50).

Kooperative Formen der Demokratie gewinnen seit den 1990er Jahren zunehmend an Bedeutung. Bogumil schätzt ein: „Insgesamt gibt es also vielfältige Formen kooperativer Demokratie auf kommunaler Ebene und es besteht der Eindruck, dass diese von den Kommunalverwaltungen zunehmend angewendet werden, auch wenn es hier keine eindeutigen empirischen Beweise gibt (vgl. Banner 1999, Naschold/Oppen/Wegner 1998, Holtkamp 2000, Bogumil/Vogel 1999). Zumindest beschäftigen sich sowohl die KGSt mit ihrem Arbeitsvorhaben „Aktive Bürger“, die Bertelsmann Stiftung mit ihren Projekten „Bürgerorientierte Kommune“ sowie dem Netzwerk „Civitas“ als auch das Netzwerk „Kommunen der Zukunft“ mit einem spezifischen Netzwerkknoten im Bereich der Bürgerkommune intensiv mit dieser Problematik. Nach Banner handelt es sich hier nicht um eine Modeerscheinung, sondern um ein Grundanliegen. Bezüglich des Tempos und der Breite der Umsetzung kooperationsdemokratischer Verfahren ist in der kommunalen Praxis jedoch eine erhebliche Varianz zu beobachten. Der Umsetzungsgrad hängt, typisch für freiwillige Verfahren, stark von örtlichen Faktoren ab, wie der Kooperationsbereitschaft der Verwaltung, des Bürgermeisters und des Rates, dem Vorhandensein akuter Kooperationsanforderungen seitens der Bürger oder der Begleitung durch die örtlichen Medien. Auch die Größe der Gemeinde spielt eine wichtige Rolle.“ (51)

Als wesentliche Ursachen für das Vordringen dieser neuen kooperativen Demokratieformen sieht Jörg Bogumil „das gleichzeitige Auftreten von Finanzierungs-, Steuerungs- und Legitimierungsproblemen“ staatlicher Systeme. (52)

Hinter den Finanzierungsproblemen öffentlicher sozialer Aufgaben und Einrichtungen verbirgt sich die Einsicht, dass der Kostendruck auf die bestehenden sozialen Sicherungssysteme weiterwächst und damit die künftige Finanzierbarkeit des modernen Sozialstaates infrage stellt.

Wenn sich moderne Gesellschaften heute unter den Erfordernissen einer globalen Weltwirtschaft, internationaler Wissenschaftsstrategien, vernetzter Informations- und Kommunikationskanäle oder globaler politischer Herausforderungen weiterentwickeln, drängt sich die Frage nach einer angemessenen und zeitgemäßen Steuerung sowie einer politisch wirksamen und nachhaltigen Regierbarkeit auf.

Hinter der Frage nach den heutigen Legitimationsproblemen staatlichen Handelns verbirgt sich die Erfahrung, dass das Ziel alter Konzepte der Bürgerbeteiligung die Stärkung kommunalen Handels war. Die neueren kooperativen Demokratieformen orientieren auf eine höhere Effizienz und eine größere Effektivität bürgerschaftlich-kommunalen Handelns. Aus Protest sind Mitarbeit und Mitverantwortung entstanden.

2.3.1 Rahmenbedingungen kooperativer Demokratie

Neben den Potentialen der kooperativen Demokratie weist Bogumil auch auf deren Grenzen hin:

- Kooperative Demokratie kann zu mehr Effektivität staatlichen Handelns führen, ist aber von besonderen Bedingungen abhängig.
- Der Aufbau kooperativer Demokratieformen kann zahlreiche Veränderungen institutioneller, organisatorischer und kultureller Art mit sich bringen. Diese Veränderungen können geltenden Vorschriften, Gesetzen oder Verordnungen widersprechen. Machteinflüsse werden verändert, Hierarchien infrage gestellt. Deshalb bedingt der Ausbau kooperativer Demokratieformen immer auch eine erfolgreiche Binnenmodernisierung.
- Kommunalvertretung und Verwaltung erkennen einen Machtverzicht an, indem sie konkrete, genau kalkulierte Kompetenzen an kooperative Demokratieformen abgeben. Dabei handelt es sich stets nur um einen kleinen Teil ihrer Machtübertragung. Grundlegende Verantwortung und hoheitliche Rechte verbleiben bei der Kommunalpolitik. Daraus ergibt sich, dass eine kooperative Demokratieform nur ergänzenden, nicht aber ersetzenden Charakter haben kann.
- Dialogorientierte Kommunikation zwischen Bürgern und Verwaltung sind dafür geeignet, Lernprozesse auf beiden Seiten zu initiieren. Anders als in einer Bürgerversammlung können im Dialog die Bürger ihre Wünsche gezielter und argumentativer einbringen, dabei über die formalen Pläne der Verwaltung besser informiert werden, sie gründlicher verstehen und ihre Vorschläge oder ihr Engagement passgenauer zum Wohle der Stadt platzieren. Die eigene Zufriedenheit steigt in dieser Mitstreiterrolle wesentlich an, ebenso wie die meist unbeabsichtigt erfahrene Machtposition durch Erfolg. Eine erfolgreich gelebte kooperative Demokratieform verändert den Bürger nachhaltig. Er könnte/würde künftig seine Beteiligungen einfordern.
- Dialogorientierte Kommunikation steht auch in der Gefahr, dass sich primär nur eine bestimmte Bürgerschicht artikuliert. Es ist hier die Aufgabe der Kommune, für einen sozialen Ausgleich zu sorgen und auch dem Schwächeren, dem Förderwürdigen, zu seinem Recht zu verhelfen.

Im Kontext der Sorgenden Gemeinschaft ist die Frage interessant, inwieweit in oder mit ihr das Konzept einer Bürgerkommune realisiert werden kann. Zwar wird mit unterschiedlichen Formen der freiwilligen Verantwortungsübernahme das Motiv der aktiven Mitgestaltung als Leistungserbringung abgedeckt, aber der mindestens ebenso relevante Part des Auftraggebers, im Sinne einer kooperativen Problemwahrnehmung und Entscheidungsfindung, scheint demgegenüber wenig bedeutsam zu sein.

2.4 Reziprozität

Die neue Kultur des Helfens, wie der Gesetzgeber sie fordert, impliziert ein neues soziales System, ein Netzwerk, in dem sich neue soziokulturelle Beziehungen entwickeln. Diese neue Kultur ist ein gesellschaftspolitisch motivierter Austauschprozess von den ursozialen Beziehungen Geben und Nehmen. Das neue System stabilisiert, produziert und reproduziert Bindungen, die in ihrer Summe dazu beitragen, dass gesellschaftliche, insbesondere soziale, Strukturen entstehen.

Jeder Bürger ist auf bestimmte Leistungen, Hilfen, Unterstützungen etc. von anderen Menschen, Gruppen oder Familienangehörigen angewiesen und auch bereit, eine Gegenleistung dafür zu erbringen. Dem Geben und Nehmen sowie Zurückgeben liegen eine innere, urmenschliche Logik, das Verhaltensprinzip der Reziprozität, zugrunde. Austauschprozesse und die ihnen innewohnenden Abhängigkeiten gehören zum familiären, gesellschaftlichen und wirtschaftlichen Zusammenleben. Der wirtschaftliche Austausch Ware gegen Geld ist im Folgenden nicht von Interesse. Der Tausch von Gaben und die Erwiderung mit Gegengaben sind mehr als nur ökonomische Prozesse, sie sind beziehungsstiftend, beziehungspflegend und beschreiben die Beziehungen der Akteure. Sich wandelnde Austauschnotwendigkeiten verändern auch die gegenseitigen zwischenmenschlichen Abhängigkeiten und die persönlichen Beziehungen der Menschen untereinander. Was man von Gebern und Helfern erwarten darf und akzeptieren kann, wird wesentlich bestimmt durch das Verhältnis, in dem Geber und Nehmer zueinander stehen, sowie davon, in welchem Umfeld und in welcher strukturellen Einbindung die Beteiligten sich befinden. Die Formen von Austauschprozessen sind vielfältig, aber der Tausch vollzieht sich nach bestimmten Grundregeln: Was als Tauschobjekt eingebracht wird, wird bestimmt von den Beziehungsformen und den Beziehungsintensitäten zwischen den Partnern.

Reziprozität findet sich in allen menschlichen Kulturen. Stegbauer schreibt: „Es stellt damit ein Grundprinzip menschlichen Handelns dar. Es scheint, ... als sei Reziprozität das Prinzip, durch welches Beziehungen hergestellt und erhalten werden. Ein solches umfassendes Prinzip stellt gleichzeitig eine Regel zur Herstellung von sozialer Struktur dar, wenngleich aber auch die Durchsetzbarkeit des Prinzips von der Struktur abhängig bleibt. .... Generell lässt sich dieser Begriff (Reziprozität) auf fast alle interpersonellen Austauschprozesse anwenden. In seiner generalisierten Form gilt er nicht nur für die Beziehung innerhalb einer Gruppe, sondern auch für Beziehungen zwischen Gruppen und Institutionen.“ (53)

Eine wichtige Voraussetzung beim Zustandekommen eines Austauschprozesses ist die Beziehung, in der die Austauschwilligen zueinander stehen. Diese Beziehungsdimension, z.B. Liebe, Schuld, Vertrauen, Moralität, Rationalität etc., gibt Aufschluss über den Grad des Austauschprozesses. Unterschiedliche Grade des Austauschprozess zeigen die drei folgenden Fragen: Wird nach der Abfahrt desnächsten Busses gefragt? Handelt es sich um eine Bitte nach Geld? Wird nach der Erbringung einer Pflegeleistung gefragt?

Beziehungsdimensionen können eng und direkt sein, etwa unter Freunden oder in der Familie (Frage nach der Erbringung einer Pflegeleistung), oder es handelt sich um generalisierte Beziehungsdimensionen, z. B. unter Fremden (Frage nach der Abfahret des Busses). Die Beziehungsdimensionen lassen Rückschlüsse auf die Beziehungsstärken zu. Je kleiner die Distanz im sozialen Gefüge ist, desto stärker ist die Bindung und umso intensiver ist die Reziprozitätsbeziehung. Das bedeutet, dass die Reziprozitätsleistung einer Beziehungsstärke entspricht. Ausbleibende oder nicht adäquate Reziprozitätsleistungen gefährden die Beziehung.

> „Wenn aber Reziprozität und Beziehung auf eine solch enge Weise miteinander verknüpft sind, dann kann man annehmen, dass für das Entstehen enger Beziehungen nicht nur ein einziger Reziprozitätszyklus ausreicht. Es wird eine ganze Kette von gegenseitigen Handlungen notwendig sein, um eine enge Beziehung zu konstituieren.
>
> Wenn enge Beziehungen relativ intensiver Reziprozitätsketten bedürfen, dann ergibt sich daraus angesichts grundsätzlich eingeschränkter zeitlicher und kognitiver Ressourcen, dass die Individuen jeweils nur eine relativ geringe Zahl enger Beziehungen eingehen können.
>
> Nicht nur ist Reziprozität für die Entstehung und Stabilisierung von Beziehungen verantwortlich – der gegenseitige Austausch kann als eine Funktion von Beziehungen bezeichnet werden. Bestimmte Formen des Austausches ebenso wie bestimmte Inhalte sind abhängig davon, welche Art von Beziehungen zwischen den Tauschpartnern besteht.“ (54)

Stegbauer verweist neben der Reziprozität der Beziehungen auch auf ein weiteres Konzept der Reziprozitätsforschung hin: die Reziprozität der Perspektiven. Er meint damit, dass sich der Einzelne gedanklich in die Rolle bzw. in die Perspektive des Anderen hineinversetzt und dessen Standpunkt, Haltung wie auch Perspektive übernimmt. Neben den gezielten Erwartungen an das Handeln und die Reaktion des Anderen geht es hier um die Kontrolle des eigenen Standpunktes, der eigenen Perspektive in Bezug auf den Anderen. „Letztlich handelt es sich um eine selbstreflexive Perspektive, nämlich hinsichtlich der Frage, wie der andere einen selbst wahrnimmt, welche Handlungen dieser von einem selbst erwartet.“ (55) Voraussetzungen für die Reziprozität der Perspektive sind Wissen und Verstehen. Die Lebensweisen, Denkweisen, Verhaltensmuster und Kommunikationsformen des Anderen müssen beiden Kommunikationspartnern bekannt sein, andernfalls entspricht die Reaktion des Anderen nicht dem eigenen Hineindenken, den eigenen Erwartungen und Deutungen. Wie man sich verhält, wie man miteinander umgeht und wie man miteinander kommuniziert, kann ein Resultat der Reziprozität der Perspektive sein.

Reziprozität der Perspektive leistet damit auch eine Erklärung für das Nachempfinden, Hineinfühlen und Mitleiden in die Sorgen und Nöte anderer Menschen, zu denen keine direkten Beziehungen bestehen.

Einerseits besteht ein direkter Zusammenhang zwischen den gegenseitig erbrachten Leistungen der handelnden Personen und der Form sowie Stärke ihrer Beziehungen. Andererseits geben die Stärke und die Form der Beziehungen auch Aufschluss über die Art der Gegenseitigkeit. Große soziale Nähe spricht für eine intensive Beziehung, dennoch ist jede Beziehungsform gleichzeitig abhängig von Aushandlungsprozessen und von Kontextbedingungen.

Das Prinzip der Reziprozität spielt bei der Entwicklung und Konstruktion neuer sozialer Netzwerke, wie sie auch für die neue Kultur des Helfens benötigt wird, eine wichtige Rolle.

3 Allgemeine Konzeptbestandteile Sorgender Gemeinschaften

Die Bundesregierung hat das Leitbild der Sorgenden Gemeinschaft favorisiert. Sie definiert sie wie folgt: „Eine sorgende Gemeinschaft ist das gelingende Zusammenspiel von Bürgerinnen und Bürgern, Staat, Organisationen der Zivilgesellschaft und professionellen Dienstleistern in der Bewältigung der mit dem demografischen Wandel verbundenen Aufgaben“ (56). Die Bundesregierung hat dieses Leitbild in ihrer Zukunftspolitik verankert. Explizit weisen der Siebte Altenbericht, die Demografiestrategie der 17. Legislaturperiode und der Zweite Engagementbericht der Bundesregierung auf die gesellschaftspolitische Bedeutung der lokalgesellschaftlichen Entwicklung hin. Die Diskussionen um das Konzept der Sorgenden Gemeinschaft nehmen inzwischen einen breiten Raum nicht nur im politischen Bereich, sondern auch in den Wohlfahrtsverbänden, den Kirchen und den Kommunen ein. Begleitet werden diese öffentlichen Debatten durch Fachdiskurse in der Gerontologie, der Pflegewissenschaften, der Soziologie und der Politikwissenschaft.

In den Debatten existieren unterschiedliche Begriffe, wie ‚Sorgende Gemeinschaft‘ oder ‚Caring Community‘, ‚Sorgende Gemeinde‘ oder ‚Verantwortungsgemeinschaft‘, die sich inhaltlich aber auf das im Kern gleiche Konzept beziehen, nämlich ein Leitbild der geteilten Verantwortung an den Schnittstellen privater und professioneller Pflege.

Das Leitbild der Sorgenden Gemeinschaft wird heute nicht nur von der kommunalen Ebene, sondern auch in Schulen, Universitäten oder Unternehmen aufgegriffen. Es wird überall dort verwendet, wo es um ein vertrauensvolles Miteinander und um eine Kultur der gegenseitigen Achtung, sozialen Kompetenz und gemeinschaftlichen Verantwortung geht. Kleine Städte, Dörfer, Quartiere, Kirchengemeinden, Hausgemeinschaften etc. können Gemeinschaften bilden. Diese sind strukturell kleinräumige Entitäten innerhalb der Gesellschaft. Gemeinschaften haben eine nach innen gerichtete starke Bindungskraft und integrative Wirkung.

3.1 Formen von Sorge

Der Begriff der Sorge macht verschiedene Sorgeformen deutlich.

Bezogen auf das Alter impliziert der Begriff z.B. intergenerative Transferleistungen in Form von Geld oder Betreuung der Älteren zugunsten der Jüngeren. Die Älteren, Menschen des dritten und vierten Lebensabschnitts, sind Sorgende für Kinder und Kindeskinder, aber sie sorgen sich auch um Menschen ihres Alters, indem sie diese pflegen, betreuen, sie unterstützen und ihnen Alltagshilfe geben.

Sorge bedeutet auch, für sich selbst zu sorgen, für sein eigenes Leben, seine Zukunft, seine Wünsche und Bedürfnisse, seine Gesundheit und seine Lebensgestaltung. Das schließt auch ein, gesundheitlich, materiell und sozial vorzusorgen und Handlungsoptionen zu behalten, z.B. bezüglich der Fragen, welche Wohnung ich wähle, welches Engagement zu mir passt, welche Verantwortung ich übernehmen möchte oder welche Aufgaben in der Familie, im Freundeskreis oder in der Kommune ich kompetent und gern erfülle.

Die gegenwärtige Aktualität des Begriffes ‚Sorge' entspringt nicht einer Neoromantisierung aus dem Bereich des Familiarismus.

Ergebnisse der Generali Hochaltrigenstudie zeigen, dass 76 % der über 85-jährigen Befragten „Freude und Erfüllung in einer emotional tieferen Begegnung mit anderen Menschen" finden. Weiterhin erstreben 72 % der Befragten eine „intensive Beschäftigung mit der Lebenssituation und Entwicklung nahestehender Menschen – vor allem in der eigenen Familie und in nachfolgenden Generationen", und 61 % der Befragten empfinden „Freude und Erfüllung im Engagement für andere Menschen".

Damit zeigt diese Studie auf, dass die Sorge für und um andere Menschen lebensleitend für die meisten Hochaltrigen ist. Das mitverantwortliche Leben wird von ihnen als besondere Lebensqualität empfunden. Wenn diese Lebensqualität nicht mehr existiert, befürchten sie, dass ihr Leben aus der Gemeinschaft und „aus der Welt fallen“ würde. (57)

Sorge ist also keine Dienstleistung, sondern *sich sorgen* gehört zu den Grundfragen des menschlichen Lebens und des sozialen Miteinanders.

Interdisziplinäre Erkenntnisse in der Gerontologie zeigen, dass Prädiktoren einer langen Lebenserwartung, eines erfüllten und zufriedenen Lebens sich weniger in den medizinischen Befunden zeigen, sondern vielmehr in stabilen sozialen Vernetzungen zu finden sind.

Die Sorge innerhalb und um die Familie ist auch heute noch das zahlenmäßig größte und ökonomisch gesehen das wichtigste Verantwortungsgebilde in der Gesellschaft. Verantwortungsübernahme, soziales Miteinander und die Wahrnehmung von Sorgeaufgaben benötigen jedoch Zeit. Zeit ist für viele Menschen gleichzeitig Arbeitszeit und gewährt subjektiv nur geringe Verfügbarkeit. Die Vereinbarkeit von Arbeits- und Sorgezeit ist im Kontext der Familienpolitik mit den neuen gesetzlichen Änderungen weiterhin relevant, deshalb erlangt die Suche nach neuen Verantwortungskonstellationen bei der Bearbeitung sozialer Probleme eine zunehmende gesamtgesellschaftliche Bedeutung.

3.2 Gesellschaftspolitische Sorgeformen

Das Bundesfamilienministerium beabsichtigt die Beteiligung von Bürgern und zivilgesellschaftlichen Gruppen und Organisationen auszuweiten, um den Bedingungen des demografischen Wandels gerecht zu werden und anstehende soziale Aufgaben durch die *neue Kultur des Helfens und der mitmenschlichen Zuwendung* bewältigen zu können.

Der Kern seines Konzeptes der Sorgenden Gemeinschaft ist ein sektorenübergreifendes, zielgruppenoffenes und themenunabhängiges Bündnis, das professionelle und private Unterstützungsangebote und Sorgestrukturen auf lokaler Ebene koordiniert und bündelt. Dabei kommt es darauf an, die individuelle Mitverantwortung in der Kommune zu fördern und neue Beteiligungs- und Verantwortungsstrukturen aufzubauen.

Dort, wo die Pflege notwendig ist, müssen die Strukturen des Sorgenden Helfens greifen. Dies soll gemäß dem Bundesministerium lokal verortet und auf den Einzelnen bezogen erfolgen.

Gegenseitige individuelle Sorge gehört zu den Grundfragen des Lebens und des sozialen Miteinanders, denn die Sorge um Angehörige, Nachbarn und Freunde lässt sich nur teilweise auf die sozialen Sicherungssysteme sowie deren formalen Festschreibungen und Begrenzungen delegieren. Es sind künftig neue kulturelle und infrastrukturelle Formen der Sorge zu etablieren, die das Verhältnis zwischen den Geschlechtern und Generationen ebenso berücksichtigen wie die Formen der geteilten Verantwortung zwischen Familien, beruflich Tätigen und allen anderen, die in die Sorgefragen um den Einzelnen involviert sind.

Sorge schließt die Ganzheit des Menschen ein, auch seinen Platz und seine Bedeutsamkeit in der Gemeinschaft sowie seine Teilhabe am gemeinschaftlichen Leben, deshalb bleiben die Sorge und die Teilhabe stets auch in der Kultur der lokalen Verantwortungsstruktur eingebunden.

Die Übergänge von Sorgeleistungen des privaten Umfeldes zum öffentlichen Raum werden fließend. Die Sorgefähigkeit der Gesellschaft, die bisher auf der Unterstützung staatlicher und kommunaler Stellen sowie auf professionellen sozialen Dienstleistungen beruhte, ist schon heute wesentlich auf Eigenengagement, familiale Hilfen, aber auch auf das freiwillige Mithelfen engagierter Bürger angewiesen.

Eine soziale Sicherung, die auf dem Prinzip der Subsidiarität basiert, ist untrennbar verbunden mit der Sorgefähigkeit und -bereitschaft seiner gesellschaftlichen Glieder. Subsidiarität muss dabei über das bisherige formale Prinzip hinausgehen, das staatliches Handeln nach dem Grundsatz ‚Wohlfahrtsverbände anstelle von Kommunen‘ beschränkt. Subsidiarität muss vom Individuum auch dreidimensional betrachtet werden: Neben der Eigenverantwortung und der Selbstvorsorge umfasst Subsidiarität auch die christlich definierte Nächstenliebe und die Verantwortung für das Gemeinwohl.

3.2.1 Aufbau einer kommunalen Sorgekultur

Der Staat garantiert für die soziale Sicherung Rahmenbedingungen, steht für Verlässlichkeit und sichert zugesagte Leistungserbringung. Zukünftig erbringt er aber die Leistungen unter noch stärkerer Einbeziehung von Angehörigen, nachbarschaftlichen Netzwerken, freiwillig Engagierten sowie Institutionen und Dienstleistern.

Es geht dabei künftig nicht um eine Verantwortungsverlagerung weg von den staatlichen Stellen und hin zu professionellen Dienstleistern oder privaten Strukturen, sondern um eine neue Verantwortungsaufteilung und Aufgabenteilung. Die neue Aufteilung der Verantwortung erfolgt zwischen Staat, Kommunen, Trägern professioneller sozialer Dienste, zivilgesellschaftlichen Organisationen und engagierten Bürgern. Sie muss lokal von allen handelnden Personen, Diensten und Institutionen partnerschaftlich, fair und transparent ausgehandelt und gelebt werden, damit lokale Verantwortungsstrukturen und Beteiligungsprozesse vorrangig von Sorgekulturen und nicht von Versorgungsstrukturen getragen werden. Die Kommune tritt in eine Ermöglicherrolle und schafft damit einen speziellen lokalbezogenen Freiraum, in dem eine Sorgekultur entstehen und gelebt werden kann. Nur wenn eine Kultur gelebt wird, kann sie sich auch weiterentwickeln. Durch die Ermöglicherrolle der Kommune ist sie gleichzeitig zum Antrieb der Weiterentwicklung ihrer Sorgekultur geworden.

Der verantwortungsbewusste, sich freiwillig engagierende Bürger knüpft sein Engagement in der lokalen Gemeinschaft an die Forderung von Mitsprachemöglichkeiten, Mitgestaltungsräumen und Mitverantwortung.

In dem Maße, in dem ein Bürger selbstständig und eigenverantwortlich handelt und im Zusammenwirken mit anderen Bürgern wie auch Institutionen gleichberechtigt und mitverantwortlich ein gemeinsames Ziel verfolgt, entwickelt er sich vom Kunden zum Beteiligten.

Beide Überlegungen führen im Kontext der Sorgenden Gemeinschaft zu einer sozialpolitischen Neubewertung der Kommune. Die bisherige

Entwicklung, die geprägt war durch eine gewollte politische Dominanz zentraler Steuerungen, z. B. der Pflegekassen, die die Kommunen in ihrer Steuerungs- und Handlungsfähigkeit eingeschränkt hat, soll künftig ersetzt werden durch eine neue Entwicklung, in der die Kommune sich auf ihre kommunale Intelligenz und lokale Kompetenz besinnt und dabei ihre bisherigen Strukturen der ‚Ressortgrenzen' aufbricht. Die Aufgaben, die Verantwortung, die Arbeitsweise und die Stellung der Kommune ändern sich dadurch wesentlich. In ihrem sozialen Nahraum wird die Kommune vom Verwalter zum Ermöglicher und durch ihre soziale Architektur, Sorgekultur und Infrastrukturverantwortung leistet sie ihre eigene nachhaltige Daseinsvorsorge.

Thomas Klie gibt zu bedenken: „Ein auf alle Kommunen übertragbares „Rezeptbuch" zur Entwicklung „Sorgender Gemeinschaften" gibt es absehbar nicht: Instrumente und Strategien der Ermöglichung und Gestaltung müssen dem jeweils spezifischen Kontext und Bedarf vor Ort Rechnung tragen. Eine Herausforderung stellen hier die begrenzten Möglichkeiten der öffentlichen Hand vor allem auf Ebene der Kommune dar (Stichwort: Haushaltsvorbehalte, Engagementförderung als freiwillige Leistung). Hier sind Wege der Verantwortungsteilung zwischen Bund, Ländern und Kommunen zu klären, ohne dass an vor Ort ermittelten Bedarfen orientierte Entscheidungs- und Gestaltungsspielräumen eingeschränkt werden." (58)

3.2.2 Pflege als Teilhabeleistung differenziert in Cure und Care

Wie eine formale kommunale soziale Architektur gestaltet sein kann, die sich an Personen orientiert und nicht an Strukturen, beschreiben T. Klie und G. Künzel in ihrem Politikentwurf „Strukturreform Pflege und Teilhabe" (59).

Dort wird als Grundgedanke vorgeschlagen, auch Pflege als eine Teilhabeleistung anzusehen und sie zu differenzieren in Care (Fürsorge) und Cure (Pflege). Diese Aufteilung würde einem ganzheitlichen Menschenbild gerecht und es würde der Anspruch an eine umfassende und individuelle Unterstützung pflegebedürftiger Menschen befördert werden.

Bei der Verwendung der Begriffe Care und Cure haben sich die folgenden Definitionen durchgesetzt. „Als Cure werden alle medizinischen, pflegerischen und therapeutischen Maßnahmen verstanden, die von professionellen Akteuren im Gesundheitswesen zur Prävention, Kuration, Rehabilitation und Palliation angeboten, geleistet und verantwortet werden. Dabei gehört zu Cure nicht allein die Durchführung entsprechender Maßnahmen, sondern auch die systematische Anamnese und Diagnose gesundheitsbezogener Problemlagen, die Verständigung auf Ziele von Behandlung, Therapie und Pflege mit dem Betroffenen, den Angehörigen und die Verantwortung für den therapeutischen und Pflegeprozess inklusive seiner Evaluation – auch und gerade dann, wenn andere als Professionelle an den Aufgaben der Therapie und Pflege beteiligt sind.

Zu Care zählen alle Formen der Sorge und Versorgung, die für den Lebensalltag erforderlich sind – personenbezogene Leistungen zur unterstützenden Alltagsgestaltung, hauswirtschaftlichen Basisversorgung, Grundpflege und Förderung der sozialen Teilhabe. Das sind im Einzelnen: Unterstützung zur Selbstversorgung, die Gestaltung hauswirtschaftlicher Aufgaben und sozialer Kontakte sowie Hilfen, die sich auf die Person und ihre Hygiene, Mobilität und Ernährung (Grundpflege) beziehen. Auch die Unterstützung der gewünschten und für die Person bedeutsamen Aspekte der sozialen Teilhabe gehört zum Caring, zu der Fürsorge für einen Menschen, der in wesentlichen Bereichen seiner Lebensführung von fremder Hilfe abhängig ist. Das Caring, die Sorge, ist angesiedelt in der Lebenswelt des Betroffenen. Sorge zu tragen ist in unserer Kultur die Aufgabe von Familien, Freunden und Nachbarschaften.“ (60)

Das bedeutet, dass Care-Management, die Organisation der angepassten Lebenswelt, eine kommunale Aufgabe werden muss.

3.2.2.1 Leistungsrechtliche Änderungserfordernisse

Die konsequente Aufteilung der Pflege in die Bereiche Care und Cure erfordert auch eine Neuordnung des Leistungsrechts. Die gesetzlichen Leistungsansprüche gliedern sich bisher auf verschiedene Sozialgesetzbücher:

- die gesetzliche Krankenversicherung mit einem umfassenden Sachleistungsanspruch bei Krankheit und Behinderung,
- die Pflegeversicherung mit einem Teilleistungsanspruch bei Pflegebedürftigkeit,
- die Eingliederungshilfe für behinderte Menschen mit Leistungen zur Teilhabe und
- freiwillige Leistungen der Kommune.

Diese Leistungsvielfalt ist in komplexen Fällen für den Einzelnen unüberschaubar und hat zur Folge, dass notwendige Leistungen nicht, unkoordiniert oder nur teilweise in Anspruch genommen werden und damit den pflegebedürftigen Menschen und ihren Angehörigen nicht die gewünschte Hilfe und Unterstützung gewährt wird.

Die vorgenannten Autoren R. Hoberg, T. Klie und G. Künzel orientieren nach der Aufteilung in Care und Cure auf eine Veränderung der Finanzierungsstruktur. Eine Neuordnung des Leistungsrechts muss differenziert die Care- und Cure-Leistungen abbilden. Sie halten für den Cure-Bereich, d. h. medizinisch-pflegerische Aufgaben und fachlich therapeutische Leistungen, das Sachleistungsprinzip mit einer Vollfinanzierung für geeignet. Zusätzlich betrachten sie die Vergütung von Tätigkeiten für Steuerungsfunktionen, wie Pflege- und Hilfeplanung, Anleitung, Monitoring und Aushandlungsprozesse, für angemessen.

Für den Care-Bereich, das bedeutet Leistungen, die sich auf Ressourcen und Hilfen zur Alltagsbewältigung beziehen, sowie fachliche Beratung und Begleitung, sollte das Sachleistungsprinzip, in der bisherigen Form abgelöst werden. Das Leistungsrecht muss hier auf die individuelle Bedarfslage ausgerichtet sein, dabei müssen die Leistungen flexibel und individuell einsetzbar sein.

Ein leistungsträgerübergreifendes System der Steuerung und der Koordinierung für den Einzelfall wird notwendig, um ein organisiertes, nachhaltiges, intensives, soziales Management zu schaffen, das nicht zur unerwünschten Kontrolle wird, sondern dem Einzelnen hilft, weil es sein soziales Netzwerk und sein Umfeld kennt und ihm verbesserte Zugänge schaffen kann. In der Praxis fehlen häufig die individuellen Wahrnehmungen für Pflegeverläufe, es erfolgen deshalb keine oder verspätete Versorgungs- und Hilfeplanung und keine zeitnahe Koordinierung mit notwendigen Hilfesystemen.

Eine bessere Beratungsinfrastruktur könnte durch ein leistungsträgerübergreifendes Assessment entstehen, das den sich verändernden Unterstützungsbedarf zeitnah erfasst und individuelle Ressourcen wie auch Hilfen einleiten kann.

Das Informationsangebot der heutigen Pflegestützpunkte ist primär auf die Leistungsbereiche der Pflegeversicherung ausgerichtet, die Verzahnung mit den kommunalen Institutionen und Angeboten ist aufgrund häufiger Unkenntnis der lokalen Bedingungen marginal. Deshalb fordern die Autoren die Errichtung von Servicestellen für Pflege und Teilhabe unter kommunaler Führung, in der Krankenkasse, Pflegekasse und Kommune eng zusammenzuarbeiten.

Die Servicestelle Pflege und Teilhabe kann im Auftrag des Klienten z. B. gegenüber dem Medizinischen Dienst der Krankenkassen und dem Gesundheitsamt eintreten. Sie kann etwa ein Case-Management, einen individuellen, professionellen und zielorientierten Unterstützungs- und Versorgungsplan, verlangen. Ein Case-Management zu verlangen, ist ein gesetzlicher Anspruch jedes Versicherten nach § 7 a SGB XI gegenüber seiner Pflegekasse und für den Einzelnen eine große Hilfe in komplexen Notlagen. Es stellt die Verbindung her zwischen einer bedarfsgerechten Infrastruktur mit professionellen ambulanten Unterstützungsangeboten und lokalen sozialen Hilfe- und Vernetzungsstrukturen, um vorrangig eine Heimunterbringung zu vermeiden, andererseits aber eine bedarfsgerechte pflegerische und qualitativ hochwertige Gesamtversorgung zu sichern.

Das Case-Management hat sich in den Bundesländern (Saarland und Rheinland-Pfalz) mit einem flächendeckenden Netzwerk von Beratungsstellen bewährt, z.B. bei Krankenhausentlassungen und der Reorganisation häuslicher Pflegearrange ments, aber in anderen Bundesländern fehlt diese Vernetzung in der Fläche. Hinzu kommt, dass häufig kein einheitliches Verständnis von Case-Management infolge abweichender Konzeptionen existiert. Es fehlen darüber hinaus vielfach die notwendigen Verschränkungen mit der lokalen kommunalen Infrastruktur. Die Servicestellen Pflege und Teilhabe können neben einem Case-Management auch eine individuelle Person, einen individuellen Piloten, bestimmen. Die Begleitung des Einzelfalls sollte Aufgabe individueller Piloten werden, die als Patientenbegleiter, Pflegebegleiter oder Koordinatoren neben der rechtlichen Betreuung auch Assistenzaufgaben wahrnehmen.

Der hilfe- und pflegebedürftige Mensch selbst oder seine Angehörigen können sich an die Servicestelle Pflege und Teilhabe wenden und eine Fallabklärung verlangen, aber es könnten auch Hausärzte, Gesundheitszentren, Krankenhäuser, Quartiersmanager und der Medizinische Dienst der Krankenkassen bedürftige Personen an diese Servicestellen vermitteln.

Die Servicestellen Pflege und Teilhabe sollen sich entwickeln aus den bereits bestehenden Pflegestützpunkten und den Servicestellen für Rehabilitation und können die gegenwärtigen strukturellen Probleme überwinden. Sie können konkrete klientenbezogene Vermittlungs- und Weiterleitungsaufgaben entsprechend dem individuellen Bedarf wahrnehmen.

Die Servicestellen können ein kommunales Instrument der Moderation und der Kooperation zwischen professionellen und freiwilligen Hilfen und Diensten, zwischen Akteuren des Care- und Akteuren des Cure-Bereiches sein. Sie sind auch ein Bindeglied und Mittler zwischen dem

Pflegebedürftigen und einer Assessmentagentur. Servicestellen agieren innerhalb der kommunalen Daseinsvorsorge.

Für den Cure-Bereich ist die Krankenversicherung die geeignete Kostenträgerschaft und für den Care-Bereich bieten sich die Pflegeversicherung und ein noch zu entwerfendes Teilhabegesetz (voraussichtlich ab 2020) an. Die Servicestelle Pflege und Teilhabe erhält notwendige finanzielle Mittel aus einem Budget der gesetzlichen Krankenversicherung.

Entsprechend soll auch eine auf Landesebene angesiedelte Assessmentagentur für Pflege und Teilhabe eingerichtet werden, in der der Medizinische Dienst, die Bundesagentur für Arbeit, die Rentenversicherung und die kommunalen Arbeitsgemeinschaften zusammenwirken und die Entwicklung oder Fortschreibung von z.B. Landeskrankenhausplanung und Landespflegeplanung durchführen, die Förderung und Planung von Stadt- und Quartierentwicklung begleiten und unterstützen sowie übergreifend Freiwilligendienste koordinieren.

Erkenntnisse und Festlegungen institutioneller Beratungen und Koordinationen auf regionaler Ebene, Kreis- oder Landesebene müssen kontinuierlich in die kommunale Daseinsvorsorge einfließen, damit lokal die Care- und Cure-Aufgaben ressortübergreifend und klientenbezogen bearbeitet werden können.

3.2.3 Netzwerk SONG – neues lokal-kooperatives Sozialnetzwerk

Im Netzwerk SONG (Soziales neu gestalten) haben sich Akteure zusammengefunden aus der Wohlfahrtspflege, hier der Bremer Heimstiftung, der CBT (Caritas-Betriebsführungs- und Trägergesellschaft mbH, Köln), dem Evangelischen Johanneswerk e.V., Bielefeld), der Stiftung Liebenau (Meckenbeuren-Liebenau), der Bank für Sozialwirtschaft AG Köln, der Bertelsmann Stiftung Gütersloh und dem Kuratorium Deutscher Altershilfe, um ein neues lokal-kooperatives Sozialmodell zu entwickeln.

Das Netzwerk SONG lehnt wie die vorgenannten Autoren herkömmliche Versorgungskonzepte, die die einzelne hilfebedürftige Person in Abhängigkeit von Angehörigen oder spezialisierten Alten- oder Pflegeeinrichtungen halten, ab.

Es setzt auf die Weiterentwicklung unterstützender Assistenzsysteme, die einerseits die Möglichkeiten bieten, selbst Hilfestellungen zu leisten, die andererseits dem Einzelnen Raum für seine Selbstbestimmung und seine Mitverantwortung lassen.

Die Netzwerkpartner haben konkrete und fundierte Vorstellungen von tragfähigen Sorgesettings und einer starken Pflegearchitektur vor Ort, die sie gewonnen haben durch die Entwicklung und Erprobung eigener neuer Modelle für Lebensräume älterer und hilfsbedürftiger Menschen sowie die Analyse der Rahmenbedingungen und des sozialen wirtschaftlichen Mehrwertes.

Die vier sogenannten Leuchtturmmodelle (Bremer Heimstiftung – Haus im Viertel, Evangelisches Johanneswerk e.V. – Projekt Heinrichstraße, Caritas-Betriebsführungs- und Trägergesellschaft mbH – Mehrgenerationenwohnhaus Wipperfürth, Stiftung Liebenau – Lebensräume für Jung und Alt) orientieren auf Lösungsansätze innerhalb von Quartieren und alltagsnahen Wohnmodellen. Die Modelle profitieren von der Aktivität, dem Miteinander und der bewussten Verantwortungsübernahme der Bewohner verschiedener Generationen. Es geht dabei darum, dass „die Quartiersbewohner mit anderen – für sich selbst – etwas tun, um damit eine verlässliche Beheimatung und gegenseitige Sorge im Wohnquartier zu ermöglichen. Die qualifizierte Unterstützung, fachliche Begleitung und lokale Vernetzung der Akteure sind unerlässliche Voraussetzungen für solche tragfähigen Beziehungs- und Hilfearrangements.“ (61)

Die „gemeinsamen Zielvorgaben dieser Modelle sind:

- Stärkung von Eigenverantwortung und Eigeninitiative;
- Förderung von sozialen Netzen und neuen Formen des Hilfemixes;

- Entwicklung neuer lokaler Kooperationsformen und Interessengemeinschaften durch Gemeinwesenarbeit;
- Gestaltung neuer Pflegearrangements im Quartier;
- Mobilisierung erhöhter nachbarschaftlicher Hilfe“. (62)

Die Partner des SONG-Netzwerkes wollen einen radikalen Umbau des aktuellen Pflegesektors. Sie fordern, die Pflegevermeidung und die Rehabilitation als Gradmesser der politischen Reformbemühungen zu machen. Dazu benennen sie zwei konkrete Reformschritte: die Beteiligung von Bürgern und zivilgesellschaftlichen Gruppen und Organisationen auszuweiten.

(1) ein kurzfristig umzusetzendes Acht-Punkte-Maßnahmenpaket, das in den Grenzen der bestehenden Leistungsgesetze und Zuständigkeiten liegt, und
(2) einen Radikalumbau der sozialen Sicherungssysteme, einschließlich der Stärkung der Gestaltungsmöglichkeiten der kommunalen Ebene.

Auch SONG geht von der strukturellen Unterscheidung der Pflege in einen Cure-Bereich, d.h. die medizinisch-therapeutische Pflege, und einen Care-Bereich, der die sozialen Sorgen umfasst, aus. Dieser Strukturreform müssen auch die Kostenzuständigkeiten folgen. Die Finanzierung der Leistungen für den Cure-Bereich und Rehabilitationen sollte nur eine Kasse tragen, das würde die Zusammenlegung der Krankenkasse und der Pflegekasse bedeuten.

Die Zuständigkeit und die Finanzierung im Care-Bereich müssen zusammengeführt werden. Die gegenwärtigen gesetzlichen, unterschiedlichen Leistungen der Eingliederungshilfe, Hilfe zur Pflege und Sozialversicherungsleistungen sowie freiwillige kommunale Leistungen für Quartiersmanagement, Netzwerkarbeit und Gemeinwesenarbeit müssen koordiniert und zusammengeführt werden.

Die SONG-Netzwerkpartner machen in ihren Leuchtturmmodellen einen deutlichen sozioökonomischen Mehrwert aus. Eine Mehrwertanalyse nach dem SROI-Ansatz (Social-Return-on-Investment-Ansatz) zeigt, dass koordiniertes gemeinschaftliches Engagement von Quartiersbewohnern professionelle Hilfeleistungen teilweise ersetzen kann, dass die Lebensqualität aller Bewohner in den Quartieren optimiert wird, dass die Gesundheitsentwicklung sich verbessert und durch sinkenden Hilfebedarf auch die Unterstützungskosten reduziert werden.

Zahlreiche weitere innovative Pflegemixkonzepte und deren Entwicklungen und Erfahrungen, z.B. der Landesmodellkommunen (Freiburg, Landwasser, Gutach, Denzlingen und Umkirch), einzelner Kommunen und Städte, genossenschaftlicher und gemeinnütziger Träger sowie der Quartiers- und Lebenskonzepte von Stiftungen, liegen vor und motivieren andere Gemeinden zur ‚Nachahmung'.

Allerdings gleicht keine Kommune der anderen. Die Alterszusammensetzung der Bewohner, ihre Lebensgewohnheiten, ihre Erwartungen an das Zusammenwirken, ihre Engagementbereitschaft und ihre wirtschaftlichen, religiösen und kulturellen Verhältnisse sind verschieden. Auch die Voraussetzungen, die in der Verwaltung, in der sozialen und strukturellen Infrastruktur sowie in der politischen Führung der Kommune existieren, sind nicht oder nur teilweise auf andere Kommunen oder Quartiere übertragbar.

3.2.4 Sorgende Gemeinschaften in ausgewählten Pflegereformmodellen

Für das Baden-Württembergische Landesmodellprojekt *Pflegemix in lokalen Verantwortungsgemeinschaften* wurden vier Kommunen ausgewählt, die bereit waren, in ihren Kommunen lokale Verantwortungsgemeinschaften im Sinne von Caring Communities zu entwickeln, um Daseinsvorsorge und Pflegeverantwortung zu sichern. Das Institut für Angewandte Forschung, Entwicklung und Weiterbildung der Katholischen Hochschule Freiburg hat dieses Projekt wissenschaftlich begleitet. Es erstreckte sich über die Jahre von 2012 bis 2014.

Die ausgewählten Modellkommunen hatten spezifische Ausprägungen, die sich in ihren Demografietypen widerspiegelten. Der Demografietyp, es gibt insgesamt neun Typen, entsprechend der Typologie des Wegweisers ‚Kommune' der Bertelsmann Stiftung, beruht auf einer Kennzahlenzusammenstellung, die die wirtschaftliche, soziale und demografische Entwicklung der jeweiligen Kommune abbildet.

Die kommunalen Demografietypen wurden im Rahmen des Bertelsmann-Projektes „Kommunen gestalten den demographischen Wandel" für die gesamte Bundesrepublik auf der Grundlage der Datenjahrgänge 2007 und 2008 erarbeitet und berücksichtigen alle Kommunen, in der mehr als 5000 Einwohner leben.

Bei den ausgewählten Modellkommunen handelt es sich um Freiburg (Stadtteile Littenweiler und Landwasser) sowie die Gemeinden Umkirch, Denzlingen und Gutach.

Es wurden neue innovative Modelle zur Sicherung der Pflege und der kommunalen Daseinsvorsorge gesucht. Das Ziel sollte sein, ein Pflegemix zu finden, der ein gleichberechtigtes Zusammenwirken von professionellen Diensten mit Angehörigen, Ehrenamtlichen oder Nachbarn ermöglicht und zu erbringende, aufeinander abgestimmte Leistungen und Zuständigkeiten miteinander vernetzt. Das Leitbild des Pflegemixes beschreibt das vernetzte Handeln der Akteure sowie die Verteilung der Belastung und der Verantwortung, die durch die Pflege vorhanden sind, auf viele Akteure.

Das Pflegemixkonzept greift das Leitbild der Geteilten Verantwortung in einer SG oder einer Caring Community auf.

Der Stadt Freiburg wird der Demografietyp 2 zugeordnet. Dieser ist durch ausgeprägte soziale Heterogenität gekennzeichnet. Die geprägt ist durch eine Wissensgesellschaft, einen hohen Anteil an Hochqualifizierten, an ethnischer Vielfalt, aber auch an unterschiedlichen Formen der Armut, an einem hohen Anteil Migranten, teilweiser Blockbebauung und höchster demografischer Alterung.

Littenweiler (63) ist ein Stadtteil von Freiburg mit ländlichem Charakter. Die Bürgerschaft ist homogen bürgerlich. Ein großer Teil der Wohnungen und Häuser befindet sich im Eigentum seiner Bewohner. Diese leben zum Teil in großen Häusern und in großen Wohnungen. Charakteristisch für den Stadtteil sind seine Hanglage und seine mangelhafte Infrastruktur. Die ursprünglich familiengeprägten Nachbarschaften haben sich durch Wegzug der Kinder oder Versterben des Partners verändert. Durch Zuzug neuer Familien veränderte sich die Bevölkerungsstruktur und wird perspektivisch noch gemischter.

Das Projekt Pflegemix begann damit, dass mit Vereinen, Einrichtungen, Diensten, Bürgern und Verwaltung gemeinsam der Frage nachgegangen wurde, was gelingendes Altern im Stadtteil bedeutet. Zunächst wurde eruiert, welche professionellen und ehrenamtlichen lokalen Initiativen es bereits gibt und welche Notwendigkeiten darüber hinaus bestehen. Die Diskussionen in den Werkstattgesprächen führten dazu, dass gemeinsam Themenschwerpunkte für die weitere Arbeit festgelegt wurden. Parallel dazu bildete sich unter Moderation eine Vernetzungsstruktur von Einrichtungen, Diensten und bürgerschaftlich engagierten Initiativen, die Leistungen und Zuständigkeiten der einzelnen Partner aufeinander abstimmt und Kooperationen ermöglicht.

Es wurden folgende Themenschwerpunkte auf dem Weg zur angestrebten Caring Community bestimmt: Orte der Begegnung finden, Vernetzung und Selbstorganisation schaffen, der Isolation älterer Menschen entgegenwirken und einen mobilen Informationsdienst ‚Pflege‘ ausbauen.

Um der Isolation von älteren Menschen vorzubeugen, wurde als sogenannter Projektbaustein ein Info- und Begegnungscafé entwickelt, später folgt ein Bürgerraum als Arbeitsraum und Besprechungsraum für Vereine und Ehrenamtliche. Ein weiterer Projektbaustein wurde mit Wohnpatenschaften/Wohnpartnerschaften geschaffen. Hier sollen über eine zentrale Vermittlungsstelle Patenschaften und Partnerschaften, Besuchsdienste, Aktivitäten und gegenseitige Hilfen aus dem direkten sozialen Umfeld vermittelt werden.

Die Auswertung dieses Projektes verdeutlichte (64),

- dass der Aufbau tragfähiger Strukturen notwendig ist, um initiierte Bürgerbeteiligungsprozesse nachhaltig zu verankern.
- Es bedarf passender Arbeitsformen und anderer infrastruktureller Rahmenbedingungen, um tragfähige und nachhaltige Strukturen schaffen zu können (Räume, personelle Kapazitäten).
- Alle Netzwerkmitglieder benötigen Informationen zu den infrastrukturellen Rahmenbedingungen.

Als eine zentrale Erkenntnis in diesem Projekt kann festgehalten werden:

Hilfreich ist eine Netzwerkmoderatorin, die für die Koordination zuständig ist und auch nach Ablauf des Projektes weiterhin die Koordination übernimmt, um der bestehenden Anonymität entgegenzuwirken (65).

Im Stadtteil *Landwasser* (66) lebt eine hohe Zahl an älteren und alten Migranten. Für die lokale Verantwortungsgemeinschaft bedeutet das, dass ein hohes Maß an interkulturellen Aspekten in die Pflegemixkonzepte einfließen muss.

In diesem Stadtteil lebt mit 26,5 % der Bevölkerung der höchste Anteil älterer Menschen in Freiburg. Für Landwasser sind eine großstädtische Bebauung und Verdichtung von Eigentum- und Mietwohnungsbau, Blockbebauung und Hochhäuser charakteristisch. In einzelnen Quartieren dieses Stadtgebietes lebt eine große Anzahl von Menschen, die Migrationshintergründe haben. Sie verfügen über geringes Einkommen. Die Anonymität der Wohnsituation und die Migrationsvielfalt sowie Sprachbarrieren führen mitunter zu Vereinsamung und erschweren es, Hilfsangebote bekannt zu machen. Das Projekt Pflegemix hat erstmals das Thema Älterwerden aufgegriffen und Beteiligte aus dem Gesundheits- und Pflegebereich, aus religiösen Gemeinschaften, aus Initiativen und Vereinen zusammengeführt. Der „Runde Tisch Pflegemix" hat hier gezeigt, dass eine Vernetzung der Hilfen für Bedürftige fehlt und trotz vorhandener Sprachbarrieren osteuropäische Hilfskräfte häufig eine 24-Stunden-Pflege leisten.

Neben dem Pflegemix-Projekt wurde in Landwasser ein weiteres Projekt begonnen: *Lebendige Stadt: Von guten Erfahrungen lernen – die Vitalisierung von Landwasser für ein funktionierendes Miteinander.* Beide Projekte wurden zusammengeführt und koordiniert. Als eine gemeinsame Anlaufstelle wurde ein Quartiersbüro eingerichtet, das auch Informationen und Hilfen zum Thema Älterwerden vermittelt und das Begegnungen im Quartier unterstützen soll.

Beim Runden Tisch, bei der Auftaktveranstaltung zum Projekt Pflegemix in lokalen Verantwortungsgemeinschaften in Landwasser, wurde deutlich, dass es bisher keinen übergreifenden fachlichen Austausch zwischen den unterschiedlichen Akteuren der Altenhilfe im Stadtteil gab und bestehende Unterstützungsangebote wenig bekannt waren. Es wurden Ärzte, Apotheker, Kirchengemeinden und Bürgervereine gewonnen, um den notwendigen Kontaktaufbau zu den älteren Menschen zu unterstützen und als Multiplikatoren des Runden Tisches Pflegemix zu dienen.

Um drei Themengruppen konzentrierten sich die Diskussionen am Runden Tisch: die Errichtung einer ambulanten Pflegewohngruppe als Ergänzung zur gerontopsychiatrischen Pflegeeinrichtung, zugehende Hausbesuche sowie Unterstützung der osteuropäischen Haushaltshilfen und Pflegekräfte.

Die Auswertung des Projektes brachte folgende Erkenntnisse.

- In Landwasser haben sich unter den Akteuren langsam, aber zunehmend eine Wir-Pflegemix-Identität und ein belastbares Netzwerk entwickelt.
- An dem Projektbaustein ‚ambulante Pflegewohngruppe' wird weitergearbeitet, es wurden konkrete Arbeitsschritte festgelegt.
- Ehrenamtlich Tätige werden nach einer entsprechenden Schulung die zugehenden Hausbesuche durchführen, um Isolation zu vermeiden oder drohender Vereinsamung entgegenzuwirken. Sie können

Hilfebedarfe ermitteln, Informationen geben und auf Wunsch der Bedürftigen auch Mittler zu Behörden sowie Institutionen sein.
- Die Akteure kamen überein, ein eigenes Konzept für die Anleitung und Unterstützung der osteuropäischen Haushaltshilfen zu erarbeiten.

Wesentliche Erkenntnisse in diesem Projekt waren: Wenn keine übergreifenden lokalen Arbeitsformen zu den Themen ‚Älterwerden' und ‚Pflege' bestehen, ist die Gruppenbildung erschwert und es bedarf mitunter mehrerer Anlaufversuche und besonderer Einladungen. Die Einbeziehung von Multiplikatoren, wie Ärzten, Apothekern und Kirchengemeinden, kann dabei hilfreich sein.

Sowohl im Stadtteil Littenweiler als auch im Stadtteil Landwasser war die Stadt Freiburg von Anfang an aktiv an der Projektentwicklung beteiligt. Sie stellte ihre Infrastruktur (Räume und Personal) zur Verfügung und half mit, Finanzierungsmöglichkeiten zu erschließen.

Die Gemeinde *Denzlingen* (67) ist dem Demografietyp 3 zuzuordnen. Es handelt sich um eine prosperierende Kommune im Umfeld dynamischer Wirtschaftszentren. Neben Bildungswanderung, Wegzug für Ausbildung, Studium oder Weiterbildung ist in der Gemeinde ein vermehrter Zuzug älterer Bürger erkennbar. In der Gemeinde gibt es viele Vereine, Initiativen und freiwillig Engagierte. Dieses Potential gilt es zu vernetzen und die gemeinsame Arbeit besser zu koordinieren. In Denzlingen wurden in der Vergangenheit große Wohngebiete zeitgleich erschlossen und besiedelt, was in der nächsten Generation zu einer sogenannten Kohortenalterung führt, mit der Folge, dass viele Bewohner gleichzeitig hilfe- und pflegebedürftig werden.

In Denzlingen (68) hat das Institut für Angewandte Forschung (IAF) der Katholischen Hochschule Freiburg im Vorfeld des Projektes Pflegemix in lokalen Verantwortungsgemeinschaften ausgewählte Themenfelder im Rahmen einer Sozialplanung untersucht. Die dabei gewonnenen Daten des Institutes und der Kommunalverwaltung flossen in das Pflegemixprojekt ein.

Zu der Frage, wie eine Caring Community in Denzlingen entstehen kann, diskutierten die Bürger über einzelne Aufgaben, über die Art und Weise möglicher Verantwortungsübertragung und über den Ausbau und die Koordinierung bürgerschaftlichen Engagements.

Dabei wurden folgende Projektbausteine festgelegt: „Mehrgenerationenwohnen“, „Anlauf- und Vermittlungsstelle“, „zugehende Hausbesuche“ und „Unterstützung pflegender Angehörige“.

Aus dem Projektbaustein „Mehrgenerationenwohnen“ wurde kein Konzept entwickelt und das Vorhaben wurde nicht weiterverfolgt. Für den Projektbaustein „Anlauf- und Vermittlungsstelle“ hat der Arbeitskreis ein Leitbild entworfen, Zielvorstellungen konzipiert, Erfahrungen aus anderen Gemeinden eingeholt und auf eigene Materialien aus dem älteren, noch laufenden Projekt „Wie wollen wir morgen in Denzlingen leben?“ zurückgegriffen. Diese zentrale Anlaufstelle soll das Informationsdefizit im Bereich der bestehenden und möglichen Hilfen sowie Angebote für pflegende Angehörige abbauen, an notwendige Institutionen und Dienste verweisen und ehrenamtliche Unterstützung vermitteln. Über den Bereich der Pflege hinaus soll diese Stelle auch als Knotenpunkt für Vereine und Organisationen agieren, die mit Freiwilligen zusammenarbeiten wollen. Eine Bedingung im Konzept dieser Stelle war, dass Neutralität gegeben ist, damit nicht Trägerinteressen Entscheidungen dominieren. Es wurde eine zentrale Räumlichkeit dafür von der Gemeinde angemietet und eine Personalstelle geschaffen.

Das Ziel des Projektbausteins „zugehende Hausbesuche“ war, ein niedrigschwelliges Angebot der Beratung und der Ansprache zu etablieren. Obwohl es bereits in der Gemeinde Besuchsdienste von Vereinen und Institutionen gab, waren der Bedarf und die tatsächliche Nachfrage deutlich höher. Der Arbeitskreis entwickelte ein Tätigkeitsprofil, für geplante Qualifizierungen der Besucher ein Curriculum und eine organisatorische Verankerung dieses Besuchsdienstes. Die Akteure des Besuchsdienstes nennen sich die ‚Denzlinger Brückenbauer‘. Sie sehen ihre Aufgabe hauptsächlich darin, ‚Brücken zu schlagen‘ in die Gemeinde hinein, indem sie lokale Angebote und Möglichkeiten vorstellen und Kontakte herstellen. Der Besuchsdienst soll auch individuelle Unterstützung leisten, eine ‚Brücke schlagen' zu professionellen Akteuren und Instituten sowie zur Anlauf- und Vermittlungsstelle.

Der Projektbaustein „Unterstützung pflegender Angehörige" verfolgte das Ziel, ein gemeindliches Konzept zu entwickeln, das pflegende Angehörige wirksam entlastet. Künftig wird es einen speziellen „Tag für pflegende Angehörige" und eine Weiterbildung zum Pflegebegleiter in Denzlingen geben.

Wichtige Erkenntnisse in diesem Projekt ergaben sich aus der Arbeitsweise der einzelnen Arbeitskreise. Diese fanden regelmäßig statt, hatten einen konstanten Ansprechpartner und nutzten externe Initiativen und Experten. In ihrer Arbeitsweise waren sie transparent und sie ermöglichten dadurch anderen das Erkennen von Schnittstellen und die Nutzung von Synergien.

Die Einbeziehung örtlicher Vereine und Institutionen schaffte Akzeptanz in der Öffentlichkeit und eine Verankerung des Projektes in der Gemeinde. Durch regelmäßige Zwischenberichte wurde der Gemeinderat während der Projektlaufzeit auf aktuellem Stand gehalten. Damit war die Gemeindeebene zugleich eine Projektplattform.

Die Gemeinde Umkirch (69) ist dem Demografietyp 6 zuzuordnen. Umkirch ist eine mittelgroße Kommune im ländlichen Raum. Schrumpfung und Alterung prägen die Entwicklung der Zukunft. Es gibt in der Gemeinde unterschiedliche Wohngebiete, davon weist eines eine hohe Blockbebauung auf, in der vorwiegend osteuropäische Migranten wohnen, von denen insbesondere die älteren kaum in die Gemeinde integriert sind. Neben der wachsenden Altersarmut ist die Einkaufssituation in Umkirch (70) besonders für ältere und mobilitätseingeschränkte Bürger eine Herausforderung. Die Supermärkte liegen außerhalb des Ortes und sind schwer erreichbar.

Doch in Umkirch wurden in der Vergangenheit bereits vernetzte Strukturen für alte und pflegebedürftige Bewohner geschaffen, z.B. Betreutes Wohnen, Seniorentreff und Nachbarschaftshilfe. Es gibt Mitarbeiter des Rathauses für Seniorenberatung und es existieren in der Gemeinde ambulante Pflegedienste. Es bestand auch ein Netzwerk „Jung und Alt – gemeinsam“, in dem die Akteure der Seniorenarbeit neue Angebote erprobten und bestehende weiterentwickelten. Aus diesem Netzwerk sind weitere Arbeitskreise entstanden mit je eigenem Schwerpunkt, z.B. die Arbeitskreise „Gesundheitsförderung mit älteren Menschen“, „Pflege“ und „Aktivierende Hausbesuche“.

Das Projekt Pflegemix in lokalen Verantwortungsgemeinschaften wurde auf folgende Weise in die bestehenden Strukturen der Gemeinde Umkirch integriert.

Ein Projektbaustein basierte auf der Arbeit des Arbeitskreises „Pflege“. Dieser hatte sich in der Vergangenheit mit der Pflegeversorgung und fehlenden Pflegeplätzen für Menschen mit Migrationshintergrund beschäftigt.

Unter fachlicher Anleitung der Katholischen Hochschule Freiburg wurde ein Pflegewohngruppen-Konzept entwickelt, das eine Alternative zum ortsansässigen Pflegeheim darstellen sollte. Diskutiert wurden die Zielgruppen (für Demenzkranke oder alle Personen), die Gruppengröße und ob es eine selbstverantwortete oder trägergeführte Wohngruppe werden soll. Die Betreuung sollte durch einen Mix aus Pflegefachkräften eines ambulanten Pflegedienstes und geschulten Alltagshelfern erfolgen. Aber auch die Bevölkerung sollte in die Unterstützung und Betreuung der Wohngruppe, etwa als Vorlese- und Spaziergänge-Angebote oder einzelne Projekte, einbezogen werden. Auch die Gemeinde wollte ihren Beitrag zur Verantwortung leisten, indem sie geeignete Räume an die Wohngruppe vermietet. Damit würde sich die Verantwortung für die Pflegewohngruppe neben den Pflegefachkräften auch auf die Alltagsbegleiter, Ehrenamtliche und die Gemeinde verteilen.

Ein weiterer Projektbaustein befasste sich mit der Qualifizierung der Pflegebegleiter zu hilfreichen und kompetenten Begleitern für pflegende Angehörige. Die sowohl in rechtlichen als auch in pflegerischen

Bereichen geschulten Pflegebegleiter sollten die pflegenden Angehörigen individuell beraten und unterstützen.

Der Projektbaustein „Pflege und Migration" fand zu diesem Zeitpunkt jedoch keine Interessenten. Es wurde beschlossen, in Anbetracht der hohen Ausländerquote, zunächst dort ein Begegnungscafé zu errichten, wo besonders viele Migranten leben, um einen ersten Zugang zur Zielgruppe zu finden.

Zentrale Erkenntnisse aus diesem Projekt sind, dass hinter dem Projekt ein konkreter anerkannter Mensch steht. Das war anfangs der Bürgermeister und später eine Koordinatorin im Rathaus. Die Person hat die Wiedererkennung und die Akzeptanz der Arbeit des Projektes für die Teilnehmer vereinfacht. Im Projektbaustein müssen die aktuellen und realistischen Bedarfe erfragt und geeignete Partner für die Umsetzung des Projektes gefunden werden. Über die Aufgabenverteilung und die Rollen der Akteure müssen Vereinbarungen geschlossen werden.

In der Gemeinde Gutach im Schwarzwald (71) leben weniger als 5000 Einwohner. Deshalb ist die Gemeinde in der Typologie des Demographieberichtes der Bertelsmann Stiftung nicht erfasst. Gutach erstreckt sich über 9 Kilometer in einem Tal. Die räumliche Größe der Gemeinde erfordert eine hohe Mobilität von den Bewohnern, die diese bei steigendem Altersdurchschnitt immer weniger leisten können. Hinzu kommt mangelnde Barrierefreiheit im öffentlichen Raum und in örtlichen Wohnungen. Familiare Hilfen und Nachbarschaftshilfen sind unverzichtbar. Aufgrund des Studiums, der Ausbildung, oder aus beruflichen Gründen ziehen viele junge Menschen aus Gutach weg. In der Vergangenheit hat sich die Gemeinde deshalb vorrangig mit den Bedürfnissen von jungen Menschen und Familien befasst.

Mit dem Projekt „Pflegemix in lokalen Verantwortungsgemeinschaften" sind die Themen ‚Älter-werden' und ‚Pflege' in Gutach erstmals öffentlich diskutiert worden.

In vier Arbeitskreisen wurden die Themen Bedarfsanalyse, Informations- und Anlaufstelle, zugehende Hausbesuche und Patientenbegleitung gebildet.

Im Projektbaustein „Bedarfsanalyse“ wurde mit Unterstützung der Katholischen Hochschule in Freiburg über die Gemeindeverwaltung eine Haushaltsbefragung durchgeführt. Dabei zeigten sich folgende Schwerpunkte:

- trotz Alters in der eigenen Häuslichkeit verbleiben,
- Informationsbedarf bezüglich bestehender Angebote im Bereich Pflege, Möglichkeiten zur Wohnraumanpassung und Pflegeleistungen nach SGB XI,
- Interesse an Begegnungsmöglichkeiten und
- Bedarf an zugehenden Besuchsdiensten.

Der Projektbaustein „Informations- und Anlaufstelle“ sollte verschiedene Aspekte zu den Themen Pflege und Älterwerden beinhalten und verschiedene Aufgaben erfüllen. In der Gemeinde wurde eine Teilzeitstelle eingerichtet, die die Koordination der regelmäßig stattfindenden Informationsangebote zur Pflegeberatung und Nachbarschaftshilfe, die Organisation unterschiedlicher Veranstaltungen zur Pflege und des Tages der Gesundheit sowie die Unterstützung laufender Projekte, wie des Bürgercafés und des Mehrgenerationenspielplatzes, zur Aufgabe hat.

Die Teilnehmer in dem Projektbaustein „Zugehende Besuchs- und Begleitdienste“ waren Vertreter der bestehenden Besuchsdienste, der bereits existierenden Nachbarschaftshilfe, ambulanter Pflegedienste und interessierter Bürger.

Gemeinsam mit der Katholischen Hochschule Freiburg sollte ein Konzept zur Qualifizierung der Aufsuchenden erarbeitet werden. Das Projekt scheiterte, weil sich nur wenige Interessenten dafür fanden und weil aus der vorgenannten Kooperation mit der Nachbarschaftshilfe eine Konkurrenzsituation erwuchs.

Die Projektbausteine „Mehrgenerationenspielplatz", „Barrierefreiheit im Rathaus" und „Bürgercafé" wurden erfolgreich realisiert.

Schon zu Beginn des Projektes „Pflegemix in lokalen Verantwortungsgemeinschaften" fanden in Gutach Gespräche zwischen der Gemeinde und einem Investor bezüglich des Baus einer barrierefreien Wohnanlage mit zwölf Wohneinheiten statt. Diese Wohnanlage sollte integriert werden in eine Caring Community. Nach ihrer Fertigstellung soll auch das Bürgercafé dorthin umziehen.

Zu den bedeutsamsten Erfahrungen in diesem Projekt, das in einem ländlichen Raum verortet ist, zählen die frühzeitige Einbindung von Multiplikatoren und Entscheidungsträgern, von Vereinen, Organisationen, Initiativen und Kirchen, um manifeste Dorfstrukturen und Kommunikationswege für das Projekt nutzbar zu machen. Die Erhebung einer Situations- und Bedarfsanalyse empfiehlt sich, wenn es kein aktuelles Datenmaterial zum Thema ‚Pflegebedarf und Älterwerden' in der Gemeinde gibt. Eine gute Öffentlichkeitsarbeit, regelmäßige Informationen und öffentliche Veranstaltungen schaffen Transparenz, fördern die Akzeptanz im öffentlichen Raum und ermuntern Interessenten zum Partizipieren.

Die Entwicklung, Erprobung und Evaluation lokaler Verantwortungsgemeinschaften in den vier Modellkommunen Baden-Württembergs wurden als Ergebnisse und Empfehlungen beispielhaft zusammengefasst und als Handbuch für politisch Verantwortliche, Gestalter und Akteure bereitgestellt (vgl. 63).

Es geht in allen Beispielen um die Schaffung von Bürgerbeteiligung und Bürgerengagement sowie um Aufgabenverteilung und Verantwortungsübernahme im lokalen Pflegemix. Die Vision Caring Community oder SG muss von den politisch Verantwortlichen gewollt, mitgetragen, unterstützt und unter Umständen auch finanziell gefördert werden. In der Gemeinde vorhandene traditionelle Profile und einzelne Konzepte sozialer Institutionen oder Gruppierungen müssen sich in ihren Zielen der gemeinsamen Vision anpassen.

3.3 Praxisbedingungen der Sorgenden Gemeinschaft im lokalen Setting

Eine Kommune, ein Quartier oder ein Stadtteil, eventuell auch nur eine Organisation, die das Ziel hat, sich zu einer Sorgenden Gemeinschaft oder einer Caring Community herauszubilden, möchte eine Kulturentwicklung von der Versorgermentalität weg und hin zu einer Sorgekultur vollziehen. Diese Sorgekultur soll eine nachhaltige gemeinschaftliche Bewegung im sozialen Nahraum werden, in der Unterstützungsnetzwerke aus Kommune, professionellen Dienstleistern, Angehörigen, Pflegebedürftigen, Ehrenamtlichen und Nachbarn themen- und generationenübergreifend Aufgaben aus dem Care- und Cure-Bereich vernetzen und in der die bisherige individuelle Verantwortung zur Gemeinschaftsaufgabe gemacht wird. In dieser Bewegung verändern sich die Rolle und die Bedeutung der Kommune, medizinische und pflegerische Dienstleister diversifizieren ihre Angebote, bürgerschaftliches Engagement übernimmt wichtige Aufgaben und Mitverantwortung wie auch familiale Sorgestrukturen oder individuelle Sorgebeziehungen werden demokratisiert.

Eine Sorgende Gemeinschaft ist eine Vision, von der angenommen wird, dass sie im sozialen Nahraum eine Lösung ist auf die mit dem demografischen Wandel verbundenen gesellschaftlichen Umbrüche und den vielfach verkündeten künftigen Pflegenotstand. Von einer Sorgenden Gemeinschaft wird erwartet, dass sie für eine neue Sorge-, Beziehungs- und Pflegekultur steht und zu einem neuen lokal verorteten Gesellschaftsentwurf führen kann.

Die Basis einer Sorgenden Gemeinschaft ist das integrative Konzept eines Pflegemixes, das sich am Leitbild der geteilten Verantwortung ausrichtet. An die Stelle von individuellen Pflegesettings treten lokale Verantwortungsgemeinschaften. Im Pflegemixkonzept verbinden sich die Akteure aus den Bereichen Cure und Care eines Pflegebedürftigen „zu einem persönlichen Netzwerk, das pflegende Familien entlastet und die Versorgung und Pflege zu Hause auch dort möglich macht, wo eine einzelne pflegende Person längst an ihre Grenzen stoßen würde. So wird eine Lücke zwischen professionellem und informellem Unterstützungssystem für pflegende Familien geschlossen. Die mit institutionellen Angeboten verbundenen Vorbehalte der Nutzer entfallen speziell dadurch, dass persönliche hierarchiefreie, informelle Beziehungen aufgebaut werden. Die „Bring"-Struktur erleichtert eine Inanspruchnahme dieses als niedrigschwellig einzustufenden Angebotes. Qualifizierte Laien fungieren als Vermittler zwischen Professionellen und Familien, in enger Kooperation mit Selbsthilfeinitiativen. Durch die kompetente Begleitung der Familien verbessert sich deren Lebensqualität und damit zusammenhängend auch die Pflegequalität im häuslichen Bereich". (72)

Geteilte Verantwortung oder das Eintreten in eine lokale Verantwortungsgemeinschaft setzt bei allen Akteuren den Willen, die Bereitschaft, Lernprozesse zu absolvieren, und ein soziales Umdenken voraus. Eine lokale Verantwortungsgemeinschaft lebt von Grundwerten wie der Verbundenheit der Bürger des sozialen Nahraumes und deren Mitverantwortung besonders mit Menschen in schwierigen Lebenssituationen.

3.3.1 Strukturqualität

Der Aufbau Sorgender Gemeinschaften vollzieht sich auf drei Ebenen.

Die erste Ebene umfasst den konkreten Hilfe- und Versorgungsmix mit den jeweiligen Aushandlungsprozessen zwischen Pflegebedürftigen, Angehörigen, ambulanten Diensten, Ehrenamtlichen, Nachbarschaftshilfen etc. Der soziale Nahraum, das Dorf, das Wohngebiet oder das Quartier gestaltet das Strukturprinzip dieses kleinräumig orientierten Bereiches.

Die zweite Ebene bildet die kulturelle und die strukturelle Einbettung. Die kulturelle Einbettung beschreibt die Verbindung zum Leitbild der Kommune und ihre Bereitschaft zur Mobilisierung von Freiwilligen.

Die strukturelle Vernetzung beider Ebenen sichert die Gewährleistung von Informationen, Beratungen, Koordinationen, Vernetzungen der Aufgaben- und Verantwortungsbereiche sowie die Qualifizierungen der Akteure. Eine kulturelle und eine strukturelle Einbettung ermöglichen die ganzheitliche Entwicklung des Lebensraumes, bestehend aus sozialer Infrastruktur, Wohnumfeld, Wohnung, Beratung, Hilfe und Pflege sowie Teilhabe.

Die dritte Ebene ist die Ebene der partizipativen Konzeptentwicklung einer Sorgenden Gemeinschaft in einer Kommune mit ihren jeweiligen lokalen Gegebenheiten und Hindernissen. Dabei ist Partizipation nicht als ein einmaliges Verhalten zu verstehen, sondern als eine Grundhaltung aller Akteure, die permanent einladend, ermöglichend und integrierend wirkt und durch institutionelle wie auch soziale Netzwerke lokale Verantwortungsgemeinschaften befördert, unterstützt und stärkt.

Eine Sorgende Gemeinschaft ist eine Vernetzung von Freiwilligen, professionellen Akteuren, Hilfe- und Pflegebedürftigen und der Kommunalpolitik/Verwaltung. In diesem lokalen Netzwerk engagieren sich partnerschaftlich und gemeinwohlorientiert Freiwillige, die dadurch zu Mitwirkenden und Mitgestaltenden des lokales Raumes werden. Freiwillig übernehmen sie damit gesellschaftliche kommunale Verantwortung. Sie werden zu Partnern der Kommunalpolitiker und der Verwaltungsmitarbeiter.

Die professionellen Akteure definieren sich ebenfalls als Teil des lokalen Netzwerkes, in dem sie kooperationsbereit sind und sich neu und verantwortungsbewusst auf das Gesamtnetzwerk ausrichten. Sie diversifizieren ihre Konzepte zu offenen Einrichtungen mit einem vielfältigen nachfragebestimmten Angebotsspektrum.

Die Kommunalpolitik und die Kommunalverwaltung sehen sich künftig, wenn sie konsequent die Umsetzung der Vision Sorgende Gemeinschaft verfolgen und sich für die Förderung des bürgerschaftlichen Engagements einsetzen, nicht mehr nur als Dienstleister für ihre Bürger, sondern sie ermöglichen, anerkennen und unterstützen ihre Kommune als eine Bürgerkommune. Die neue demokratische Qualität des Zusammenlebens und der Zusammenarbeit auf kommunaler Ebene ist erreicht, wenn die Entwicklung zur Bürgerkommune eingesetzt hat.

Der Hilfe- und Pflegebedürftige erfährt durch die lokale Vernetzung im sozialen Umfeld eine bessere Unterstützung und Betreuung, mehr Lebensqualität durch soziale Kontakte, besondere individuelle Teilhabe durch Zuwendung und Wertschätzung. Schließlich wird auch die Pflege durch mehr Beteiligte noch besser sichergestellt.

3.3.2 Prozessqualität

Wie kann der Weg einer Kommune zu einer Sorgenden Gemeinschaft konkret aussehen?

Es sind vier Bereiche, die miteinander zu vernetzen sind: der Bereich A mit den Freiwilligen, Nachbarn und Ehrenamtlichen, der Bereich B mit den professionellen Dienstleistern, der Bereich C mit den Bedürftigen und ihren Familien sowie der Bereich D mit der Kommune und der Kommunalverwaltung.

Die Kommune muss die Initiative ergreifen; sie muss sich offen zum Weg in eine Sorgende Gemeinschaft bekennen und die Verantwortung für die Entwicklung übernehmen. Sie sollte ermöglichende Strukturen schaffen, damit bürgerschaftliches Engagement entstehen und wachsen kann und durch sie gefördert und angeleitet wird. Es gibt heute zahlreiche Freiwillige, die sich einerseits aus der Einbeziehung in bestehende Einrichtungen zurückziehen, andererseits gibt es immer mehr Freiwilligeninitiativen, die bestehende Einrichtungen in eigenständiger Form begleiten. Das zeigt, wie sich Bürgerengagement verändert hat. Den Weg in eine Sorgende Gemeinschaft müssen die Bürger selbst wollen, sie müssen ihn mitgestalten können und sie bestimmen selbst das Tempo der Zielerreichung.

Das Ziel der Kommune, der Kommunalpolitiker und der Verwaltung soll eine gelingende Partizipation, das Ziel der Bürger eine wertschätzende und gleichberechtigte Beteiligung sein.

3.3.2.1 Anforderungen an die Kommune

Eine Kommune hat viele Möglichkeiten, ihre Bürger, Freiwillige und Professionelle einzubeziehen, durch aktive Information und Befragung, beispielsweise wie die künftige Kommune aussehen soll, welche Leitlinien handlungsleitend sind, welche Pflegekonzepte und Pflegestrukturen in der Kommune gewünscht sind, in welcher Rolle sich die Bürger auf diesem Wege selbst sehen, wie Verantwortungsübertragung erfolgen kann, wie Verantwortungsübernahme seitens der Bürger vorstellbar ist und wie ihr Engagement besser unterstützt werden soll. Welche Teilziele und welche Projekte notwendig, welche Hilfen einzubeziehen sind und welche Arbeitsstrukturen gewünscht werden?

Es wird auch eine Aufgabe der Kommune werden, freiwilliges Engagement von Bürgern für Familien mit einem pflegebedürftigen Familienmitglied in eine bestehende, häufig aus Kooperation eines ambulanten Pflegedienstes mit einem Angehörigen, oder eine neue Pflegestruktur, in einen Teil des Care-Managements oder in einen Pflegemix zu integrieren. Dass diese neue Pflegestruktur optimal zu den Bedürfnissen der Familie und des Pflegebedürftigen passt, ist ein Ziel des Case-Managements. Es ist ebenfalls eine kommunale Aufgabe. Die Gesamtverantwortung für die Durchführung und das Gelingen von Care- und Case-Management liegt bei der Kommune.

Die Beauftragung einer sozialraumbezogenen Analyse des künftigen Pflegebedarfes unter Berücksichtigung existierender Pflegestrukturen und aktueller Pflegegesetze ist eine weitere Aufgabe der Kommune. Eine solche Analyse ist eine Voraussetzung für eine sachliche Information, für dialogische Bürgerversammlungen, für Workshops, Themenwerkstätten und Zukunftskonferenzen, für Runde Tische, Arbeitsgruppen oder Visionscafés etc.

Die Aufgaben der Kommune vollziehen sich, wenn auch mit unterschiedlicher Intensität, auf allen drei vorgenannten Ebenen: sowohl im konkreten Hilfe- und Versorgungsmix als auch auf der Ebene der strukturellen und kulturellen Einbettung sowie der Ebene der partizipativen Konzeptentwicklung.

3.3.2.2 Bürgerschaftliche Beteiligung organisieren

Der Pflegemix ist auf das Engagement von verschiedenen Freiwilligen angewiesen. Dabei treffen Bildungsunterschiede, kulturelle und altersbedingte Unterschiede, Unterschiede in der Motivation sowie in der Form, Dauer und der Art der Hilfeleistung aufeinander. Wie kann die Kommune unter diesen Bedingungen ein Zusammenwirken aller Akteure im Sinne einer gelingenden Pflege organisieren?

Für die Kommune existierte bürgerschaftliche Beteiligung in der Vergangenheit hauptsächlich durch Freiwillige, die in Institutionen eingebunden waren. Dieses traditionelle Ehrenamt, Modell A, war träger- oder einrichtungsorientiert und folgte einer deutlichen Hierarchie wie auch einer strikten Aufgabentrennung zwischen Hauptamtlichen und Freiwilligen. Diese Form der Beteiligung von Freiwilligen in der Pflege nimmt heute deutlich ab, weil Freiwillige sich häufig als unbezahlten und unmündigen Ersatz hauptamtlicher Pflegekräfte empfinden.

Ein anderes Modell bürgerschaftlicher Beteiligung, Modell B, ist die Einbeziehung von Freiwilligen und Initiativen in Institutionen und Einrichtungen. Trotz verschiedenartiger institutioneller Anbindung der Initiativen wird den Initiativen der Freiwilligen seitens der Einrichtungen und Dienste eine große Eigenständigkeit gewährt. Freiwilligeninitiativen und Einrichtungen haben die gleichen Ziele, beide helfen und unterstützen einander, bleiben aber strukturell eigenständig. Diese Form der Kooperation nimmt zu.

Es gibt darüber hinaus bürgerschaftliche Modelle oder Initiativen, Modell C genannt, die vollkommen unabhängig von bestehenden Institutionen und neben sozialen Einrichtungen existieren und sich durch ihre Selbstorganisation ausweisen. Sie können kooperieren und helfend unterstützen, aber sie arbeiten unabhängig und selbstbestimmt. Sie sind zeitlich und inhaltlich flexibel, sich jederzeit auch anderen Initiativen oder Zielen anzuschließen.

Schließlich gibt es die Freiwilligeninitiativen, Modell D genannt, die durch ein hohes Maß an Sozialkompetenz, Selbstorganisation und Professionalität im öffentlichen Raum ohne Anbindung an einen Träger oder einen Dienst agieren. Sie sind geeignet, Initiativen und Institutionen zu vernetzen und als Multiplikatoren zu fungieren.

3.3.2.3 Anforderungen an bestehende soziale Einrichtungen und Dienste

Traditionell bestehende soziale Einrichtungen, wie stationäre und teilstationäre Seniorenpflegeheime und Tagesbetreuungseinrichtungen, Seniorenbegegnungsstätten oder allgemeine Begegnungsstätten und ambulante Dienste müssen ihre Profile und ihre Konzepte ändern. Sie müssen sich öffnen, sich nach außen in den Sozialraum orientieren und sich weiter-entwickeln zu zentralen Kontakt-, Beratungs- und Vermittlungsstellen. Es werden weitere Aufgaben hinzukommen, wie Serviceberatung, Vermittlung von Nachbarschaftsdiensten und Wohnberatung, aber auch Pflegeberatung. Seniorenbegegnungsstätten können sich in Bürgertreffs oder Bürgerzentren wandeln und Anlaufstelle für alle Bürger und Freiwilligeninitiativen der Kommune werden. Der Wunsch nach Einbeziehung aller bereitwilligen Bürger der Kommune setzt die Bereitschaft zur Öffnung und Transparenz sowie zur kulturellen Akzeptanz und Vielfalt voraus.

3.3.2.4 Anforderungen an die Familien

Die Familie, die Angehörigen des Pflegebedürftigen und der Pflegebedürftige selbst, sind bereit, sich zu öffnen und Hilfe von außen zuzulassen. Das ist sowohl für die Angehörigen als auch für den Pflegebedürftigen schwer zu realisieren, weil hier eine Grenze des Persönlichen, der Intimität und der Scham überschritten wird. Pflege hat immer auch eine intime, oftmals schambesetzte Seite, die es unter allen Umständen zu respektieren gilt. Werden Intimität und Scham des Pflegebedürftigen oder dessen Angehörigen verletzt, werden auch seine oder ihre Würde beschädigt.

Der Umgang mit Pflegebedürftigen und ihren Angehörigen gelingt leichter, wenn der Familie in der Kommune mit Wertschätzung und Achtung begegnet wird, wenn zwischen Helfern und Bedürftigen Vertrauen aufgebaut wurde, wenn Verlässlichkeit und Sicherheit erfahrbar sind und wenn gemeinsam ausgehandelte Grenzen gesetzt sind.

Die außerfamiliären Bezugspersonen können kontinuierlich die Pflegebedürftigen und ihre Angehörigen instrumentell und emotional unterstützen und entlasten. Dabei sind diese bürgerschaftlichen oder nachbarschaftlichen Hilfen aber immer nur als Ergänzung zur notwendigen professionellen Pflege zu werten.

3.3.3 Prinzipien sich entwickelnder Quartiersarbeit

Die vielen teilweise unklaren Aufgaben und die verschiedenartigen situativen Herausforderungen, die sich auf dem Weg in eine altersgerechte Kommune ergeben, insbesondere die Zusammenarbeit zwischen Kommune und den freiwillig Engagierten, erfordern von den Akteuren individuelle Lösungsansätze, unterschiedliche Kompetenzen und das Festhalten an gemeinsamen Zielen.

Schon die Verwendung von Begrifflichkeiten für gleiche Tätigkeitsfelder variiert in der Vorstellung der Einzelnen. So ist z. B. von Quartiersmanagern, Quartierskoordinatoren, Sozialraumassistenten oder Kümmerern die Rede. Es ist auch möglich, dass gleiche Begriffe mit unterschiedlichen Inhalten gefüllt werden. Es ist aber für die gemeinsame Zielerreichung notwendig, dass bei allen Beteiligten Konsens besteht über die Größe und Beschaffenheit des Quartiers, über Ziele der Quartierentwicklung und über die anzuwendenden Strategien.

Daher ist es für die Kommune von Beginn an unerlässlich, Klarheit zu schaffen, indem die Aufgaben und die Rollenprofile für die sich unterscheidenden Arbeitsfelder exakt definiert werden. Das ist nicht einfach, denn bei fehlendem Überblick, mangelnder Erfahrung und Unsicherheit bezüglich der Vorgehensweise werden Verantwortlichkeiten und Zuständigkeiten nicht immer konkret und korrekt beschrieben. Infolgedessen kann es zu unklaren Erwartungen, zu Unsicherheiten und zur Unzufriedenheit der Akteure kommen.

Mehnert und Kremer-Preis machen (73) drei Grundprinzipien sich entwickelnder Quartiersarbeit aus.

Das sind der „soziale Nahraum, mit dem sich die Menschen identifizieren, ihr Dorf, ihre Gemeinde, ihre Siedlung oder ihr Quartier ... eine kleinteilige Betrachtungsweise und eine möglichst dezentrale, mobile und kleinteilige Weiterentwicklung der Wohn- und Versorgungsstrukturen für die Bedarfe der Menschen, die in diesen Quartieren leben".

> „Eine altersgerechte Quartiersentwicklung nimmt die Bedarfe der Älteren und Unterstützungsbedürftigen in den Blick und zielt auf eine ganzheitliche bedarfsgerechte Weiterentwicklung aller Lebensfelder älterer Menschen." Das beinhaltet „bedarfsgerechte Wohnangebote, generationengerechte räumliche Infrastruktur, wertschätzendes gesellschaftliches Umfeld, ortsnahe Beratung und Begleitung und bedarfsgerechte Weiterentwicklung der Unterstützungsleistungen".

> „Die bedarfsgerechte Weiterentwicklung dieser Handlungsfelder erfordert die Beteiligung vieler Akteure... Die Kooperation und Vernetzung der örtlichen Akteure, die Partizipation der Quartiersbewohner und damit das Entstehen „lokaler Verantwortungsgemeinschaften", die gemeinsam den sozialen Nahraum in einem Quartier gestalten, sind daher weitere Grundprinzipien der Quartiersarbeit."

Auf der Basis dieser Grundprinzipien beschreiben die Autoren die Aufgabenfelder für altengerechte Quartierentwicklung und die dafür erforderlichen Kompetenzen: (74)

- Systematisches Erfassen der Ressourcen und Bedarfe durch den Verantwortungsträger, z. B. die Kommune oder den Wohlfahrtsverband, erfordert Kenntnisse in der Stadtplanung, Kompetenzen im sozialwissenschaftlichen Arbeiten und Erfahrungen in der Konzeptentwicklung.
- Die Zusammenarbeit der Akteure muss koordiniert werden, dabei sind neue Kooperationsformen zwischen unterschiedlichen Akteuren und Ebenen zu entwickeln und in der Begleitung lokaler Ver-

antwortungsgemeinschaften sind Moderations- und Mediationserfahrung notwendig.

- Der Bereich Öffentlichkeitsarbeit und die Sicherung von Transparenz erfordern Kenntnisse und Fähigkeiten im Umgang mit Presse, Social Media und Marketing.
- Zur Aktivierung der Bewohnerschaft und Schaffung neuer Beteiligungsmöglichkeiten auf unterschiedlichen Ebenen sind die Stärkung sozialer Netze, Nachbarschaftshilfen und Selbsthilfemöglichkeiten sowie Erfahrungen mit Bürgerbeteiligungsverfahren und Kenntnisse in der Gemeinwesenarbeit hilfreich.
- Einzelne Entwicklungsmaßnahmen lassen sich effektiv umsetzen durch ein Projektmanagement. Dazu bedarf es Fähigkeiten in der Umsetzung und Steuerung eines Projektes sowie der Kompetenz, Arbeits- und Zeitpläne zu erstellen und zu kontrollieren.
- Eine erfolgreiche Evaluation erfordert Dokumentation, Kontrolle der Strukturen, Prozesse und Ergebnisse.
- Die Sicherung der Nachhaltigkeit setzt neben juristischen, verwaltungsrechtlichen und betriebswirtschaftlichen Kompetenzen auch Kenntnisse in der Gemeinwesenarbeit voraus.
- Personal- und Organisationsentwicklung verlangen Kenntnisse in den Bereichen Weiterbildung und Qualifizierung sowie genaues Wissen über Strukturen und Abläufe in der eigenen Organisation.

Die Autoren haben „die Ergebnisse aus dem Qualifizierungsangebot für das Kommunale Quartiersmanagement (KDA 2016), der Arbeitshilfe zum Quartiersmanagement im Rahmen des Programms Soziale Stadt (BMUB 2016), der KDA „Handreichung Quartiersentwicklung“ (Mehnert und Kremer-Preiß 2016), dem „Quartiers-Monitoring“ zur Evaluation der vom Deutschen Hilfswerk geförderten Quartiersprojekte (Kremer-Preiß und Mehnert 2018) sowie verschiedenen Experteninterviews, die speziell zur Erstellung dieser Praxishilfe geführt wurden“ (75), gewonnen.

Sie führen aus, dass die Rollen eines Quartierskoordinators, eines Quartiersmanagers und eines Projektentwicklers ausreichen, um die gesamte

Bandbreite der Aufgabenfelder abzudecken. Jedes Rollenprofil ist jedoch mit bestimmten Aufgaben und Kompetenzen verknüpft. Dabei ist nicht zwingend notwendig, dass die Rollen von verschiedenen Akteuren wahrgenommen werden. Sie können auch alle drei von einer einzigen Person ausgefüllt werden.

Dem Quartierskoordinator (QK) obliegt in seiner Rolle die Gesamtsteuerung des sozialräumlichen Arbeitens, z. B. in einer ganzen Kommune. Er betrachtet interne Organisationsebenen in kleinräumigen Quartierentwicklungen und ermöglicht Strukturen für sozialräumliches Arbeiten. Der QK bündelt in der Kommune alle Aktivitäten, die mit jeder einzelnen Quartiersarbeit verbunden sind, und sichert deren nachhaltige Fortführung. Er koordiniert die Arbeit aller Quartiere in seiner Kommune. Dem QK obliegen darüber hinaus die sozialräumliche Organisationsentwicklung, die Personalentwicklung und die Leistungsentwicklung der Kommune. Dafür benötigt er spezielle fachliche Qualifikationen, aber auch persönliche Kompetenzen und gewisse Charaktereigenschaften.

Der Quartiersmanager (QM) ist in seiner Rolle für die innere Quartierentwicklung zuständig. Zu seinen Aufgaben gehört die Gesamtsteuerung der Arbeiten in einem einzelnen Quartier, wie Datenanalysen, Netzwerkarbeit, Bürgeraktivierung, Informations- und Öffentlichkeitsarbeit. Seine fachlichen Kompetenzen sollen neben Projektmanagement, Gemeinwesenarbeit, Moderations- und Mediationserfahrungen auch Fähigkeiten in der Öffentlichkeitsarbeit umfassen. Wichtige persönliche Kompetenzen und Charaktereigenschaften sind gutes Ansehen gegenüber anderen Akteuren, Durchsetzungsvermögen und Beziehungsarbeit, interkulturelle Kompetenzen, Integrationsfähigkeit und flexible Zeiteinteilung.

Der Projektentwickler (PE) oder auch Maßnahmenentwickler (ME) verantwortet die Entwicklung und Umsetzung einzelner Projekte oder Maßnahmen in einem Quartier. Für diese Position sind Akteure geeignet, die mit dem Quartier, den Strukturen, den Menschen und den Lebensumständen eng verbunden sind. Das können professionelle oder auch ehrenamtlich Engagierte sein. Sie kennen für bestimmte Aufgaben notwendige Verbündete und können konkrete Maßnahmen im Quartier verorten. Sie können die Umsetzung von Maßnahmen kontrollieren und Transparenz schaffen. ME oder PE sollten Erfahrungen in der Projektentwicklung haben, über Kenntnisse in der Gemeinwesenarbeit verfügen und sich auch Öffentlichkeitsarbeit im Quartier zutrauen.

Ein Projekt in einem Quartier könnte die Einrichtung von Pflegebegleitern und Freiwilligen sein, die Pflegebedürftige oder deren Angehörige begleiten. Das Projekt richtet sich an Akteure, die sich selbst verantwortungsbewusst in die Pflege anderer Menschen einbringen wollen und können. Die Akteure sollten außerdem bereit sein, sich für diese Tätigkeit zu qualifizieren und mit anderen professionellen Akteuren oder Diensten und Freiwilligen in einem Pflegemix zusammen-zuarbeiten.

3.4 Aktuelle politische Vorstellungen zur Errichtung Sorgender Gemeinschaften im Land Brandenburg

Die Landesregierung unterstützt aktiv den Aufbau kommunaler Vernetzungs-, Koordinations- und Gestaltungsprozesse lokaler Akteure zum Aufbau und zur Weiterentwicklung kommunaler Versorgungsstrukturen für Pflegebedürftige und Menschen, die Pflege in Anspruch nehmen. In der Pressemitteilung vom 01.06.2018 sagte die Sozialstaatssekretärin Almuth Hartwig-Tiedt: „Sie (die Fachstelle Altern und Pflege im Quartier im Land Brandenburg, FAPIQ) trägt dazu bei, Landkreise und kreisfreie Städte, Initiativen und Menschen vor Ort bei der Entwicklung und Realisierung alternsfreundlicher Lebensräume zu unterstützen. In diesem Zusammenhang bietet die Fachstelle unter anderem Beratung beim Aufbau neuer alltagsunterstützender Angebote. Sie informiert und qualifiziert Akteurinnen und Akteure in verschiedenen Themenbereichen und fördert den Erfahrungsaustausch und die Vernetzung… Der deutliche Zuwachs bei der Inanspruchnahme von alltagsunterstützenden Angeboten in den vergangenen Jahren zeigt, dass die Maßnahmen wirken. In den Jahren 2016 und 2017 wurden in Brandenburg insgesamt 63 neue Angebote zur Unterstützung im Alltag anerkannt. Dieser Zuwachs wäre ohne die intensive Begleitung und Beratung der Fachstelle Altern und Pflege im Quartier undenkbar gewesen. … Damit erreichen wir mit den Angeboten derzeit etwa 10 Prozent der anspruchsberechtigten Personen. Das müssen deutlich mehr werden. Denn die Angebote sind nicht nur ein Baustein in der pflegerischen Versorgung, sie leisten gleichzeitig einen ganz wichtigen Beitrag zur Unterstützung und Entlastung von pflegenden Angehörigen.“ (76)

Im Rahmen der Pflegeoffensive hat das MASGF eine Broschüre herausgegeben, die sich an die Brandenburger Kommunen, Unternehmen und Bürger richtet und ihnen eine Hilfestellung geben will auf dem Weg, ihre Kommune in eine altersgerechte Quartierentwicklung zu führen. (77)

Basierend auf den vier Prinzipien

- den Sozialraum vom Menschen aus denken,
- ganzheitlich agieren, d.h., das gesamte Lebensumfeld verbessern,
- in Netzwerken und Kooperationen arbeiten sowie
- partizipativ die Bürger beteiligen

wird zu einer Quartierentwicklung eingeladen und diese allgemeinverständlich erläutert. Die Quartierentwicklung fokussiert dabei auf alle Generationen, auf die verschiedenen vor Ort lebenden Ethnien, auf alle sozialen Milieus des Quartiers und auf Menschen mit und ohne Behinderung. Es geht darum, in der Kommune oder im Quartier die geteilte Verantwortung in der Wirklichkeit umzusetzen.

Die Broschüre beschreibt, wie in sieben einfachen Schritten lokale Netzwerke aufgebaut werden können, aber auch, wie ein Netzwerk langfristig gepflegt werden muss und welche Personal- und Zeitressourcen dafür notwendig sind. Es stellt mögliche Netzwerke dar und weist daraufhin, dass eine Netzstruktur einerseits Verbindlichkeiten wahrnimmt, andererseits aber auch Offenheit für neue Akteure lebt. Eine Quartiersmanagerin aus Frankfurt/Oder beschreibt ihre Erfahrungen, die sie in der Netzwerkarbeit gewonnen hat, aber auch ihr Tätigkeitsfeld als Moderatorin, als Ideengeberin oder als allgemeine Ansprechpartnerin für jedermann.

Als die häufigsten Themenbereiche, die bei Quartierentwicklungen benannt werden, weil sie den Bewohnern wichtig sind, weist die Broschüre folgende vier Bereiche aus:

- Verbleiben in der eigenen Häuslichkeit,
- mobil bleiben und sich versorgen können,
- Nachbarschaft erleben und
- Unterstützung bekommen.

Erfolgreiche Quartierentwicklung berücksichtigt all diese Bereiche gleichzeitig und erkennt sinnvolle Beziehungen sowie Vernetzungen zwischen den einzelnen Bereichen. Quartierentwicklungsprozesse bedürfen zahlreicher Maßnahmen, die ihrerseits selbst längere Prozesse und strukturiertes Vorgehen erfordern.

Die Broschüre nennt als wichtige Voraussetzung für eine Quartierentwicklung die Erfassung bestehender Angebote, ihre Strukturen und Netzwerke, eine Ressourcenbeschreibung im Sozialraum und eine Bedarfsanalyse. Diese Sozialraumanalysen können von externen Institutionen erstellt werden. Es können auch die in der Broschüre vorhandenen Checklisten angewendet werden: Checkliste zur Altersfreundlichkeit in der Gemeinde, Checkliste zum Wohnangebot im Wohnort, Checkliste zum Angebot an Aktivitäten und die Möglichkeit, sich daran zu beteiligen, Checkliste zum Angebot an sozialen, hauswirtschaftlichen und pflegerischen Dienstleistungen und Checkliste zur Einschätzung von Möglichkeiten zur Bürgerbeteiligung und zum sozialen Engagement. Im vorletzten Kapitel gibt die Broschüre Hinweise zu Finanzierungsmöglichkeiten und Förderprogrammen, insbesondere dem Programm „Gut Älterwerden im vertrauten Wohnumfeld“ von Quartiersprojekten.

Schließlich endet die Broschüre mit dem Hinweis auf die Hilfe und Unterstützung der Fachstelle Altern und Pflege im Quartier im Land Brandenburg, der FAPIQ.

Die wichtigste und landesweit strukturierte Unterstützung bei der kommunalen Altenhilfe- und Pflegeplanung sowie Daseinsvorsoge im Land Brandenburg soll die Arbeit der FAPIQ leisten. Sie wird gefördert vom MASGF, von den Landesverbänden der Pflegekassen und dem Verband der privaten Krankenversicherung im Land Brandenburg.

Die FAPIQ berät und unterstützt kommunale Vernetzungs-, Koordinations- und Gestaltungsprozesse mit dem Ziel einer altersgerechten Quartierentwicklung, um für alte oder pflegebedürftige Menschen angemessene Möglichkeiten zu schaffen, in der eigenen Häuslichkeit möglichst lange verbleiben zu können.

Dabei unterstützt sie Kommunen, Vereine, Dienste, aber auch Interessenvertretungen und freiwillig Engagierte. Die FAPIQ arbeitet kostenlos und unabhängig. Sie ist bestrebt, gemeinsam mit den Akteuren vor Ort konkrete lokale Lösungen zu entwickeln, an Bewährtem anzuknüpfen und mögliche Doppelstrukturen zu vermeiden. Die wesentlichen Handlungsfelder der FAPIQ sind: altersgerechte Wohnformen entwickeln und aufbauen helfen, alltagsunterstützende Angebote nach § 45 a SGB XI schaffen, lokale Quartierentwicklung fördernd begleiten sowie kommunale Altenhilfe- und Pflegeplanung unterstützen und präventiv fortschreiben.

Neben den Hilfen zur kommunalen altersgerechten Quartierentwicklung, durch Information und Beratung zu Methoden und Instrumenten, bietet die FABIQ Fachvorträge, Materialsammlungen und Informationsmaterial und schafft in den Kommunen Sensibilität für ortstypische Gestaltungsmöglichkeiten und -notwendigkeiten.

4 Sorgende Gemeinschaft im Fokus einer Brandenburger Beispielkommune

Hilfreich für die Errichtung einer Sorgenden Gemeinschaft ist als Basis die von der Kommune erstellte aktuelle Sozialraumanalyse, die sachlich und umfassend Ressourcen und Versorgungslücken aufzeigt. Die Beispielgemeinde W. hat eine solche sozialraumbezogene Analyse des zu erwartenden Pflegebedarfs unter Berücksichtigung des PSG III im Jahr 2017 in Auftrag gegeben (78). Das Institut für Gerontologische Forschung e.V. hat anhand statistischer Daten zur Altersstruktur, anhand lokaler Infrastruktur und vergleichender altersgruppenspezifischer Pflegequoten Deutschlands des Landes Brandenburg und des Landkreises Barnim den aktuellen Pflegebedarf in der Gemeinde und die bestehenden Versorgungsformen ermittelt und unter Berücksichtigung der Bevölkerungsentwicklung den Pflegebedarf für die Jahre 2020 und 2030 prognostiziert.

Dabei gelangten die Autoren zu der Erkenntnis, dass der Pflegebedarf weiter ansteigen wird und die vorhandenen Versorgungskapazitäten nicht ausreichen werden, diesen Bedarf zu decken. Sie empfehlen deshalb, die lokalen Akteure, die sich in den Bereichen Alter, Betreuung und Pflege engagieren, im Quartier zu koordinieren und zu vernetzen sowie eine Infrastruktur zu entwickeln, die an die konkreten gemeindlichen Bedarfe angepasst ist.

Welche Personen für die Koordinierung und Vernetzung verantwortlich sind und mit welcher Verbindlichkeit sie im Quartier und in der Gemeinde agieren sollen, wurde allerdings nicht benannt. Es fehlen darüber hinaus Aussagen über die Anzahl und den Zuschnitt der möglichen Quartiere wie auch über einzelne, aus der Sicht von Gerontologen empfehlenswerte Einzelprojekte, die ambulant und niedrigschwellig die vorhandene Infrastruktur ergänzen könnten, zur Aufrechterhaltung selbstbestimmter Lebensführung führen könnten und mehr gesellschaftliche Teilhabe für Bedürftige befördern würden.

In der Studie (78) wird zwar von der Wichtigkeit der Partizipation und Vernetzung gesprochen, um ein tragfähiges und zukunftssicheres soziales Netzwerk Pflege und Teilhabe in der Gemeinde zu etablieren, aber auf die Verantwortlichkeit der Kommune nach dem Gesetz (§ 8, Abs. 2, SGB XI), die auch eine wirtschaftliche und finanzielle Verantwortung beinhaltet, wird nicht näher eingegangen. Deshalb sind den Kommunalpolitikern und den Verwaltungsmitarbeitern in dieser Beispielgemeinde die besondere Handlungsdringlichkeit und die umfassende Handlungsverantwortung für die Gestaltung der Quartiere intransparent dargestellt worden. Es ist in dieser Studie nicht die Rede davon,

- dass sich auch das Selbstverständnis der Kommune verändern muss, weil die künftigen Anforderungen sich verändern;
- dass die Kommune künftig nicht mehr allein in der Lage sein wird, mit herkömmlichen Strukturen und Instrumenten die Anforderungen an die kommunale Daseinsvorsorge auf kommunalpolitischem oder verwaltungstechnischem Wege zu sichern;
- dass sich künftig Arbeitsweise und Selbstverständnis der Verwaltung und der Kommunalpolitiker verändern müssen;
- dass der reine Dienstleistungscharakter der Verwaltung nicht zukunftsfähig ist und neu ausgerichtet werden sollte und
- dass die Kommune erkennen muss, dass der Bürger nicht länger Empfänger oder Kunde ist, sondern, dass sie die Bürger als Beteiligte und Mitverantwortliche in den kommunalen Gestaltungsprozess zu einer gemeinsamen kommunalen Daseinsvorsorge einbeziehen kann.

Damit würde die Kommune die Voraussetzungen für die Entwicklung zu einer Bürgerkommune schaffen.

Die Beispielgemeinde W. hatte von Januar bis Juli 2016 in einem mehrstufigen Beteiligungsprozess unter Einbeziehung der Mitarbeiter der Verwaltung, der Ortsteilvertreter, der politischen Fraktionen und zahlreicher Bürger unter Federführung der Brandenburgischen Beratungsgesellschaft für Stadterneuerung und Modernisierung mbH (BBSM) ein

Leitbild für die Gemeinde entwickelt. In diesem Leitbild hat die Gemeinde ihren Leitgedanken,

- aktiv, partnerschaftlich und zukunftsorientiert,
- für die künftige Entwicklung der Gemeinde bestimmt und in den fünf Leitzielen:
  - nachhaltig und produktiv,
  - lebenswert für Jung und Alt,
  - engagiert und bürgernah,
  - natürlich und erholsam,
  - gemeinsam und einzigartig,
- ihren Handlungsansatz formuliert (79).

Im Rahmen der Erstellung dieses Leitbildes der Gemeinde hat die BBSM im Jahr 2016 zusätzlich eine Umfeldanalyse für die Gemeinde-Land-Region erarbeitet (80).

Die Beispielgemeinde W., bestehend aus neun unterschiedlich großen Ortsteilen, befindet sich im sogenannten Speckgürtel im Norden von Berlin. Die Ortsteile liegen vorwiegend an der nordsüdlich verlaufenden Bundesstrasse 109. Die gemeindliche nordsüdliche Ausdehnung beträgt ca. 27 km. Die Ortsteile sind durch Bus, Bahn und Autoverkehr mit Berlin, aber auch untereinander verbunden. Der Bevölkerungszuwachs der vergangenen 25 Jahre resultierte hauptsächlich aus dem Nachfragedruck in Berlin.

Die Hauptstadtnähe wirkt sich gegenwärtig sozioökonomisch positiv auf die Bevölkerung der Gemeinde aus. So ist vergleichsweise zu anderen berlinfernen Barnimer Gemeinden die Kaufkraft höher, der Anteil der Arbeitslosen, der Arbeitslosengeld- und Grundsicherungsempfänger sowie der Kinder- und Jugendarmut geringer. In die hohe Beschäftigungsrate ist folglich eine hohe Frauenbeschäftigungsquote eingeschlossen.

Diese Umfeldanalyse beschreibt nicht mögliche natürliche, verkehrswegorientierte oder infrastrukturelle Quartiersgrenzen und -strukturen.

Auch Aussagen zu einer sinnvollen Anzahl möglicher Quartiere in der Beispielgemeinde fehlen in dieser Umfeldstudie.

4.1 Bestimmung eines Quartiers

Der Aufbau von Sorgenden Gemeinschaften in der ausgewählten Beispielgemeinde kann nur dezentral in den einzelnen Ortsteilen oder in Teilen von Ortsteilen erfolgen, denn die Gemeinde mit ihren insgesamt fast 23 500 Einwohnern und einer Ausdehnung von mehr als 160 qkm ist nicht mit einem einzigen Quartierskonzept zu entwickeln. Die territoriale Größe, die einem sozialen Nahraum widerspricht, und die große Anzahl der Einwohner befördern eher eine manifeste Anonymität, als dass sie die Herausbildung von kulturellen und infrastrukturellen kleinteiligen Sorge- und Verantwortungsstrukturen ermöglichen.

Die altersgerechte Quartierentwicklung, das Quartierkonzept, kann sich nur auf einen einzelnen Ortsteil oder eine einzelne Siedlung beziehen und diesen kleinteiligen Bereich als einen sozialen Nahraum entwickeln. Für den Ortsteil B. der Beispielgemeinde W. mit seinen fast 6500 Einwohnern und seinen verschiedenen, entfernt gelegenen Siedlungen, dem alten Dorfkern und den neuentwickelten Wohnzentren wäre es vorteilhaft, wenn die Bestimmung eines Quartiers sich an der gewachsenen Siedlungsstruktur orientieren würde, oder wenn zwei nebeneinander liegende Siedlungen mit gleicher Siedlungsstruktur zu einem Quartier zusammengefasst würden.

Eine aktuelle Möglichkeit für die Gemeinde wäre, eine Sorgende Gemeinschaft in der neu entstehenden Siedlung DIE GÄRTEN zu errichten. Dieser Siedlung liegt ein binnenorientierter Planungsansatz zugrunde, der eine verlässliche Basis für ein Projektmanagement für eine Sorgende Gemeinschaft einschließlich Projektvorbereitung, -planung und -durchführung bieten würde. Die Entwicklung dieser Siedlung obliegt weitgehend der Kommune, die ihre Chance, hier parallel eine Quartierentwicklung durchzuführen, nicht nutzt.

In dieses entstehende Wohnquartier werden Mieter und Eigentümer in Mehr- und Einfamilienhäuser etwa zeitgleich einziehen. Es wird dort u.a. einen Supermarkt, eine Kita und eine Tagespflegeeinrichtung für Senioren geben. Dieses neue Wohnquartier könnte konzeptionell schon von Beginn an als Sorgende Gemeinschaft gedacht, geplant und seitens der Verwaltung als ein altersgerechtes Quartier entwickelt werden. Diese Chance ist bisher kommunalpolitisch und verwaltungstechnisch nicht ergriffen worden. Die Möglichkeit, hier ressortübergreifend zu planen, zu entwickeln und schließlich zu bauen, wurde nicht genutzt.

Eine andere Siedlung im Ortsteil B. ist die K-M-Siedlung, eine räumlich gesehen in sich geschlossene, in den letzten 80 Jahren gewachsene Siedlung, die vorwiegend aus Einfamilienhäusern besteht, aber in der Siedlungsmitte auch über wenige Mehrfamilienhäuser verfügt.

Diese Siedlung ist für das neue, in sich geschlossene Projektmanagement „Altersgerechte Quartiersentwicklung“ ebenfalls geeignet. Die Initiative und die Steuerung dafür könnten in Abstimmung mit der Kommune von dem dort befindlichen Pflegeheim ausgehen. Das Pflegeheim mit Kurzzeitpflege- und Verhinderungspflegeplätzen liegt im Zentrum der Siedlung. Es könnte sich konzeptionell nach außen öffnen und mit Fachwissen, Beratungen, Schulungen oder Informationen eine altengerechte Quartierentwicklung begleitend unterstützen.

4.2 Lokale und rechtliche Voraussetzungen

Im Leitbild der Gemeinde, im Vorwort zur Rubrik „Lebenswert für Jung und Alt“, führt die Gemeinde aus: „Wirken der zahlreichen aktiven Vereine und Initiativen in Wandlitz fördern, Akteure vernetzen und neue Projekte unterstützen. Im Fokus stehen insbesondere soziale Projekte und ehrenamtliche Tätigkeiten, um auch in Zukunft den gesellschaftlichen Zusammenhalt in W. und eine Teilhabe aller Gruppen am gesellschaftlichen Leben zu gewährleisten“ (81). Konkretere Aussagen, etwa zum Ziel, eine altersfreundliche Gemeinde zu werden, oder zur Entwicklung altersgerechter Quartiere aufgrund des zu erwartenden demografischen Wandels, einer von alten Menschen gewünschten Lebensform, eines drohenden Fachkräftemangels und demzufolge drohenden Pflegenotstandes oder der kommunalen Verantwortungsübernahme gemäß § 8, Absatz 2 des SGB XI finden sich im vorliegenden Leitbild der Gemeinde nicht.

Im Jahr 2018 lebten in der Gemeinde insgesamt 23 433 Einwohner. Unter Zugrundelegung des Pflegequotienten des Landes Brandenburg von 5,28 % aus dem Jahr 2017 ergab sich für W. insgesamt eine Anzahl von 1237 Pflegebedürftigen. Im Vergleich zum Jahr 2011 (W. = 1040 Pflegebedürftige) ist ein Anstieg von 197 Bürgern, die zusätzlich pflegebedürftig geworden sind, zu verzeichnen.

Unter Zugrundelegung der gleichen Annahmen wurden für den Ortsteil B. für das Jahr 2018 (Einwohner = 5832, Pflegequotient des Landes Brandenburg = 5,28 %) insgesamt 308 Pflegebedürftige ermittelt. Im Vergleich zum Jahr 2011 (Ortsteil B. = 258 Pflegebedürftige) beträgt in diesem Ortsteil der Anstieg der Pflegebedürftigen insgesamt 50 Einwohner.

Unabhängig davon, ob man vom höheren Pflegequotienten des Landkreises Barnim oder vom niedrigeren Quotienten des Landes Brandenburg ausgeht, ist ein erheblicher Anstieg der Anzahl der Pflegebedürftigen festzustellen.

Demgegenüber stehen in der Gemeinde zwei vollstationäre Einrichtungen für die Pflege älterer Menschen zur Verfügung. Das Angebot an stationären und teilstationären Pflegeplätzen beider Einrichtungen beläuft sich auf insgesamt 101 Plätze, hinzu kommen wenige Plätze für Palliativpflege und einzelne Plätze für die Intensivpflege in einer Wohngruppe.

Die stationäre Pflege wird durch die ambulante Pflege nach den SGB V und XI verschiedener gemeinnütziger und privater Träger (Arbeiter-Samariter-Bund, Ambulante Intensivpflege, Diakonie, Arbeiterwohlfahrt und ambulante Pflege AscuVita) sowie durch drei Tagespflegeangebote ergänzt.

Die Versorgung mit stationären und teilstationären Pflegeheimplätzen ist in W. vergleichsweise gut. Kommen in Deutschland (82) auf 3 414 318 Pflegebedürftige insgesamt 14 480 Pflegeheimplätze (das bedeutet, auf 235,79 Pflegebedürftige kommt ein Pflegeheimplatz), stehen im Land Brandenburg für 132 426 Pflegebedürftige nur insgesamt 523 Pflegeheimplätze zur Verfügung (d.h. auf 253,2 Pflegebedürftige kommt ein Pflegeheimplatz).

In der Gemeinde existieren für 1237 Pflegebedürftige insgesamt 101 Pflegeheimplätze, auf 12,25 Pflegebedürftige kommt demnach ein Pflegeheimplatz.

Noch komfortabler wird die Versorgung, wenn man nur den Ortsteil B. betrachtet.

Hier sind für 308 Pflegebedürftige insgesamt 60 Pflegeheimplätze vorhanden, ein Verhältnis von 1 zu 5. Das sind vergleichsweise günstige Voraussetzungen, betrachtet man nur die stationäre und die teilstationäre Versorgung (Kurzzeit- und Verhinderungspflege) der Pflegebedürftigen.

Der weitaus größere Teil der Pflegebedürftigen wird aber, wie überall in Deutschland, auch in dieser Gemeinde zu Hause betreut und gepflegt. Die Familien, oder die Pflegebedürftigen selbst, greifen dabei auf die Unterstützung der Tagespflegeeinrichtungen zurück oder sie erhalten Hilfe durch einen ambulanten Pflegedienst.

Die Tagespflegeeinrichtungen bieten ihre Hilfe und Unterstützung tageweise an. Die Pflegebedürftigen können an einzelnen Tagen oder für die gesamte 5-Tage-Woche das Angebot einer Einrichtung in Anspruch nehmen.

Wie auch bei der stationären und teilstationären Pflege werden die Kosten für die Tagespflege aufgeschlüsselt in die Kosten für die Unterkunft und Verpflegung, die Hotelkosten, sowie die Kosten für die Anschaffung und Instandhaltung notwendiger Gebäude- und Einrichtungsgegenstände, die Investitionskosten, und die pflegebedingten Kosten. Die Hotelkosten und die Investitionskosten werden vollständig vom Pflegebedürftigen getragen, während die pflegebedingten Kosten, die abhängig vom festgelegten Pflegegrad sind, ab dem Pflegegrad II anteilig von der Pflegekasse mitgetragen werden.

Die ambulanten Pflegedienste erbringen die medizinische, pflegerische und hauswirtschaftliche Versorgung eines pflegebedürftigen Menschen. Alle Pflegebedürftigen, die einen anerkannten Pflegegrad 1 bis 5 haben, verfügen über Ansprüche auf verschiedenartige Leistungen ihrer Pflegekassen:

- *Pflegegeld für selbstbeschaffte Pflegehilfe, SGB XI, § 37*[2]: Die Höhe des Pflegegeldes bemisst sich nach dem Pflegegrad und wird dem Pflegebedürftigen monatlich ausbezahlt, wenn er von Angehörigen oder anderen Privatbetreuern in der Häuslichkeit gepflegt und betreut wird. Es ist steuerfrei. (Pflegegrad 2 = 316 Euro, Pflegegrad 3 = 545 Euro, Pflegegrad 4 = 728 Euro, Pflegegrad 5 = 901 Euro)
- *Pflegesachleistung, Anspruch auf häusliche Pflegehilfe, SGB XI, § 36*[2]: Die Pflegesachleistung ist eine reine Naturalleistung. Sie beinhaltet die Vergütung für die Grundpflege durch eine professionelle Pflegekraft und die hauswirtschaftliche Versorgung der Wohnung. Die Höhe der Pflegesachleistung ist abhängig vom Pflegegrad (SGB XI, § 36[2], Pflegegrad 2 = 689 Euro, Pflegegrad 3 = 1298 Euro, Pflegegrad 4 = 1612 Euro, Pflegegrad 5 = 1995 Euro). Die Pflegesachleistungen erhält der ambulante Pflegedienst direkt von der Pflegekasse.
  Zusätzlich erhält jeder Pflegebedürftige mit einem Pflegegrad 1 bis 5 einen *Entlastungsbetrag* in Höhe von 125 Euro für Unterstützungsleistungen im Alltag. Der Betrag ist zweckgebunden für anerkannte Entlastungsangebote.
- *Zusätzliche Betreuungs- und Entlastungsleistungen*, bis maximal 40 % der Pflegesachleistung: Damit sind Leistungen gemeint, die als Pflegesachleistungen vom Pflegedienst nicht abgerufen wurden, und die vom Pflegebedürftigen selbst eingesetzt werden kön-

[2] Diese Beträge gelten ab dem 01.01.2018.

nen als haushaltsnahe Dienstleistungen, Alltagsbegleitung oder Demenzbetreuung, die von einem zugelassenen Anbieter erbracht werden.

- *Kombinationsleistungen* aus Pflegegeld und Pflegesachleistungen: Wenn der Pflegebedürftige nur einen Anteil an Pflegesachleistungen des ambulanten Dienstes benötigt, weil andere Leistungen durch z.B. Angehörige erbracht werden, kann er den verbleibenden Prozentsatz als Pflegegeld erhalten.
- *Verhinderungspflege und Kurzzeitpflege* (befristete stationäre Pflege in einem Pflegeheim): Ein von seinen Angehörigen versorgter Pflegebedürftiger kann bei Urlaub oder Krankheit des pflegenden Angehörigen eine Verhinderungspflege von maximal sechs Wochen pro Jahr in einem Pflegeheim in Anspruch nehmen. Eine Kurzzeitpflege in einer stationären Einrichtung, die möglicherweise nach einem Krankenhausaufenthalt notwendig wird, steht dem Pflegebedürftigen bis zu acht Wochen pro Jahr zu.
- *Hilfsmittel*: Bei medizinischer Notwendigkeit erstattet die Pflegekasse für gelistete Hilfsmittel die Kosten. Für zum Verbrauch bestimmte Pflegemittel hat der Pflegebedürftige einen Anspruch von 40 Euro pro Monat.
- *Zuschüsse* für Notruf und Wohnraumanpassung: Für die Inanspruchnahme eines Hausnotrufes gewährt die Pflegekasse einen monatlichen Zuschuss. Auch für Wohnraumanpassung, die einer Barrierereduzierung dient, gewährt die Pflegekasse einen einmaligen Zuschuss in Höhe von 4000 Euro.

4.3 Individuelle Aufgaben- und Verantwortungsteilung

Erfahrungsgemäß möchten die meisten Menschen, so lange es möglich ist, in ihrer eigenen Häuslichkeit verbleiben und wünschen sich ein Netzwerk aus privater Versorgung und professionellem ambulanten Pflegedienst. Ob ambulante Pflege und Betreuung möglich sind, hängt im Wesentlichen von den Voraussetzungen ab, in denen der Pflegebedürftige lebt. Es hängt weniger davon ab, welcher Pflegegrad dem Pflegebedürftigen zugeschrieben wurde. Zu den wichtigsten Voraussetzungen gehören, dass die Wohnung oder das Wohnumfeld in einem Haus bzw. einer Wohnung barrierefrei ist und über spezielle notwendige Hilfsmittel, wie Hausnotruf verfügt, ob für pflegende Angehörige dauerhafte Entlastungsmöglichkeiten zur Verfügung stehen, ob sie geschult sind in Mobilisation und Transfer des Pflegebedürftigen und ob sie den Pflegekräften vertrauen, ob sie es aushalten und sogar akzeptieren können, dass sich regelmäßig fremde Menschen in ihrer Wohnung aufhalten und ob sie verstehen, dass nicht immer die gleiche Pflegekraft zu ihnen kommen kann. Die meisten ambulanten Pflegedienste bieten, wenn sie nicht gerade unter akutem Personalmangel leiden, eine Bezugspflege an. Dieser Dienst kostet nicht zusätzlich, ist aber eine große Hilfe für den Pflegebedürftigen und die Angehörigen, denn die Bezugspflegekraft kennt den Pflegebedürftigen, lässt sich regelmäßig von allen anderen Pflegekräften, die den Pflegebedürftigen ebenfalls versorgen, über die Entwicklung informieren und behält den Überblick. Sie überprüft anhand der regelmäßigen Informationen ihrer Kollegen die Aktualität der Pflegeplanung und kann sie in Absprache mit den Angehörigen und dem Pflegebedürftigen ändern, wenn bestimmte Maßnahmen nicht erfolgreich sind.

Die Bezugspflegekraft ist immer der Ansprechpartner aufseiten des Pflegedienstes.

Angehörige und Pflegebedürftige wünschen sich, dass die Versorgung und die Betreuung individuell sind und stets dem aktuellen Pflegebedarf des Pflegebedürftigen entsprechen. Dem dient ein ständiger offener Austausch mit dem Pflegedienst. Deshalb ist ein ausgearbeiteter, individueller, detaillierter Betreuungsplan notwendig, um entsprechend dem Pflegebedarf die Versorgung des Pflegebedürftigen über 24 Stunden sicherzustellen.

Mit dem Betreuungsplan beginnt die Aufgabenteilung auch die Verantwortungsteilung zwischen drei gleichberechtigten Partnern: dem Pflegebedürftigen, den Angehörigen, Nachbarschaftshilfen oder Ehrenamtlichen und dem hauptamtlichen professionellen Pflegedienst.

Dabei treffen ein professionelles (ambulante Dienste) auf ein informelles System (pflegende oder nahestehende Angehörige) und eventuell auch ein semiprofessionelles System (gesetzliche Beratungsstelle, Betreuer etc.) zusammen.

Im Mittelpunkt dieser speziellen Verantwortungsgemeinschaft steht stets der einzelne Pflegebedürftige. Alle Akteure in diesem Konzept sind durch ihre Aufgaben und durch die gemeinsame Verantwortung miteinander verbunden. Wie gut diese Verbindung im Interesse des Pflegebedürftigen funktioniert, wie belastbar die Beziehungen der Partner untereinander sind, hängt von den erfolgten Aushandlungsprozessen ab. Die Aushandlung der Beziehungsstruktur mitberücksichtigt die sachlich-pflegerische Ebene bezogen auf den notwendigen Pflegebedarf, die spontane subjektive Bereitschaft jedes einzelnen Akteurs wie auch die subjektive Bereitschaft zu weiteren erneuten, unter Umständen anderen, weitergehenden Aushandlungsprozessen. Die Aushandlungsprozesse und damit die Sicherstellung der konkreten Pflege werden fragil, wenn die vorhandenen Strukturen und Bedingungen, die zur gemeinsamen Verantwortung geführt haben, sich ändern, wenn Verständnis und Bereitschaft der Akteure erschöpft sind oder sich verändern, aber auch wenn die Anforderungen an die Hilfe und Pflege plötzlich eine andere Aufgabenverteilung erfordern.

Die erste Ebene ist wesentlich von Subjektivität, Spontanität und Emotionen geprägt; die Prozesse innerhalb der Aufgabenteilung und der gemeinsamen Verantwortung folgen individuellen sachlichen, wirtschaftlichen, kulturellen sowie intellektuellen Voraussetzungen, Bereitschaften und Möglichkeiten. Die Aushandlungsprozesse auf dieser Mikroebene folgen dem Prinzip der Gegenseitigkeit, das Beziehungen produziert und reproduziert. Gegenseitigkeit bedeutet auch Verlässlichkeit. Letztere ist ein Anzeichen für die Sicherheit der Beziehung. Leistungen, die gegenseitig erbracht werden, stehen auch in einem Zusammenhang mit der Intensität der Beziehung zwischen den Personen, die im Austausch miteinander stehen. Die Aushandlungsprozesse auf dieser Ebene sind an Vertrauen gebunden. Unter Beachtung von Reziprozitäts- und Beziehungsformen bleibt festzuhalten, dass es einen Zusammenhang zwischen der erbrachten (Pflege-)Leistung, der Intensität der Beziehung und der sozialen Entfernung untereinander gibt. Das ist bei Angehörigen leicht nachvollziehbar. Wie gestalten sich jedoch die Beziehungsformen bei Fremden, bei Ehrenamtlichen und bei Nachbarn? Die Beziehungsformen können hier den Kontextbedingungen unterliegen oder sie können ausgehandelt sein. Sie bleiben aber eine Besonderheit im Hinblick auf Gegenseitigkeit.

Wo individuelle oder kollektive Gegenseitigkeit im Austauschprozess entfallen, lösen sich die Beziehungen. Es ist daher notwendig, in einem Austauschprozess Konsens über die Gegenseitigkeit der Beziehungen herzustellen.

4.3.1 Kommunale Verortung des Verantwortungsmixes

Die spezielle Aufgabenverteilung und der ausgehandelte Verantwortungsmix der ersten Ebene sind entweder eingebunden und vernetzt in ein größeres kulturelles und strukturelles kommunales Netzwerk oder sie existieren losgelöst von kommunalen Rahmenbedingungen und Strukturen. Es ist vorstellbar, dass eine strukturelle Verortung der ersten Ebene in eine größere zweite Ebene von großem Nutzen für den einzelnen Hilfeempfänger ist und gleichzeitig eine stabile Sicherung sowie Unterstützung für die Akteure der Verantwortungsgemeinschaft darstellt.

Würde auf der zweiten Ebene parallel eine Entwicklung zu einem altengerechten Quartier stattfinden, wäre der individuelle Verantwortungsmix integriert in ein sensibilisiertes Umfeld, das durch Mobilisierung von Freiwilligen, durch Vernetzungen und Koordinierungen die strukturelle Basis mitträgt oder sogar durch die ganzheitliche Entwicklung des Lebensraumes die Pflege unterstützt.

Die Verantwortung und die Sicherstellung für die Verbindung zwischen beiden Ebenen obliegen vorrangig der Kommune. Sie ist zuständig für ein differenziertes Leitbild, in dem Altern und Pflege im Quartier gewünscht sind sowie eine Helferkultur und ein Verantwortungsbewusstsein füreinander propagiert werden. Die Kommunalpolitiker der Beispielgemeinde haben es versäumt, sich den Bedürfnissen ihrer Bürger zuzuwenden und die Bedürfnisse ihrer Bürger zu erfragen, zur Kenntnis zu nehmen, ernst zu nehmen und als Arbeitsgrundlage einer gemeinsamen Planung zu bestimmen. Die Beispielgemeinde hat es in diesem Zusammenhang ebenfalls versäumt, den Bürgern Gelegenheiten zu jeglicher Beteiligung zu geben. Es gab kein öffentliches, kein moderiertes und kein ergebnisoffenes Beteiligungsverfahren, denn es war planerisch nicht vorgesehen.

Das Agieren auf der ersten und zweiten Ebene würde erleichtert sein, wenn die dritte Ebene, die Konzeptentwicklung, vorangetrieben worden wäre und damit Rahmenbedingungen existieren würden, die Sicherheit garantieren und eine Nachhaltigkeit der Daseinsvorsorge ermöglichen.

Es existieren keine Konzepte, die sich mit kommunaler Daseinsvorsorge befassen, es existiert auch keine Arbeit an solchen Konzepten. Es fehlen deshalb ausformulierte reale Zielbestimmungen, Aussagen zu den Arbeitsweisen und Beteiligungen sowie Hinweise auf Verbindlichkeiten.

Hier besteht kommunalpolitisch und verwaltungstechnisch Handlungsbedarf.

4.3.2 Wohlfahrtsverband statt Kommune

In der Beispielgemeinde W. im Land Brandenburg hat anstelle der Kommune ein gemeinnütziger Träger die erste Initiative ergriffen, indem er ein Servicebüro für die Bürger der Gemeinde errichtet und eine Quartierskoordinatorin eingestellt hat. Diese QK berät, hilft, vermittelt und unterstützt die Menschen, die Rat suchen oder mit Hilfe- oder Pflegebedarf zu ihr kommen. Alle Hilfeleistungen, Beratungen und Hausbesuche der Koordinatorin sind für die Bürger kostenlos.

Das Servicebüro hat am 4. Februar 2019 im Ortsteil B., im Zentrum der Beispielgemeinde gelegen, seine Arbeit aufgenommen. Alle Kontakte, Telefonate und Gespräche wurden von der Mitarbeiterin Frau Ch. dokumentiert. Frau Ch. hat der Verfasserin dieser Arbeit im Sommer 2019 ihre Dokumentation zur Verfügung gestellt.

Bis zum 4. Juli 2019 und unter Berücksichtigung von drei Urlaubswochen der Mitarbeiterin in diesem Zeitraum fanden insgesamt 41 Kontakte mit Bürgern statt, die persönlich das Büro aufgesucht und das Beratungsangebot des Servicebüros in Anspruch genommen haben, oder einen Hausbesuch erhielten.

(1) Häufigkeit: Von diesen 41 Kontaktaufnahmen erfolgten 16 Gespräche und Beratungen in der Häuslichkeit des Hilfesuchenden, die anderen 25 Gespräche wurden im Büro geführt, davon erfolgten 6 Beratungen telefonisch.

(2) Kontaktnehmer: Eine Kontaktaufnahme erfolgte durch einen Nachbarn, zwei weitere durch einen Pflegedienst und alle anderen 39 Nachfragen durch Angehörige wie auch durch die Betroffenen selbst. Von den 39 Kontaktaufnahmen waren 11 Kontakte Nachfragen von Familienangehörigen, wie Kindern und Enkeln, und 28 Kontakte wurden durch die Betroffenen selbst vorgenommen bzw. vom oder mit dem Lebenspartner.

(3) Inhalte der Nachfragen und Bedarfe von den 41 Kontakten:

- 13 Nachfragende stellten konkrete Fragen zum ambulanten Pflegedienst, sie wollten die eigene Häuslichkeit nicht verlassen, um in ein Pflegeheim zu ziehen.
- 5 Nachfragende erkundigten sich nach einer Wohnung im Betreuten Wohnen.
- 6 Nachfragende schlossen einen Pflegevertrag (zur stationären Pflege, Kurz- oder Verhinderungspflege) ab.
- 4 Nachfragende wünschten und erhielten einen Hausnotruf in ihrer Wohnung.
- 5 Nachfragende wünschten Hilfe bei der Beantragung des Entlastungsbetrages (SGB XI, § 45 b).

- 4 Nachfragende suchten Hilfe und Unterstützung im Krankheitsfall (SGB V).
- 12 Nachfragende wünschten z.B. eine allgemeine Beratung zum altengerechten Wohnen in der Kommune, zur individuellen ambulanten Versorgung, zu möglichen Hilfen (Nahverkehr/Rufbus) in der Kommune und finanziellen Unterstützungsmöglichkeiten beim behinderten/altengerechten Umbau der eigenen Wohnung.
- 2 Nachfragen bewarben sich als Pflegekraft oder suchten eine Praxisstelle.

Diese Nachfrageübersicht beschreibt die vier Themenbereiche, die auch von der Pflegeoffensive des Landes Brandenburg favorisiert wurden (Verbleiben in der eigenen Häuslichkeit, mobil bleiben und sich versorgen können, Nachbarschaft erleben und Unterstützung bekommen).

Die Arbeit des Büros zeigt auch, dass die Kultur des Helfens, wie sie sich der Gesetzgeber auch für Pflegebedürftige und alte Menschen vorgestellt hat, in der Beispielgemeinde bisher wenig gelebt wird. Es existiert zwar in der Gemeinde eine ausgeprägte Bereitschaft, ehrenamtliche Arbeit zu leisten, gegenwärtig gibt es 149 Vereine, darunter auch eine Ehrenamtsagentur und ein Seniorenrat, aber von rund 40 Nachfragen hat sich im betrachteten Zeitraum nur ein Bürger um das Wohl seines Nachbarn gekümmert.

Gleichzeitig fällt auf, dass *etwa drei Viertel der Ratsuchenden* Bedürftige sind, die einen Rat oder Hilfe für sich selbst erbaten. Selbstinitiative, Selbstbewusstsein, Selbsthilfe und Selbstvertrauen gehören zum Potential der Selbstverantwortung und zeigen in dieser Übersicht, in welchem Umfang Hilfebedürftige und Hilfesuchende aktiv sind, um ihre eigene Lebensqualität zu verbessern und ihre Bedürftigkeit zu minimieren. Der Wille und die Kraft, für sich selbst zu sorgen und die Zuversicht für sich selbst sorgen zu können, sind sogar unter den Bedingungen besonderer Bedürftigkeit eine Beschreibung von besonderer Lebensqualität.

4.4 Nachbarschaftliche Hilfe und Unterstützung

In der Beispielgemeinde engagieren sich Bürger in rund 150 Vereinen. Sie alle sind in Gemeinschaften aktiv, stellen ihre Freizeit zur Verfügung, engagieren sich mit hohem persönlichen Einsatz mitunter sogar selbstlos (z.B. bei der Feuerwehr) für Mitmenschen oder die Umwelt. Würden in jedem Verein nur 25 bis 30 Bürger mitarbeiten, wären 3750 bis 4500 Einwohner von etwa insgesamt 23 500 Bürgern ehrenamtlich aktiv.

Warum erscheint für jemanden, der sich aktiv in der Gemeinschaft engagiert, die gelebte Kultur des Helfens, oftmals als ein unpassendes, ein nicht erstrebenswertes Betätigungsfeld zu sein? Der ehrenamtlich Aktive ist bereit, in seiner Freizeit Aufgaben für das Gemeinwohl oder für den Naturschutz zu übernehmen, er setzt sich regelmäßig für Kinder oder Migranten ein, nur für die Nachbarschaftshilfe, insbesondere die Unterstützung und Hilfe für einen pflegebedürftigen oder alten Menschen, bringt der Ehrenamtliche wenig Bereitschaft auf.

Andererseits wird die Nachbarschaftshilfe als eine Form der Kultur des Helfens gelebt, wenn es um eine konkrete, befristete, sachliche Problemlösung geht oder wenn eine bloße punktuelle Verrichtung einer Tätigkeit oder einer Hilfestellung erforderlich ist (z.B. Paketannahme). Nachbarschaftshilfen nehmen hier die Form von Freundlichkeit, Hilfsbereitschaft und Gutwilligkeit an, aber es entstehen keine sozialen Beziehungen.

Wie passen verlässliche Hilfe und Unterstützung für einen Pflegebedürftigen oder alten Menschen mit einer selbst gewählten oder von Dritten arrangierten Nachbarschaftshilfe zusammen?

Es sind die Verlässlichkeit, Zumutbarkeit und Nähe dauerhafter persönlicher Beziehungen, die schwer herzustellen sind. Auch bei der politischen Proklamation der Kultur des Helfens wird die Frage nach Reziprozität in keiner Weise aufgegriffen. Die Frage ist jedoch berechtigt, denn Gegenseitigkeit ist die Grundlage für stabile Beziehungen.

4.4.1 Analoge Nachbarschaften

W. Siebel ist Soziologe an der Universität Oldenburg und beschäftigt sich mit der Erforschung von Nachbarschaftsbeziehungen. Die folgenden Zitate sind dem Schwerpunktbeitrag Nachbarschaft (83) entnommen. Hier führt Siebel aus:

Nachbarschaft ist eine „informelle Beziehung, die auf räumlicher Nähe beruht", „räumliche Nähe bedeutet nicht gleichzeitig soziale Nähe. Räumliche Nähe kann die Voraussetzung für eine soziale Beziehung werden", wenn „weitere soziale Faktoren, wie gemeinsame Interessen, übereinstimmende Verhaltensnormen, Ähnlichkeiten der sozialen Lage und des Lebensstils" hinzukommen. Wenn eine soziale Nähe zwischen räumlich nahe Wohnenden besteht, kann auch eine Gemeinschaft der Nachbarn entstehen.

4.4.1.1 Analoge Nachbarschaften und Reziprozität

Siebel spricht in dem vorgenannten Schwerpunktbeitrag von Nachbarschaften, die zwischen Menschen bestanden, die den gleichen sozialen Stand hatten, die ähnliche Arbeiten verrichteten und die unter ähnlichen Verhältnissen lebten. Er führt ebenda aus, „wer sich räumlich nahe war, war sich auch sozial nahe, man war den gleichen Nöten und Zwängen unterworfen und zur Bewältigung des eigenen Alltages unausweichlich aufeinander angewiesen". Die menschliche Gemeinschaft lebte von Beziehungen, die auf existenziellen Gegenseitigkeiten beruhten. Siebel spricht ebenda im Zusammenhang mit vormodernen Dorfgemeinschaften auch von „Notgemeinschaften" und „Notnachbarn".

Ebenda erläutert Siebel, dass Nachbarschaft in der Gegenwart diese objektive Basis verloren hat. Man ist nicht mehr wirtschaftlich aufeinander angewiesen und man teilt auch keine gemeinsamen Werte und Normen mit seinen Nachbarn. Nachbarschaft hat sich bereits infolge der industriellen Urbanisierung verändert. Durch die Industrialisierung haben sich Wohnen und Arbeiten räumlich und zeitlich voneinander entfernt. Die Arbeit wurde aus dem Wohnzusammenhang herausgelöst und an einem gesonderten entfernten Ort verlagert. Es entstand damit das heute so selbstverständliche Gegenüber von Arbeitszeit und Freizeit und es entwickelte sich die Trennung von Wohnort und Arbeitsort. Der Arbeitsort hatte die wirtschaftliche Bedeutung und der Wohnort und das Wohnumfeld wurden zu Orten von Konsum und Freizeit. Gemeinsamkeiten mit den Nachbarn wurden auf das Leben außerhalb der Arbeit verlagert. Die Basis für Gemeinsamkeiten waren nun gleiche Interessen oder Hobbys. Ausnahmen gab es vorwiegend auf dem Land, wo die Voraussetzungen für produktive informelle Arbeit eher vorhanden sind. Produktive nachbarliche Hilfeleistungen erfolgten hier insbesondere im Zusammenhang von Selbsthilfeaktivitäten z.B. beim Hausbau.

Ein größerer Wohlstand, individuelle Mobilität, moderne Kommunikationsmittel, soziale Netzwerke und eine Vielzahl von Freizeitangeboten machen heute produktive Nachbarschaftshilfen und die Nachbarschaft als Informationsquelle weitgehend überflüssig. Das soziale Beziehungsgeflecht unter den Nachbarn reduziert sich weiter, solange die Kommunikationsbedürfnisse und der Aktivitätsdrang des Einzelnen, die früher ebenfalls innerhalb der Nachbarschaft befriedigt wurden, heute vorwiegend von politischen Parteien, Vereinen und öffentlichen oder privaten Instituten und Gremien gestillt werden. Berufliche Spezialisierungen, fortschreitende Individualisierungen, Pluralisierungen der Lebensstile und multikulturelle Lebenswelten führen dazu, dass es immer schwieriger wird, unter Nachbarn ähnlich Denkende zu treffen, mit denen man Bekanntschaften oder Freundschaften schließen möchte.

Die Trennung von Arbeiten und Wohnen in räumlicher und zeitlicher Perspektive ermöglichte die Intimisierung der privaten Sphäre in der eigenen Wohnung. Die Privatsphäre wird fortan vor dem Nachbarn geschützt. Siebel führt ebenda aus: „Die Beziehungen werden versachlicht, man nimmt anders als früher nicht mehr selbstverständlich am Familienleben der Nachbarn teil. Man hält Abstand, zeigt keine Neugier, schon gar nicht mischt man sich in die Angelegenheiten von Nachbarn ein und vermeidet insbesondere Verpflichtungen. Die wichtigste Norm gutnachbarlichen Verhaltens ist die Distanznorm, denn Nachbarschaft ist unentrinnbar." Das macht die Kontakte zu Nachbarn so konfliktträchtig. … Also hält man seine Kontakte zu Nachbarn bewusst auf der Ebene einer vorsichtig-höflichen Distanz."

Heute haben nachbarliche Beziehungen meist keine Funktionen. Dieser Funktionsverlust einerseits und der Rückzug in die private Sphäre andererseits sind in verschiedenen Studien seit den 1960er Jahren beschrieben worden (Hans Oswald, Die überschätzte Stadt, Bernd Hamm, Betrifft Nachbarschaft). Dagegen meint Siebel ebenda:

- „Er (der Großstädter) hat heute nicht weniger, er hat vielmehr andere Kontakte, als es die vormoderne Nachbarschaft zuließ."
- Er (der Großstädter) hat „moderne Kontaktnetze, (die) auf Wahlfreiheit beruhen, was auch beinhaltet, unerwünschte Beziehungen abbrechen zu können. Wahlfreiheit ermöglicht intensivere Freundschaften als die vorgegebenen Beziehungen innerhalb einer Dorfgemeinschaft".
- Er (der Städter) verfügt im Gegensatz zur Dorfgemeinschaft über ein höheres Maß an Individualisierungstendenzen. „Die Kontakte des Städters zu seinen Nachbarn sind nicht nur beliebig, sehr allgemein und unverbindlich, sie sind auch zunehmend individualisiert: Jedes Familienmitglied kann seinen eigenen nachbarlichen Verkehrskreis haben."
- „Für alte Menschen und Kinder ist Nachbarschaft nach wie vor von großer Bedeutung, da sie über die sozialen Kompetenzen und über die Mobilität zum Aufbau und zur Stabilisierung von weiträumigen Kontaktnetzen noch nicht oder nicht mehr verfügen."
- Es gibt auch heute in Alltagssituationen des Städters Nachbarschaftshilfe. „Aber der Kreis derer, deren Hilfe man in Anspruch nimmt, bleibt auf sehr wenige Nachbarn eingeschränkt, meist nicht mehr als vier oder fünf Haushalte. Und diese „Notnachbarn" werden häufig gezielt ausgesucht…. hier ist die soziale Nähe wichtiger als die räumliche. Die erbetenen Leistungen bleiben inhaltlich beschränkt auf kleine Aushilfen, man leiht sich etwas kurzfristig aus, passt gelegentlich auf die Kinder auf und hilft vorübergehend etwa bei Krankheit. Nachbarliche Hilfe ist Nothilfe, wer sie in Anspruch nimmt, tut dies kurzfristig und ausnahmsweise, nicht regelmäßig.

> Man achtet strikt darauf, dem Nachbarn nichts schuldig zu bleiben, die Hilfeleistung soll eine Ausnahme bleiben, aus der keine Verbindlichkeiten entstehen." Sieber verweist in diesem Zusammenhang auch auf die „Lückenbüßerfunktion der Nachbarschaftshilfe". Damit meint er, dass bei Nachbarn Hilfe gesucht wird, bis die Angehörigen oder Freunde einspringen können. Deren Hilfe wird grundsätzlich vorgezogen aus Angst vor den unausweichlichen Folgen von zu großer Nähe zu den Nachbarn. „Nachbar ist heute nicht so sehr der räumlich Nahe als der zeitlich Nahe, also derjenige, den man schnell erreichen kann und mit dem man durch verschiedene Gemeinsamkeiten sich verbunden fühlt."

Nachbarschaften können und werden auch seit den 1970er Jahren gezielt inszeniert, wenn junge berufstätige Familien nachbarliche Hilfsnetze organisieren, um Beruf, Kinder, Haushalt und Hobbys besser miteinander zu vereinbaren. Diese selbst geschaffenen Nachbarschaften sind geprägt von einer hohen sozialen und kulturellen Homogenität ihrer Mitglieder, denn je mehr die soziale Situation, die Interessen, die Lebensgewohnheiten und die Verhaltensweisen einander gleichen, desto intensiver kann man seinen Alltag miteinander organisieren und eine Gegenseitigkeit herstellen. Der aus diesen inszenierten Nachbarschaften erwachsene Wunsch nach einem „kontrollierbaren, sozial und kulturell homogenen Umfeld erstreckt sich auch auf den öffentlichen Raum, beispielsweise Kindergärten und Schulen".

Waren früher diese inszenierten Nachbarschaften im Umland oder in Vororten der Städte angesiedelt, so sind diese sozial selektiven Nachbarschaften heute auch in Kernstädten zu finden. Es sind, wie Siebel sagt, die „Familienenklaven", die in den Innenstädten „die Vereinbarkeit von Karriere, Familie und Schutz vor sozialem Abstieg suchen. Man muss dicht vor Ort sein, wo die Informationen kursieren, wo man die richtigen Leute treffen kann; man muss sich in möglichst viele Netze einbinden, seine Kontakte pflegen, immer auf dem Laufenden sein und jederzeit zur Verfügung stehen, wenn sich irgendwo eine Chance eröffnet". Die Reziprozität der Beziehungen besteht hier in der

Akzeptanz, Teil eines bestimmten sozialen informellen Netzes zu sein, ebenfalls als Informationsträger zu fungieren und im gleichen Maße Kontaktnutzung und Kontaktpflege zu betreiben.

4.4.1.2 Chancen analoger Nachbarschaften

Ebenso wie junge Familien bewusst und von Anfang an in das soziale Kapital einer bewusst ausgewählten funktionierenden Nachbarschaft investieren, können und sollten auch alternde und alte Menschen in der Phase ihres Alters, in der sie noch nicht unterstützungsbedürftig und noch nicht auf fremde Hilfe angewiesen sind, sich selbst informelle Netze in einer funktionieren Nachbarschaft aufbauen. Obwohl professionelle Dienstleistungen durch Staat und Markt im Bedarfsfall schnelle fachliche Hilfe zusichern, fehlen die menschlichen Beziehungen, die für alte Menschen besonders wertvoll sind. Menschliche emotionale Beziehungen wie Achtung und Wertschätzung der Person, Vertrauen und Liebe, Zuwendung und Mitgefühl sind immer gebunden an informelle Netze der Familie, Verwandtschaft, Freundschaft oder auch Nachbarschaft.

Menschen, die allein leben, die über keine verwandtschaftlichen und familiären Strukturen mehr verfügen oder niemals über solche Strukturen verfügt haben, sind auf Freundschaft und Nachbarschaft angewiesen. Diese beiden sozialen Systeme, Freundschaft und Nachbarschaft, müssen über lange Zeit hinweg aufgebaut und gepflegt werden, damit sie als verlässliches soziales Netz das Alter des Einzelnen menschlicher machen können. Dies erfordert Zeit und Geduld. Die Qualität der Nachbarschaft hat einen positiven Einfluss auf Lebensqualität, Gesundheit und Wohlbefinden alter Menschen.

Siebel meint dazu: „Früher war Nachbarschaft Schicksal, heute ist sie wählbar, früher war Nachbarschaft eine räumliche Tatsache, die sich sozial organisiert, heute ist sie eine soziale Tatsache, die sich räumlich organisiert.“

Von den Wohnprojekten junger berufstätiger Familien könnten alternde und alte Menschen heute noch viele Aspekte übernehmen und lernen.

Der erste Schritt bedeutet eine Herausforderung, die Mut und Entschlossenheit braucht. Der alternde Mensch sollte sich frühzeitig eine Nachbarschaft aussuchen, in der er möglichst wenig Konfliktpotential für sich vermutet. In seiner ausgewählten Nachbarschaft sollte er sozial und kulturell in der Nähe Gleichgesinnter sein, mit Menschen leben, die sich ähnlich verhalten, die ähnliche Zeiteinteilungen leben, die gleiche Sauberkeitsvorstellungen haben, die bereit sind und für die er in gleicher Weise bereit ist, langfristige stabile nachbarliche Hilfsnetze aufzubauen sowie nach dem Prinzip Geben und Nehmen zu leben. Denn mit eingeschränkter Mobilität oder zunehmender Immobilität dominiert der Wunsch, in der eigenen Wohnung zu verbleiben und in einer vertrauten Umgebung alt zu werden oder sogar in dieser zu sterben.

Eine weitere Unterstützung, um nachbarliche Netze aufzubauen, bietet auch die digitale Welt. Nachbarschaften können auch online aufgebaut werden.

4.4.2 Digitale Nachbarschaften

Um Kontakt zu den Nachbarn herzustellen, muss man heute nicht unbedingt bei ihnen an der Haustür klingeln. Mithilfe der digitalen Vernetzung können sich Nachbarn vorstellen, kennenlernen, austauschen und unterstützen. Diese Idee stammt aus den USA. Im Jahr 2008 wurde in San Francisco das Start-up Nextdoor gegründet, seit 2011 ist es USA-weit aktiv. Inzwischen hat es weltweit Millionen von Mitgliedern und zahlreiche namhafte Investoren.

Nextdoor ist ein kostenloser, privater, sozialer Netzwerkdienst für Nachbarschaften. Seine Benutzer senden ihre richtigen Namen und Adressen an die Website und die hier veröffentlichten Beiträge können nur von anderen Nextdoor-Mitgliedern, die in derselben Nachbarschaft wohnen, eingesehen werden.

Inzwischen ist Nextdoor die weltweit größte Nachbarschaftsplattform, die sich bis nach Europa (Großbritannien und Niederlande) ausgedehnt hat. Seit 2017 ist Nextdoor auch in Deutschland verfügbar.

4.4.2.1 Ziele des digitalen Netzwerkes

Im Jahr 2014 gründeten in Berlin Philipp Götting, André Dieling und Aymond Delbridge das digitale Nachbarschaftsnetzwerk WirNachbarn.com. Sie wollten, in Anlehnung an Nextdoor, ein Nachbarschaftsnetzwerk für den deutschen Markt entwickeln, das den Nachbarschafts- und Bürgersinn neu belebt und den sozialen Zusammenhalt unter Nachbarn stärkt. Nachbarn sollten sich kennenlernen, austauschen und unterstützen. Dabei gingen die Gründer von folgender Idee aus: Wer sich gut kennt, bildet eine Gemeinschaft. Diese befördert Vertrauen, welches das Engagement für die Gemeinschaft und den einzelnen Mitmenschen stärkt, wovon jedes Gemeinschaftsmitglied profitieren kann. Dieses digitale Netzwerk basiert auf den Grundlagen deutscher Datenschutzrichtlinien.

Im Jahr 2015 gründeten Christian Vollmer und Till Behnke in Berlin das Start-up nebenan.de, ebenfalls ein deutsches digitales Netzwerk, bei dem Nachbarn digital in Kontakt treten, sich gegenseitig austauschen und unterstützen können. D. Leistikow schreibt in COMPUTER BILD (84):

> „Um eine digitale Nachbarschaft zu gründen, muss sich mehr als ein Bewohner bei Nebenan.de melden. … Deswegen wünschen sich die Gründer pro Nachbarschaft eine kleine Gruppe, die sich um den Start kümmert. Die kann Grenzen sowie Namen vorschlagen und wirft anschließend Einladungen in die Briefkästen – oder lässt das von Nebenan.de kostenlos erledigen. Der Clou: Auf dem Einladungszettel steht ein Zahlencode für den Kiez, den nur die Anwohner erhalten. Personen aus einem anderen Gebiet können sich nicht anmelden… In dem Netzwerk müssen sich alle unter ihrem echten Namen anmelden. Das soll sicherstellen, dass nur wirkliche Nachbarn Zugriff haben.“

nebenan.de sichert seinen Nutzern zu, ihre Privatsphäre zu schützen, indem Nachbarschaftsaktivitäten nicht googlebar sind und die deutschen Datenschutzrichtlinien eingehalten werden. Das Netzwerk verweist darauf, vom TÜV Saarland ein Zertifikat für Datenschutz zu besitzen.

Die Mitgliedschaft bei nebenan.de ist für Nutzer kostenlos, es wird aber auf der Homepage unauffällig um einen kleinen freiwilligen Förderbeitrag gebeten.

Als Nextdoor im Jahr 2017 auf den deutschen Markt drängte, schlossen sich WirNachbarn und nebenan.de zusammen und agieren seitdem unter nebenan.de als das größte soziale Onlinenetzwerk für Nachbarn in Deutschland, das betrieben wird von der Good Hood GmbH, einem deutschen Unternehmen mit Sitz in Berlin.

4.4.2.2 Nutzung des digitalen Netzwerkes

Die Nutzung von nebenan.de erfolgt über eine Smartphone-App oder über ein E-Mail-Konto.

Nach der Anmeldung werden dem Nutzer auf seiner Startseite immer die neuesten Beiträge aus der Nachbarschaft angezeigt. Diese Beiträge kann man kommentieren oder einer Kategorie, wie Veranstaltung oder Empfehlung, zuordnen. Innerhalb einer Nachbarschaft ist auch möglich, Untergruppen zu bilden, z.B. Spieleabend, Garten und Pflanzen, Verschenken und Tauschen oder Helfen und Reparieren. Die Gruppen spiegeln das wirkliche Leben in der nahen räumlichen Umgebung wider. Je mehr Menschen nebenan.de nutzen, desto lebhafter ist der Austausch von Dingen, Hilfeleistungen, Informationen und Kommunikation. Neben dem wirtschaftlichen und nachhaltigen Nutzen des Tauschens und Teilens hat die Verwendung des Onlinenetzwerkes auch einen sozialen Effekt: Nutzer möchten sich selbst in die Nachbarschaft einbringen, sich bekannt machen, bekannt werden, das Zusammenleben in der Nachbarschaft mitgestalten, sich austauschen oder nur darüber informiert sein, was im nahen Umfeld passiert, und auf diese Weise passiv am gemeinschaftlichen Leben teilnehmen. Der Nutzer bestimmt selbst, wo, wann und wie er sich einbringen kann und will.

Folgendes Beispiel soll dies verdeutlichen.

Auf der Startseite von nebenan.de ist im Menü der richtige Name des Nutzers, hier *Heidi aus Petershagen*, hinterlegt. Hinter dem Namen verbergen sich folgende Angaben.

A. das persönliche Profil

Es enthält Aussagen über 1. Basisinformationen, 2. Interessen, 3. Angebote für Hilfen (das umfasst mehr als 20 Angebote für Leistungen, Hilfen und Unterstützungen im Haus, Garten und Freizeitbereich) und Bereitschaft zu teilen (das kann beinhalten, dass du bereit bist, Werkzeuge, Bücher, Musikinstrumente und deine Zeit mit anderen Menschen zu teilen), 4. Beziehungsstatus, 5. Freizeitaktivitäten, wie Wandern, Stricken, Singen etc. bei nebenan.de auf. Schließlich wird in der Spalte 6 der gesamte Nachbarschaftsbereich geografisch auf einer Karte angezeigt.

B. das Nutzerkonto

Es enthält die echten Daten des Nutzers, wie Name, Wohnort, Anrede, Telefonnummer, E-Mail-Adresse, Passwort und Abmeldemöglichkeit.

C. die Einstellungen

Hier legt der Nutzer fest, welcher weitere Nachbarschaftsbereich einbezogen werden soll. Zudem bestimmt der Nutzer, welche Aktivitäten ihm sofort angezeigt werden sollen. Er kann festlegen, dass ihm Zusammenfassungen angezeigt werden, wie Wochenrückblick oder Veranstaltungsvorschau.

Unter Ausblendungen kann der Nutzer angeben, von welcher Organisation er keine Informationen wünscht und von welchem oder über welches Gewerbe er nicht informiert werden möchte. Darüber hinaus kann er bestimmte Nachbarn herausfiltern bzw. bestimmte Inhalte ablehnen.

D. die Privatsphäre

Hier werden die persönlichen Daten des Nutzers ergänzt um die Informationen, die dem Nachbarn zur Einsicht freigegeben sind. Dies können ein Foto, die Straße und Hausnummer, das Alter, Interessen, Aussagen zum Partner und zu Kindern sowie Vorlieben, Hobbys und Aktivitäten sein.

Auf der linken Seite der Homepage sind elf Buttons untereinander angeordnet.

1.Button: Startseite,

zeigt an, wie viele Nutzer in der Nachbarschaft bei nebenan.de aktiv sind. In der konkreten Nachbarschaft sind es 848 aktive Nutzer im August 2019.

2.Button: Veranstaltungen,

weisen auf verschiedenartige Veranstaltungen in der Nachbarschaft hin. Hier sind es im August eine Buchlesung, zwei Müllsammelaktionen, ein Eltern-Kind-Kaffeeklatsch und eine politische Veranstaltung, die aber nicht direkt in der Nachbarschaft stattfindet.

3.Button: Marktplatz,

umfasst Angebote, die zum Verkauf oder zum Verschenken offeriert werden. Das sind im August Babywiege und -wippe, Handarbeitszeitschriften, Möbel, Geräte, Dachziegel, Fahrrad, Bücher, Kinder- und Tierspielzeug, Pflanzen und Gartengeräte.

4.Button: Lokales Gewerbe,

informiert über Handwerker, Dienstleister, Berater, Restaurants, Eiscafés, Einzelhandel, Gesundheits- und Wellnessangebote, Kunst und Kultur.

5.Button: Gruppen

Hier sind im August 2019 elf Gruppen aufgelistet, davon ist eine Gruppe bereits wieder geschlossen, bei den anderen zehn Gruppen handelt es sich um offene Gruppen. Das heißt, die Gruppe, die geschlossen wurde, hat ihren Sinn erfüllt. Hier handelte es sich konkret um ein Straßenausbauprojekt und die Gruppe betraf vorrangig die Anlieger an dieser Straße. Das Projekt ist beendet und die Gruppenbildung hat ihren Sinn verloren. Bei den anderen Gruppen handelt es sich u.a. um eine Beautygruppe, ein Herz für Tiere, Pflanzentausch, Bienenfreunde, Krabbel- und Spielzeuggruppe, Mamis und Papis, Wunschgroßeltern, Einzeln ist zusammen besser.

6.Button: Postfach

Das Postfach ermöglicht Nutzern, Nachbarn persönliche Informationen zu schicken, die kein anderer aus der Nachbarschaft lesen kann.

7.Button: Deine Nachbarn,

ist eine Auflistung aller Nachbarn mit Fotos, falls vorhanden, und Angaben darüber, in welcher Straße sie wohnen. Meine Nachbarschaft z.B. bestand im August 2019 aus 453 Nachbarn.

8.Button: Deine Nachbarschaft,

zeigt, aus welchen Ortsteilen die Nachbarn stammen, es gehören die Ortsteile Petershagen, Fredersdorf, Vogelsdorf, Eggersdorf, Bruchmühle, Altlandsberg und Neuenhagen dazu.

9.Button: Deine Nachbarn einladen

Mit diesem Button kann man gezielt bestimmte Nachbarn, wie eine Hausgemeinschaft, einladen, informieren oder benachrichtigen.

10.Button: Sonstiges,

beinhaltet technisches Hilfsangebot, Impressum, Nutzungsbedingungen, Datenschutz etc.

11.Button:

Der letzte Button gibt dem Nutzer die Möglichkeit, mit einem Euro pro Monat Förderer von nebenan.de zu werden.

Die Plattform nebenan.de ist leicht zu nutzen. Sie verbindet räumlich, sozial und kulturell real existierende Menschen miteinander. Nachbarn, von denen man sich distanzieren möchte, werden nicht kontaktiert oder ignoriert, ohne dass Erklärungsbedarf und unangenehme Gespräche, Rechtfertigungen oder räumliche Distanzierungen notwendig werden.

Die Plattform ist ein aktuelles digitales Angebot, Nachbarschaft als Hilfe, Unterstützung, Freizeitgestaltung oder als sozialen und kulturellen Austausch zu erleben. Sie ermöglicht es, selbst die Nachbarschaft und deren soziale Netze mitzugestalten.

4.4.2.3 Chancen digitaler Netzwerke

Heute gibt es ältere und alte Menschen, die nicht in der digitalen Welt aufgewachsen sind. Sie haben häufig Schwierigkeiten, die Technik zu bedienen und/oder sie zu verstehen. Deshalb scheuen sie davor zurück, sich mit ihr auseinanderzusetzen und sie zu benutzen. Deshalb ist das digitale Nachbarschaftsportal nebenan.de bewusst einfach aufgebaut und bietet sich auch für Menschen an, die keine oder nur wenige Computerkenntnisse haben. Nebenan.de kann auch über eine Smartphone App bedient werden.

Die digitale hat gegenüber der analogen Nachbarschaft wesentliche Vorteile. Die wichtigsten sind, dass die Sicherheit und die Privatsphäre des Nutzers gewahrt bleiben und der Nutzer selbst über Kontakte, Häufigkeit, Informationen und soziale Einbindung in Gruppen, Veranstaltungen oder Treffs entscheiden kann.

Es gibt gegenwärtig nur eine Generation, die technische Schwierigkeiten hat, das Internet zu nutzen. Die folgenden Generationen leben bereits in der digitalen Welt oder wachsen mit ihr auf und haben die technischen Voraussetzungen oder Grundkenntnisse, um ein solches soziales Netzwerk zu nutzen. Doch die ältere Generation benötigt Hilfe und Unterstützung.

Wenn es alten und bedürftigen Menschen gelingt, sich einen Zugang zur digitalen Welt zu verschaffen, können sie folgende Erfahrungen machen.

- *Zugehörigkeit* kann auch für Alte, Einsame, Pflegebedürftige wieder möglich werden, z.B. der Nutzer kann erfahren, welche Veranstaltungen in der Nachbarschaft stattfinden, wer in der Nachbarschaft wohnt, welche Gegenstände verkauft werden, wo ein Tier entlaufen ist oder ob es besondere Beobachtungen bzw. Auffälligkeiten im Quartier gibt. Der Nutzer kann seine Meinung mitteilen, Fragen stellen und einen Wunsch äußern. Er kann in seinem Quartier Menschen kennenlernen, die sich ebenfalls für ihre Nachbarschaft interessieren. Er kann aktiv am gemeinschaftlichen Leben seiner Umgebung teilnehmen.
- *Bedürfnisse mitteilen,* indem der Nutzer über seine Interessen sowie seine persönlichen und beruflichen Erfahrungen informiert. Er hat eine *Biografie*, auf die er verweisen kann und die, wenn er sie mitteilt, es anderen leichter macht, ihn zu verstehen.
- *Sicherheit und Schutz der Privatsphäre* sowie jederzeit die Möglichkeit des Rückzuges sind auch in einem digitalen Netzwerk gewährleistet. Das digitale Netz bietet zudem die Möglichkeit, auf fachliche Fragen zur eigenen Pflegebedürftigkeit und professionellen Pflege kompetente Antworten zu erhalten.

- *Zufriedenheit und Erfüllung* können erfahrbar werden. Der Nutzer entscheidet, wofür sich sein Einsatz oder sein Engagement lohnen. Er bestimmt, was für ihn wichtig ist und wofür er welchen Einsatz akzeptiert. Der Nutzer entscheidet über die Anstrengung, die er bereit ist zu leisten, und er entscheidet auch über die Art seines Handelns.
- *Lohnenswerte Ziele* kann der Nutzer finden und er kann dabei seine eigenen beruflichen oder persönlichen Erfahrungen und sein angehäuftes Wissen anwenden.
- *Anerkennung und Wertschätzung* können für den Nutzer erfahrbar werden. Jeder Kontakt, auch ein digitaler, gibt eine Auskunft darüber, ob und wie der Einzelne wahrgenommen wird, ob die eigenen Beiträge für jemanden von Interesse sind, ob und wie Austausche erfolgen.

Zugehörigkeitsgefühl, Berücksichtigung der eigenen Biografie, Sicherheit, und Engagement, lohnenswerte Ziele anstreben und Wertschätzung erfahren sind die sechs Bereiche oder Sinne, die nach Mike Nolan[3], dem Vorreiter für Gerontologische Pflege, das Erleben von Sinnerfahrung ausmachen. Sie sind die konzeptionellen Zugänge zu einem careorientierten Pflegeverständnis bei Alten, Kranken, Bedürftigen, multimorbiden und chronisch kranken Menschen. Dieses Modell nach Nolan dient der Zielausrichtung gerontologischer Pflege. Die sechs Bereiche spiegeln gute gerontologische Pflege wider. Die digitale Welt kann dazu beitragen, pflegebedürftigen und alten Menschen wieder eine Sinnerfahrung zu vermitteln.

Für Nachbarschaften, ob analoge oder digitale, gilt, dass zum Aufbau einer vertrauenswürdigen und belastbaren Nachbarschaft Geduld und Zeit notwendig sind. Nachbarschaften wachsen langsam. Sie sollten im-

---

[3] Nolan et al., The senses framework: improving care for older people through a relationship-center approach. Getting Research into Practice (GRIP), Series No. 2. University of Sheffield; 2006.

mer wieder mit Zuwendung und Vertrauen gespeist, aber auch sachlich und kritisch hinterfragt werden.

4.5 Kritische Anmerkungen zu gemeinwesenorientierten Care-Arrangements

Gegenwärtig favorisiert der Gesetzgeber, begründet u.a. durch das SGB XI § 8, einen Umbau von Stadt- und Quartiergesellschaften zu Sorgenden Gemeinschaften. Dabei geht es um eine Neujustierung des Pflege- und Sorgeverhältnisses für bedürftige und alte Menschen. Diese Neujustierung bewegt sich zwischen scheinbar sozialstaatlichem Sparmodell und bisweilen idealistisch verklärter Sorgegemeinschaft. Die Forderung nach der Sorgenden Gemeinschaft hat mit dem Siebten Altenbericht der Bundesregierung ihren letzten politischen Höhepunkt erreicht und macht gleichzeitig deutlich, dass die Unterstützungsbereitschaft und die Sorgekultur, die ursprünglich Gemeinwesen verortet und Gemeinwesen orientiert agierte, nunmehr ein kalkulierbares sozialpolitisches Potential aufweist und eine gezielt sozialstaatliche Ausrichtung bekommt.

4.5.1 Gefahr der Deprofessionalisierung der ambulanten Pflege

Caring Communities oder Konzepte von Sorgenden Gemeinschaften ergänzen durch ihr bürgerschaftliches Engagement zunehmend nicht nur öffentliche Strukturen des Sozialstaates, sondern, gleichsam wie eine Bewegung von der Basis, werden die Verpflichtung und die Rolle des Sozialstaates aufgeweicht. Aus der bisherigen Versorgerrolle des Sozialstaates wird die Ermöglicherrolle. Die Ermöglicherrolle soll die informellen Unterstützungsnetzwerke stabil halten und festigen. Stabile und zuverlässige Unterstützungsnetzwerke haben für die Gesellschaft einen hohen sozialen Nutzen und für den Sozialstaat einen wirtschaftlichen Gewinn. Der ökonomische Nutzen für den Sozialstaat besteht darin, dass die unbezahlte Care-Arbeit, die früher Familien und Familienverbände erbracht haben heute auf unbezahlte Hilfestrukturen und die vermehrte Inanspruchnahme ehrenamtlicher Tätigkeiten übertragen wird. Diese Tendenz impliziert für den Pflege- und Sorgebereich die Gefahr, dass die Arbeit der Care-Gemeinschaft, wenn sie die Aufgaben und die Verantwortung eines Versorgungssystems übernimmt, fachlich und qualitativ deprofessionalisierend werden kann.

4.5.2 Zivilgesellschaftlichkeit und/oder staatlicher Daseinsvorsorge

In der Zivilgesellschaft wird das allgemeine Recht auf ausreichende soziale Absicherung eines jeden Mitglieds der Gesellschaft untergraben, indem klassische gemeinschaftsbasierte Solidaritätsformen hinter individualisierten Care-Beziehungen zurücktreten. Der Care- Gebende bevorteilt naturgemäß jenen Care-Nehmenden, mit dem er sich besonders verbunden fühlt.

Die kritischen Perspektiven auf Praxis und Theorie von Caring Communities zeigen deren Widersprüchlichkeit, unter den Bedingungen sozialstaatlicher Instrumentalisierung und Vernetzung, und könnten ein Korrektiv zu politischen Zielen und Statements der Bundesregierung sowie zu den Altenberichten werden.

Andererseits wäre „der Blick auf darüber hinausgehende emanzipatorische Potentiale einer kollektiven Organisation von Sorgearbeit, wie sie in bürgerrechtlichen Forderungen nach einem Weniger an *Versorgung* und einem Mehr an sozialer Inklusion aufscheinen, so verstellt“. (85)

Das Dilemma besteht darin, dass eine Zunahme staatlich organisierter, verantworteter und gelenkter Daseinsvorsorge in einer Abnahme der Selbstbestimmung, bürgerschaftlicher Solidarität und sozialer Einbindung resultiert. Andererseits führt eine Steigerung zivilgesellschaftlicher Verantwortung und bürgerschaftlichen Engagements zu einem Rückzug oder Abbau staatlicher Daseinsvorsorge.

Es geht um die Herstellung einer Verbindung zwischen gemeinschaftlicher, zivilgesellschaftlicher Sorgekultur mit sozialstaatlicher Sicherheit und kommunaler Daseinsvorsorge? Sind Caring Communities geeignet, diese Verknüpfung herzustellen?

Die Komplexität des Systems von Caring Communities umfassen Aspekte zivilgesellschaftlicher Sorgekultur und sozialstaatlicher Leistungen und sie sind darüber hinaus eingebunden in die kommunale Daseinsvorsorge.

Die Komplexität von Caring Communities umfasst:

- Auf der Makroebene
  - verwaltungstechnisch die Gestaltungsebene einer politischen Körperschaft, einer Kommune, eines Stadtteils, eines Wohnquartiers
- Auf der Mesoebene oder der institutionellen Ebene
  - pflegefachlich formell die Angebote und Akteure professioneller Pflegedienste, Wohlfahrtsstaatlichkeit, Beratungsstellen und Hilfezentren im Wohnumfeld
- Auf der Mikroebene
  - moralisch (informell) den Zusammenhang von Familie, Verwandten und Freunden
  - lebensweltlich informell die Nachbarschaftsebene

Mit der Unterscheidung in Makro-, Mikro- und Meso- oder institutionelle Ebene werden die Trennlinien deutlich herausgearbeitet. Aber die Fokussierung auf Trennlinien und Trennendes zwischen den Ebenen impliziert keinen weiterführenden Ansatz zur Überwindung des Dilemmas. Caring Communities können das Dilemma nicht auflösen. Sie agieren fragil strukturell ebenenübergreifend, und ihre internen Prozesse und Kommunikation sind von subjektiven Aushandlungsprozessen abhängig. Da bleibt die Frage: wie muss ein theoretischer Rahmen aussehen, der Trennendlinien und Trennendes überwinden und neue Ansätze eröffnen kann? Dabei kann die Rückbesinnung auf die jeweiligen Stärken der Perspektiven hilfreich sein, um Ansätze zu finden, die eine Verbindung schaffen können.

4.5.3 Fehlende politische und gesellschaftliche Akzeptanz der ‚Bewegung von unten'

Die Stärke des zivilgesellschaftlichen Ansatzes liegt in der Kraft, alltägliche bürgerschaftliche Sorgepraktiken, -beziehungen und -strukturen politisch aufzuwerten und notwendige gesellschaftliche Transformationsprozesse zu unterstützen, damit Alte, Pflege- und Hilfebedürftige nicht als Randgruppe oder als medizinische, therapeutische oder geriatrische Aufgabe wahrgenommen werden. Der Aktionismus, der dieser bürgerrechtlichen Bewegung innewohnt, einer Bewegung ‚von unten', macht die Defizite eines öffentlich-sozialen staatlichen Unterstützungssystems deutlich und verfügt allein über die Kraft der Politisierung.

Es geht um eine neue Politisierung von Care und von Sorge im Quartier.

Vergleichsweise hatte der AIDS-Aktionismus Anfang der 1990er Jahre in Deutschland auch durch bürgerrechtliches Engagement und zahlreiche privatorganisierte öffentliche Aktionen in der Gesellschaft und in den Medien das gesellschaftliche Bewusstsein und die gesellschaftliche Verantwortung geweckt, dass AIDS nicht nur ein medizinisches, sondern gleichzeitig ein politisches Problem ist. Durch den AIDS-Aktionismus wurde den an AIDS erkrankten Menschen ihre Würde zurückgegeben, die ihnen vorher durch Verunglimpfung, Schuldzuweisung, Drohungen oder Hetze genommen worden war.

Heute sind AIDS und die Schwierigkeiten, die betroffene Menschen haben, in der Gesellschaft bekannt. Durch Offenheit und Aufklärung wurde eine große Sensibilität in der Gesellschaft für den Umgang mit dieser Krankheit erreicht. Der gesellschaftliche Transformationsprozess von Ablehnung und Ausgrenzung zu Akzeptanz und Toleranz wurde durch den AIDS-Aktionismus innerhalb kurzer Zeit erkämpft. Larry Kramer, Begründer des ACT-UP in den USA, sagte: „Du bekommst gar nichts, wenn du nicht dafür kämpfst, vereint und in wahrnehmbarer Anzahl.“ (86)

Der Aktionismus zeigt, dass lokale quartierbezogene zivilgesellschaftliche Initiativen im Umfeld defizitärer staatlicher Unterstützungsstrukturen fähig sind, Care-Strukturen, soziale Unterstützungsnetzwerke oder kollektive Daseinsfürsorge zu politisieren und „kollektive Strategien der Entprekarisierung zu entwickeln. Indem sie auf Abstand zu den häufig als normierend, diskriminierend und entmündigend empfundenen Formen institutionalisierter wie familiärer Versorgungsstrukturen treten, eröffnen sie einen neuen intermediären Raum für die Entstehung von Neuem: neue Formen des Aushandelns und der Enthierarchisierung von Sozial- und Care-Beziehungen, neue Verständnisse von Pflege, Unterstützung und Assistenz, die in dem Moment entstehen, wo herkömmliche Medikalisierungs- und Pathologisierungsformen und die auf ihnen basierenden Pflegekonzepte und Fürsorgepraktiken hinterfragt werden. Soziale Bewegungen haben es auf diese Weise vermocht, sich Epidemien, „Krankheiten“ oder „Beeinträchtigungen“ regelrecht anzueignen. Quellen der Isolation, Stigmatisierung und Ausgrenzung wurden in eine Ressource für soziale Bindungen, Empowerment und kollektive Handlungsmacht verwandelt.“ (87) Obwohl hier M. Laufenberg den fürsorgenden kommunalen Umgang mit an Demenz erkrankten Menschen im Blick hat, ist seine Perspektive auch auf die quartierbezogenen zivilgesellschaftlichen Engagements und Initiativen für alte, hilfe- und pflegebedürftige Menschen, wie sie in einer Caring Community gelebt werden, übertragbar.

Ebenso wie „demenzfreundliche Kommunen“ sind Caring Communities von einem alternativen Verständnis von Sorge geleitet. Es ist eine Denkweise, die den entmündigenden oder diskriminierenden Ansatz des bisher vorherrschenden passivierenden Ansatzes des Versorgens überwindet und zu einem gleichberechtigten solidarischen Miteinander wird. Es entsteht eine neue Art des Sorgens, das gesellschaftlich- solidarische Sorgen. Das gemeinsame Ausprobieren, Praktizieren und Verantworten dieser Sorgebeziehungen und -strukturen sind auch übertragbar auf andere, höhere Institutionalisierungsebenen. Dafür gab es bereits in den letzten zehn Jahren Beispiele, wie in der Behindertenbewegung, als die gemeinschaftlich solidarischen Initiativen zur Forderung führten, öffentlich finanzierte Dienst- und Transferleistungen den speziellen Bedürfnissen von Behinderten anzupassen.

Ansatzpunkte und Schnittstellen auf der Mikroebene, die geeignet wären, gesellschaftliche Transformationsperspektiven für eine höhere soziale Ebene, die Makroebene, zu schaffen, sind der Blick auf das individuelle Bedürfnis und die Möglichkeit von Teilhabe und Care für den Einzelnen.

Ansatzpunkte auf der institutionellen Ebene, oder Mesoebene, betreffen auch Fragen und Wünsche von Menschen mit Beeinträchtigungen, die nicht nur als Pflegefall gesehen werden wollen, sondern auch eigene Vorstellungen über Unterstützung und Hilfe entwickeln, die eventuell sogar ohne oder nur eingeschränkt mit professionellen Pflegekräften und deren Hilfe auskommen möchten. Dem stehen aber möglicherweise die Interessen von Pflegekräften und deren Institution entgegen.

Die Caring Community ist entwicklungsgeschichtlich eine ‚Bewegung von unten‘, aber ihr fehlt der Aktionismus der Basis und damit auch die Transformation der Politisierung. Die Kraft, die dem AIDS-Aktionismus damals innewohnte, müsste heute Care, die Sorge im Quartier, politisieren. Das gesellschaftliche Bewusstsein und die gesellschaftliche Verantwortung für die Sorge im Quartier müssten durch öffentliche Aktionen mit Unterstützung der Medien geweckt werden.

Anstelle eines fehlenden Aktionismus führen institutionelle Überlegungen zur Entfaltung der Wirksamkeit von Caring Communities. Auf struktureller Ebene sollen Care- und Case- Manager die Arbeit und den Erfolg von Caring Communities sichern.

Die Aufgabe des Case-Managements (Fallmanagements) nimmt den einzelnen Fall in den Blick. Der Case-Manager betrachtet den Patienten als Einzelfall und setzt hier mit seiner Hilfe an, denn er kennt den Zeitmangel der professionellen Dienste, er ist vertraut mit den unterschiedlichen Erwartungen der Pflegebedürftigen, deren Angehörigen sowie den Möglichkeiten und Grenzen einer Pflegeplanung. Er kennt zudem die Schwierigkeiten bei den Problemlösungen von medizinisch-pflegerischen, sozialen, kulturellen und wirtschaftlichen Herausforderungen im Alltag des Pflegebedürftigen. Andererseits weiß er um die Grenzen professioneller Helfer und Angehöriger, er kennt die rechtlichen und wirtschaftlichen Möglichkeiten professioneller Dienste und ist mit den Organisationsstrukturen des sozialen Umfeldes vernetzt. Der Case-Manager ist deshalb der ‚verlängerte Arm' der ambulanten Pflege. Er übernimmt Aufgaben, die nicht oder nur teilweise von den professionellen Diensten abgerechnet werden können und auch wegen fehlender Fachkräfte häufig unterbleiben. Dem Case-Manager geht es um die ganzheitliche Sicht auf den hilfebedürftigen Menschen, seine Ziele sind die Implementierung eines Hilfesystems und eine Problemlösung, die über die medizinische, pflegerische und therapeutische Versorgung sowie Betreuung der ambulanten Pflege hinausgeht.

Während der Case-Manager auf der Fallebene tätig ist, die die Mikro- und Mesoebene umfasst, knüpft das Care-Management an die Systeme der Makroebene an.

Ansatzpunkte auf der Makroebene sind die vorbehaltlose Öffnung zu einem öffentlichen Raum, indem es nach der gemeinsamen Frage geht, wie sozial gerechte Daseinsvorsorge aussehen kann und was sie leisten soll. Dieser öffentliche Ort muss alltägliche und besondere Konflikte, Widersprüche, Sorgen, Bedürfnisse, Interessen und Vorbehalte, die die Menschen und die Institutionen dorthin mitbringen, aufnehmen, verarbeiten und in ein neuartiges soziales Beziehungsgeflecht sowie neuartige zukunftssichere Sorgestrukturen überführen.

Auf der Makroebene geht es um die Vernetzung und effektive Zusammenarbeit verschiedener Träger, Verbände und Institutionen. Auch die politischen Rahmenbedingungen und damit eine Optimierung in der Versorgungsstruktur sind auf dieser Ebene relevant. Die einzelnen Aufgaben des Care-Managers könnten in einem speziellen Quartier auch ein Quartiersmanager (vgl.3.3.2.1. und 3.3.4.) übernehmen.

Die Kommune, in Form der vorfindlichen Verwaltung oder der politischen Administration, kann die Aufgaben des Case-Managers nicht erfüllen. Sie könnte einen Care-Manager oder einen Quartiersmanager anstellen, aber dazu müsste sie in der Lage sein, die Bedeutsamkeit dieser Position zu erkennen. Die Kommune könnte den Träger eines Case-Managements unterstützen, seine Arbeit in größerem Umfang ermöglichen, sich deren Relevanz bewusst machen und sich in ihrer kommunalen Arbeit nach den Erkenntnissen und Ratschlägen des Case-Managers richten.

Sowohl der Case- als auch der Care-Manager stehen in ihrer Zusammenarbeit, ihrer Vernetzung, im Mittelpunkt eines sich entwickelnden Quartiers und der Entwicklung zur bürgerschaftlich solidarischen Kommune. Der Case-Manager ist verortet bei einem Träger, einem Dienstleister oder einer Institution. Er hat durch seine Tätigkeit und seine Erfahrungen im Sozialraum in zahlreichen Gesprächen mit Bürgern und Betroffenen Kenntnisse erworben. Diese sind geeignet, einen Aktionismus fachlich zu befeuern und das Thema einer Sorgenden Gemeinschaft in breiten gesellschaftlichen Kreisen zu politisieren. Außerdem kann er Aufklärung betreiben und um Akzeptanz wie auch Engagement in der Zivilgesellschaft werben.

Auf der Basis einer solchen Bewegung, der es nicht an gesellschaftlicher Breite und emphatischer Entschlossenheit, wegen seiner überzeugenden Fachlichkeit mangeln würde, fände ein unumkehrbarer, emanzipatorischer Prozess statt. Dieser müsste jedoch gesellschaftlich gewollt sein.

Die Veränderung des sozialen Zusammenlebens hin zu einer Kommunalisierung des Sorgens, statt zu einer Kultur des Helfens und der mitmenschlichen Zuwendung, bedarf gleichzeitig einer gezielten Ausweitung und Intensivierung der staatlichen Daseinsvorsorgen durch rechtliche, finanzielle und institutionelle Voraussetzungen.

Zum gegenwärtigen Zeitpunkt ist die Kommune als Verwaltungsinstitution weder personell und finanziell noch konzeptionell in der Lage, eine solche Aufgabe zu bewältigen. Es fehlen hauptsächlich das nötige Problembewusstsein und die Bereitschaft, vorhandene Strukturen zu hinterfragen und verändern zu wollen.

Die Kommunalisierung des Sorgens hat sich bisher nicht zu einer ‚Bewegung von unten' entwickelt. Es gibt bisher nur wenige erfolgreiche Beispiele in einzelnen Kommunen.

4.6 Lokale Schwierigkeiten in der Beispielgemeinde

In den Modellkommunen war die Verortung der Sorgekultur an der Basis vorhanden. Mit dem Konzept einer Caring Community sollte unter professioneller Anleitung die Umgestaltung des Gemeinwesens erfolgen. Die Sorgende Gemeinschaft war das Ziel und gleichzeitig der Weg, um kommunale Daseinsvorsorge und -fürsorge zu erreichen und zu sichern.

Danach ergaben sich Fragen nach Strukturen, Personen, Zielsetzungen, Vernetzungen und Einzelprojekten oder Einzelmaßnahmen. Stand hinter dem Konzept eine Autorität, wie der Bürgermeister, oder ein durch Finanzierung gesicherten Koordinator, versprachen die einzelnen Projekte erfolgreich zu werden. Die Bedeutung des Koordinators oder Quartiersmanagers, bestand darin, dass er über Zeit und Fachlichkeit verfügte und Betreuung, Anleitung und Aufbau des Vorhabens begleitete und möglicherweise auch zeitlich darüber hinaus die Initiativen zur gemeinschaftlichen Daseinsvorsorge im Quartier gezielt förderte und anleitete. Die Einzelmaßnahmen in den Modellkommunen waren, unverzichtbare Etappen auf dem langen Weg zur Caring Community. Mit jeder realisierten Etappe und mit jedem realisierten Projekt, mit jedem sich einbringenden Bürger und mit jeder gelebten sozialen Zuwendung wuchs die Caring Community, doch sie blieb immer nur auf die konkrete Gemeinde bezogen.

In der Beispielgemeinde in Brandenburg gab es weder einzelne Projekte noch eine Autorität, die die Bedeutsamkeit des Auftrages nach dem gelingenden Altern in der Kommune transportierte. Ebenso wenig gab es Rahmenbedingungen, etwa einen durch die Gemeinde finanzierten Koordinator, oder öffentliche Diskussionen dazu. Auch die Studie zum Sozialraum entbehrt wichtige Aussagen zu den Leitlinien einer kommunalen Daseinsvorsorge und -fürsorge. Daher ist das Thema Daseinsvorsorge und gelingendes Altern bisher nur von geringem Interesse für die Kommunalpolitiker und die Verwaltung dieser Gemeinde.

Durch die Arbeit der stationären Einrichtungen und die relative Vielzahl der Betten in dem Gemeindeverband werden die pflegerischen und betreuungsintensiven ‚Problemfälle' stationär gelöst. Aus wirtschaftlichen Gründen sind die Heime auch an der Auslastung ihrer Bettenkapazität interessiert und werben offensiv für ihre Einrichtungen.

Alternative ambulante Betreuungsformen im Quartier, wie sie im Konzept von Caring Community gelebt werden, sind in dieser Gemeinde nicht bekannt, sie werden auch nicht diskutiert. Es gibt auf der politischen Ebene keinen Impuls, an dem Thema gelingendes Altern in der Kommune mit der Bürgerschaft sowie den Dienstleistern und Verbänden zusammenzuarbeiten.

Es gibt in dieser Gemeinde auch keine Forderungen von Bedürftigen oder deren Angehörigen, die in ihrer Wohnung verbleiben und dort gepflegt werden wollen oder die bei der häuslichen Pflege Hilfe einfordern. Es gibt weiterhin keinen Aufschrei nach gesellschaftlicher Teilhabe von Bedürftigen.

Bisher ist auch kein Aktionismus auszumachen, der das Thema kommunalpolitisch relevant macht.

Die FAPIQ bietet gezielte Hilfe und Unterstützung durch Beratung und Best-Practice-Beispiele an, aber sie überwindet den institutionellen formellen Rahmen nicht, ist wenig bei den Kommunalpolitikern und bei den Mitarbeitern der Kommunalverwaltungen bekannt und deshalb auch wenig von ehrenamtlich Engagierten nachgefragt.

Das bereits erwähnte Servicebüro im Ortsteil B. (vgl.4.3.2.) könnte in dem Quartier Ortsteil B. die Aufgaben eines Quartiersmanagers übernehmen. Aber die Mitarbeiterin ist bei einem örtlichen Wohlfahrtsverband angestellt und vertritt vorrangig die Interessen ihres Arbeitgebers. Deshalb arbeitet sie nicht trägerneutral. Als Quartiersmanagerin müsste sie auch mit der Verwaltung vernetzt sein, um kommunalpolitischen Einfluss auszuüben.

4.7 Sorgende Gemeinschaft versus Dienstleistungsökonomie

Das Handlungsmuster, das Sorgenden Gemeinschaften innewohnt, ist, dass in der Tendenz diese Art der Pflegearbeit als etwas Außerökonomisches betrachtet wird. Vereinzelt gelingt es durch einzelne Personen, Strukturen und Prozesse, insbesondere Aushandlungsprozesse auf lokaler Ebene, Bedingungen zu schaffen, die einen Versorgungsmix für eine gute und individuelle Pflege ermöglichen. Dieser lokale Versorgungsmix ist eine individuelle Lösung und möglicherweise kostengünstig.

Auch die Einsatzbereitschaft und die Arbeitsweise ehrenamtlicher, nachbarschaftlicher und familiärer Helfer innerhalb einer Sorgenden Gemeinschaft bewegen sich hochanteilig im außerökonomischen Bereich. Geleistete Unterstützungen, entsprechend der Kultur des Helfens, wie sie politisch gewollt werden, erwachsen aus einer Haltung, einer Verpflichtung, einer Moral oder einer Schuld. Sie unterliegen nicht wirtschaftlichen Gesetzen oder ökonomischen Prinzipien.

Deshalb bleiben Sorgende Gemeinschaften die Ausnahme, die Ergänzung und das sozialpolitische Biotop. Sie sind erstrebenswert, sozial, human, christlich bzw. mitmenschlich, weil Pflege und Betreuung nicht nur außerökonomisch sind, sondern sich künftig immer stärker von einem Dienstleistungssystem zu einer Dienstleistungswirtschaft entwickeln werden.

In der Vergangenheit wurden Pflege und Betreuung in der gesellschaftlichen Zuschreibung als eine private, familiäre und weibliche Arbeit, sozusagen als Pflege aus Liebe und Pflichterfüllung, bestimmt. Noch heute wirkt diese geschlechtsbezogene Zuschreibung auf den Markt. Die marktwirtschaftliche und die gesellschaftliche Bewertung von Pflegearbeiten sind immer noch gering. Die Entlohnung in der Pflege ist dürftig, das beeinträchtigt auch das Selbstverständnis und das Selbstbewusstsein Pflegender, die einen Ausgleich finden müssen zwischen berufsethischen und fürsorgebezogenen Motivierungen und wirtschaftlichen Erfordernissen. Aber die Diskussionen zur Daseinsvorsorge, zur Sicherung des Lebensstandards im Alter, zur Sicherung des Pflegebedarfs, zum Pflegenotstand und zur künftigen Pflegepolitik vor dem Hintergrund des demografischen Wandels sind eng verbunden mit der Diskussion um die Zukunft und den Inhalt der Arbeit in der Altenpflege. Herkömmliche Berufsfelder, Einsatz- und Arbeitsbereiche sowie Tätigkeitsprofile der Mitarbeiter werden sich ändern, weil das gesamte Dienstleistungssystem Altenhilfe sich im Umbruch befindet. Die gegenwärtige Suche vor Ort nach neuen und effektiveren Versorgungsstrukturen und nach effektiveren Arbeitsorganisationen ist notwendig, weil die Fortschreibung tradierter Strukturen und Prozesse nicht mehr ausreicht da z.B. die Mitarbeiter fehlen und dadurch Prozesse nicht mehr wie bisher möglich sind. Durch die neuen arbeitspolitischen Herausforderungen werden neue und intelligentere Versorgungsarrangements ausprobiert; sie finden zunehmend Eingang in die Altenpflege. Das ehemalige System Altenhilfe verändert sich. Starre Grenzen, wie Ausbildung, Mitarbeiterprofil, Einsatz- und Aufgabenfeld, brechen auf. Das bisherige Dienstleistungssystem wandelt sich zu einer Dienstleistungsökonomie, die einem Spannungsfeld zwischen drei Komplexen gleicht: erstens der Notwendigkeit, die Versorgungsqualität zu erhöhen, zweitens der Notwendigkeit, neue Optionen für Beschäftigungen zu schaffen, und drittens der Notwendigkeit, staatliche und private Mittel maßvoll zu verwenden.

Dieses Spannungsfeld wird zusätzlich verstärkt durch veränderte Bedarfe und wachsende Gestaltungsherausforderungen.

Altenhilfe, Altenpflege und Altenarbeit sind nicht nur soziale Felder, sondern sie haben auch einen wirtschafts- und beschäftigungspolitischen Aspekt.

Pflege, Betreuung, Versorgung und Unterstützung von älteren Menschen sind hochanteilig personalintensiv. Deshalb entfallen in diesen

Bereichen zwei Drittel der Gesamtkosten auf die Personalkosten. Neben der Frage nach den Finanzen bestehen Fragen nach einem künftig effektiveren Personaleinsatz und nach der Verbesserung der Arbeitsqualität, aber unter der Berücksichtigung, dass die Kosten für die Pflegebedürftigen, ihre Angehörigen und die öffentlichen Haushalte nicht zu einer unvertretbaren Mehrbelastung führen.

Es geht inzwischen nicht mehr allein darum, zusätzliche Arbeitskräfte zu finden, sie abzuwerben oder besser und anders auszubilden und dann durch Arbeitsverdichtung, Mehrarbeit und steigende Arbeitsbelastung wie bisher weiterzuarbeiten.

Es geht heute insgesamt um eine Neuorganisation der Arbeit in der Altenhilfe.

5 Altenpflege/Altenhilfe – ein überholtes Dienstleistungssystem ökonomisch und sozialverträglich zukunftsfähig gestalten

5.1 Aktuelle bundespolitische Weichenstellungen

Nach zwanzigjähriger Diskussion wurde Mitte der 1990er Jahre die gesetzliche Pflegeversicherung als fünfte Säule des Sozialversicherungssystems eingeführt. Nach weiteren zwanzig Jahren wurden die wesentlichsten Konstruktionsfehler, wie die Neufassung des Pflegebedürftigkeitsbegriffes, behoben.

Mit der „Konzertierten Aktion Pflege“ (88) der Bundesregierung haben 2019 die Minister für Gesundheit, Arbeit und Familie gemeinsam eine beachtenswerte Konzeption vorgelegt und bestimmt, an welchen fünf Rahmenbedingungen seitens der Bundesregierung weiter gearbeitet werden soll, um den drängendsten pflegepolitischen Problemen zu begegnen.

Das sind:

(1) Eine veränderte Ausbildung und *mehr Ausbildungsplätze* sollen durch die Ausbildungsoffensive Pflege von 2019 bis 2023 gesichert werden.
(2) Um mehr Personal in der Pflege einsetzen zu können, sollen mehr Menschen für diesen Beruf begeistert, mehr Rückkehrer gewonnen und mehr ausländische Fachkräfte fachlich und sprachlich geschult werden.
(3) Neben verlässlichen Dienstplänen und besseren Arbeitsbedingungen ist die *Entlohnung* in der Pflege deutlich zu verbessern – entweder durch die Erhöhung des Mindestlohnes oder durch die Einführung eines bundesweiten Tarifvertrages, jedoch nicht zulasten des Pflegebedürftigen.
(4) Zur Steigerung der Attraktivität des Pflegeberufes soll die *Verantwortung* der Pflegekräfte ausgeweitet werden, danach könnten

sie anstelle von Ärzten spezielle Hilfsmittel und Pflegehilfsmittel selbst verordnen.

(5) Der Einsatz von Zukunftstechnologien in der Pflege, der Ausbau und die Weiterentwicklung digitaler und technischer Lösungen sowie der Einsatz künstlicher Intelligenz (KI), sollen die Arbeit der Pflegekräfte erleichtern. Der Ausbau der Digitalisierung soll dazu führen, dass die Pflegekräfte mehr Zeit für die Pflege haben und die gesamte Kommunikation auf das elektronische Datenverarbeitungssystem übertragen wird, damit Informationen aus z. B. der Pflegeakte, dem Entlassungsmanagement und von Verordnungen ständig verfügbar sind.

Durch die genannten fünf Eckpunkte haben der Bundesgesundheitsminister, die Bundesfamilienministerin und der Bundesarbeitsminister die konkreten Vorgehensweisen bestimmt, um die Pflegeversicherung mittels geeigneter Reformbedarfe zukunftsfähig zu machen.

5.2 Umbau des Dienstleistungssystems Altenhilfe

Der Druck bei privaten sozialen Dienstleistern, bei Wohlfahrtsverbänden und in der Sozialwirtschaft durch veränderte Voraussetzungen, Erwartungen und Bedarfe und damit neue ökonomische Herausforderungen erfordert einen Umbau des Dienstleistungssystems Altenhilfe in seiner Gesamtheit.

Auch wenn es mehr Personal sowie mehr öffentliche und private Mittel gäbe, würden die Ressourcen dennoch begrenzt bleiben, um die Arbeitsqualität zu erhöhen, die Versorgungssicherheit zu gewährleisten, neue Tätigkeitsfelder zu kombinieren und neue Beschäftigungsoptionen zu entwickeln. Die steigenden Leistungsanforderungen im Dienstleistungssystem Altenhilfe bei begrenzten Ressourcen erfordern neben einer Neuorganisation des hergebrachten Dienstleistungssystems auch eine Einbeziehung aktueller tangierender Entwicklungen und Reformen.

Das gesamte Dienstleistungssystem Altenhilfe muss in seinen bestehenden Strukturen, Angeboten, Prozessen und Partnern künftig neu gedacht und neu erfunden werden. Dabei geht es nicht mehr nur um eine Neuorganisation des Dienstleistungssystems Altenhilfe, sondern um einen grundlegenden Umbau.

Neue Strategien und Angebote haben den Umbruch des Dienstleistungssystems Altenpflege langfristig und deutlich wahrnehmbar angekündigt, wie die quartiersnahe Versorgung und quartiersnahe Angebote, Ausweitung von Kurzzeit- und Tagespflegeangeboten, spezielle Palliativ- und Demenzangebote und das Auftreten neuer Anbieter, darunter digitale Plattformen für Unterstützungsangebote für das Leben im Alter, und schließlich die Konzertierte Aktion Pflege der Bundesregierung. Dieser Umbau ist eine große wirtschaftliche und soziale Herausforderung, aber er ist auch als eine Chance zu werten, neue gesellschaftliche und wirtschaftliche Mehrwerte zu erzielen.

5.2.1 Entwicklung des vorpflegerischen Bereiches

Mit dem Inkrafttreten des Terminservice- und Versorgungsgesetzes (TSVG) der Bundesregierung im Mai 2019 (89) sollte u.a. die ambulante Versorgung verbessert werden und neue Tätigkeitsgruppen für die vorpflegerische Behandlung und Versorgung sollten initiiert werden. Es wurden reine Betreuungsleistungen in der ambulanten Pflege zugelassen. Mit diesen Aufgaben sind z.B. Hilfen bei der Hauswirtschaft, Betreuungsleistungen in der Häuslichkeit, gedächtnisfördernde individuelle Beschäftigungen und Begleitung zu Spazier- oder Behördengängen gemeint. Es werden damit neue Tätigkeitsfelder und Berufsgruppen im vorpflegerischen Bereich angesprochen. Der professionelle Pflegeanbieter kann nun sein Leistungsspektrum in den vorpflegerischen Bereich hinein erweitern und anstelle einer Pflegefachkraft nach dem Gesetz für die Betreuungsdienste andere geeignete Fachkräfte einsetzen, oder er zieht sich auf sein Kerngeschäft zurück und gliedert dieses Leistungsspektrum aus. Das wird dazu führen, dass neue Anbieter und Berufsgruppen auf den Markt drängen und sich in den Leistungsspektren vorpflegerischer Bereiche, Prävention und Rehabilitation etablieren und dass neue Kompetenzen nachgefragt werden. Der vorpflegerische und der außerpflegerische Bereich werden zunehmend an sozioökonomischer Bedeutung gewinnen. Mit dieser Entwicklung verändert sich die Ausgestaltung der Altenhilfe.

Ein Einsparungsbeispiel soll dies verdeutlichen (91):

- Zum Jahresende 2017 waren insgesamt 14 050 ambulante Pflegedienste in Deutschland mit insgesamt 302 566 Mitarbeitern in der körperbezogenen Pflege, als Pflegedienstleistung und in der Betreuung (nach § 36, Abs. 2, SGB XI) tätig. Dabei betreute durchschnittlich jeder ambulante Pflegedienst 59 Pflegebedürftige. Deutschlandweit wurden auf diese Weise insgesamt 829 958 Pflegebedürftige betreut.
- Durch die Umsetzung des neuen Terminservice- und Versorgungsgesetzes im vorpflegerischen Bereich und durch anschließende Ausdifferenzierung des Leistungsspektrums der professionellen Pflegedienste könnten pro Pflegefachkraft eine Stunde Arbeitszeit pro Monat eingespart werden.
- Das ergibt insgesamt eine deutschlandweite Einsparung von 302 566 Stunden Arbeitszeit pro Monat. Etwa 300.000 Stunden Arbeitszeit pro Monat entsprechen, bei einer angenommenen durchschnittlichen monatlichen Arbeitszeit von 135 Stunden pro Mitarbeiter, dem Einsatz von etwa 2220 Pflegefachkräften in Vollzeitbeschäftigung. Das ist wenig, vergleicht man die Zahl der gegenwärtig fehlenden Fachkräfte in Deutschland, aber es ist eine geringfügige Verbesserung.

Es geht um die Chancen, die im vorpflegerischen, präventiven und außerpflegerischen Bereich liegen. Hier werden neue Arbeitsfelder und neue Formen der Arbeitsorganisation mit neuen Anbietern oder neuen Qualifikationsmixen erschlossen, die die professionelle Pflege entlasten und neue Existenz- sowie neue berufliche Entwicklungsperspektiven aufzeigen können. Gleichzeitig werten sie damit auch die Pflege in der Altenhilfe auf. Das macht es andererseits auch notwendig, die Effektivität und die Effizienz dieser neuen Versorgungbereiche valide zu ermitteln und Deprorofessionalisierungstendenzen entgegenzuwirken.

5.2.2 Diversifizierte Ausbildung und Entlohnungsoptionen

Ab dem Jahr 2020 tritt das Pflegeberufereformgesetz (PflBRefG) in Kraft, nachdem es fast zehn Jahre lang diskutiert wurde. Die bisherigen Berufsausbildungen von Altenpflegern, Gesundheits- und Krankenpflegern sowie Gesundheits- und Kinderkrankenpflegern werden zusammengeführt zum Berufsbild des Pflegefachmanns. Dazu ist eine generalistische zweijährige Ausbildung vorgesehen, im dritten Jahr schließt sich daran eine einjährige Vertiefungsausbildung in den Bereichen Altenpflege oder Gesundheits- und Kinderkrankenpflege an. Ergänzend zu der beruflichen Ausbildung wird regulär auch eine Hochschulausbildung angeboten. Das achtsemestrige Bachelorstudium wird dual, begleitend zur Ausbildung zur Altenpflegerin, oder als Direktstudium angeboten. Weiterführend zum Bachelorstudium gibt es zahlreiche Masterstudiengänge, wie Medizinpädagogik, Gesundheitskommunikation, Pflegewissenschaften, Pflegemanagement, Versorgungsmanagement, Pflege- und Gesundheitsmanagement sowie Gesundes Altern und Gerontologie.

Die generalistische berufliche Ausbildung ist vergleichbar mit der Pflegeausbildung von anderen EU-Staaten und wird deshalb auch in EU-Mitgliedsstaaten anerkannt.

Die Reform war notwendig, weil die Anzahl der Pflegebedürftigen in der ambulanten und stationären Altenpflege, die eine medizinische Versorgung benötigen, beträchtlich angestiegen ist und infolge des demografischen Wandels weiter ansteigen wird. Auch in Krankenhäusern werden immer mehr multimorbide hochaltrige Menschen versorgt. Die neue Pflegeausbildung wird hier Lösungen für die neuen Herausforderungen des demografischen Wandels finden.

Die Reform war zudem notwendig, damit sich Pflege nicht weiter an den Zielgruppen Kinder, Erwachsene und Alte sowie an den Institutionen Krankenhaus und Pflegeheim orientiert, sondern, um *die Pflege selbst* ins Zentrum der Ausbildung zu stellen. Es geht um pflegerische Kompetenzen unabhängig vom Alter, um Pflege als Profession.

Die spezifischen Aufgaben der Pflege umfassen die Erhebung des Pflegebedarfes, die Planung der pflegerischen Versorgung und die Überprüfung der Pflegequalität.

Die Reform war weiterhin erforderlich, um die Wissenschaft mit der Praxis besser zu verknüpfen und um neue attraktive Aufstiegschancen zu bieten sowie neue Betätigungsfelder zu ermöglichen, ohne Personal zu verlieren. Es ging auch um die Aufwertung der Pflegearbeit, egal, wo sie geleistet wird, diese nachhaltig zu verbessern und Lohnunterschiede, wie sie gegenwärtig noch zwischen Krankenhaus und Pflegeheim existieren, zu vermeiden.

Das Angebot einer hochschulischen Ausbildung spricht neue Bewerbergruppen an, die für die Arbeit in der Pflege gewonnen werden.

Die Reform, die zu einer neuen Ausbildung (Pflegefachmann) führt, wertet das Tätigkeitsfeld Pflege auf. Es sind bessere Karrierechancen vorhanden und damit sind auch bessere Vergütungen möglich.

Aber ob sich künftig die Altenhilfe im Wettbewerb um Fachkräfte durchsetzen wird, hängt wesentlich davon ab, ob es in der Altenhilfe gelingt, ein neues attraktives Leistungsportfolio zu kreieren, dass die neuen Aufgaben- und Tätigkeitsfelder und die neuen beruflichen Entwicklungschancen mit angemessenen Verdienstmöglichkeiten kombinieren kann.

Die Entlohnung soll entsprechend der Konzertierten Aktion Pflege der Bundesregierung (88) einheitlich für Ost und West geregelt werden. Ob die Lohnerhöhungen durch eine Neufestsetzung von Mindestlöhnen erfolgen sollen oder ob flächendeckend ein Tarifvertrag für die Pflege eingeführt wird, ist noch nicht entschieden. Für beide Optionen sind neue gesetzliche Regelungen erforderlich.

5.3 Digitalisierung, Technisierung und künstliche Intelligenz in der Pflege

Der allgemeine Digitalisierungsdruck der Arbeitswelt wird sich unausweichlich auch auf die Bereiche Gesundheitswirtschaft, Rehabilitation, Prävention und Pflege ausdehnen, weil er einen wichtigen Lösungsansatz auf die dringendsten Herausforderungen wie demografischen Wandel, Arbeitskräftemangel und Finanzierungsproblematik bietet. Digitale Arbeitsmethoden, Technik und KI, sparen Kosten, mildern den Arbeitskräftebedarf, erleichtern die medizinische und pflegerische Versorgung, sparen Zeit und bilden einen zuverlässigen wie schnellen Informationsfluss unter Beteiligten (z.B. Ärzten, Pflegefachleuten, Therapeuten und Apothekern sowie Patienten und Pflegebedürftigen).

Die digitale Gesundheitsversorgung wird auch die Veränderungen in der Altenhilfe in den nächsten Jahren stärker antreiben. Weitere Antreiber sind die Kostenträger (Staat und Krankenkassen) einerseits, die Absatzchancen der Wirtschaft und die expansive IT-Branche, aber auch ein professionsspezifisches und gesellschaftspolitisches Interesse.

Die Chancen, die die digitale Techniknutzung und der Einsatz von KI bieten, sind immens. So wurde z.B. nur auf das Gesundheitssystem bezogen der finanzielle Nutzen aus der Digitalisierung untersucht. „Zu Recht, zeigt die vorliegende Studie von McKinsey, die in Kooperation mit dem Bundesverband Managed Care e.V. (BMC) entstanden ist. Bis zu 34,0 Mrd. EUR Verbesserungspotential hätten sich im Jahr 2018 realisieren lassen, wenn das deutsche Gesundheitswesen schon digitalisiert arbeiten würde. Das entspricht rund 12 Prozent des tatsächlichen Gesamtaufwandes von hochgerechnet 290 Mrd. EUR in diesem Jahr.“ (95)

Wenn wir heute gesamtgesellschaftlich von der vierten industriellen Revolution, oder ‚Arbeiten 4.0‘ sprechen, bedeutet das auch, Pflege als ‚Pflege 4.0‘ zu entwickeln. Der Umgang mit Digitalisierung, Technisierung und KI in der Pflege hat Auswirkungen auf Pflegekräfte und Pflegebedürftige.

Viele Pflegekräfte sind fachlich und ethisch nicht vorbereitet für den Einsatz digitaler Technologien. Es mangelt dabei an praxisbezogenen Informationen zum Einsatz und zu den Vorteilen der Nutzung von Informations- und Kommunikationstechnologien, es mangelt auch an Technikkompetenzüberzeugungen und an gezielten Aus-, Fort- und Weiterbildungen. Begleitet werden diese Bedenken von Technikaffinitäten oder von Ängsten um den eigenen Arbeitsplatz.

Auch Pflegebedürftige und ihre Angehörigen sind vom individuellen Nutzen von Pflege 4.0 zu überzeugen.

5.3.1 Begriffsbestimmungen

Obwohl der Begriff *Digitalisierung* in der Arbeitswelt, im privaten Bereich und in der Politik zum Schlagwort geworden ist, gibt es keine einheitliche und allgemeingültige Definition.

Luber, S./Nitzel, N. beschreiben in (92) Digitalisierung wie folgt: „Er (der Begriff Digitalisierung) kann, abhängig vom jeweiligen Kontext, mehrere Bedeutungen annehmen. Im ursprünglichen Sinn meint Digitalisierung das Umwandeln von analogen Informationen in digitale Formate. Eine weitere Bedeutung von Digitalisierung ist die digitale Revolution, auch als digitaler Wandel oder digitale Transformation bezeichnet. Der digitale Wandel beschreibt die durch die Digitalisierung ausgelösten Veränderungsprozesse in der Gesellschaft inklusive Wirtschaft, Kultur, Bildung und Politik.

Betrachtet man die ursprüngliche Bedeutung, geht es bei der Digitalisierung darum, digitale Repräsentationen von analogen Informationen, physischen Objekten oder Ereignissen zu schaffen. Ziel ist es, die digitalen Informationen zu speichern, zu verteilen und zu verarbeiten…Die meisten dieser Medien werden mittlerweile direkt in digitaler Form, ohne Vorstufe einer analogen Version erstellt. Die Erstellung, Speicherung, Verteilung und Verarbeitung der digitalen Daten erfolgen mithilfe moderner Informationstechnik wie Computer, Smartphones, Kommunikationsnetze, Internetanwendungen und Datenbanken. Digitale Formate lassen sich wesentlich flexibler und schneller verarbeiten als analoge Informationen.“

Bei der Digitalisierung geht es um die Kommunikation zwischen Mensch und Maschine sowie Maschinen bzw. Technik untereinander.

Mit dem Begriff *Technisierung* ist in der Pflege der wachsende Einsatz von Technik gemeint, insbesondere technischer Hilfsmittel, bei Vorgängen, die ursprünglich von dem Hilfebedürftigen selbst oder von Pflegekräften, Helfern oder Therapeuten ausgeführt wurden. Technik ersetzt menschliche Arbeitskraft und menschlichen Verstand.

Technik und Digitalisierung gehören zusammen und sie bedingen einander. Es bedarf neuer Technik, um die Digitalisierung voranzutreiben, gleichzeitig bewirkt die Entwicklung der Digitalisierung neue technische Trends und neue Techniken.

Die Voraussetzung, dass medizinische Daten und Informationen unter Beachtung von Datensicherheit und Datenschutz dann zur Verfügung stehen, wann und wo sie gebraucht werden, schafft die *Telematikinfrastruktur (TI)*. Die Besonderheit der Telematik, einer Verknüpfung der Wörter Telekommunikation und Informatik, ist, dass sie Informationen von Daten aus verschiedenen Quellen zeitnah und sicher durch Vernetzung verschiedener Systeme automatisch miteinander verbindet und austauscht. Es geht hier um ein digitales Kommunikationsnetz, das garantiert, dass die Akteure schneller und sicherer digital kommunizieren können. Dieses digitale Netz (Telematikinfrastruktur) ist ein in sich geschlossenes digitales Datennetz (Intranet), das nur registrierten Nutzern Zugang erlaubt.

Künstliche Intelligenz und Lernende Systeme können einen großen Beitrag leisten in der Prävention, der Therapie, der Unterstützung im Alltag und bei der Erstellung von Diagnosen. Künstliche Intelligenz, so definiert sie das Wirtschaftslexikon Gabler (93), „beschäftigt sich mit Methoden, die es einem ermöglichen, solche Aufgaben zu lösen, die, wenn sie vom Menschen gelöst werden, Intelligenz erfordern“. „Lernende Systeme – Die Plattform für künstliche Intelligenz“ (94) beschreibt KI folgendermaßen: „Als Teilgebiet der Informatik versucht Künstliche Intelligenz, kognitive Fähigkeiten wie Lernen, Planen oder Problemlösen in Computersystemen zu verwirklichen. Zugleich steht der Begriff KI für Systeme, deren Fähigkeiten gemeinhin menschliche Intelligenz voraussetzen. Da der Intelligenzbegriff nicht eindeutig festgelegt ist, verändert sich das Verständnis für KI jedoch abhängig vom Stand der Technik“. Ebenda beschreiben die Autoren: „Ziel der Forschung ist, moderne Lernende Systeme, wie Maschinen, Roboter und Softwaresysteme, zu befähigen, abstrakte Aufgaben und Probleme auch unter veränderten Bedingungen eigenständig zu bearbeiten und zu lösen, so dass kein Mensch einen expliziten Lösungsweg programmieren muss. Mithilfe von Lernverfahren können solche Systeme im laufenden Betrieb weiterlernen.“

5.3.2 Hemmnisse und Vorbehalte

In der Realität stehen im Pflegebereich Hindernisse der Digitalisierung, der Technisierung und den Anwendungen von KI entgegen.

- So dürfen Altenpflegeeinrichtungen Investitionsaufwendungen gesondert ausweisen und den Bewohnern in Rechnung stellen, sofern diese Investitionskosten nicht durch eine öffentliche Förderung (§ 82 SGB XI) abgedeckt werden. Die Kosten (Anschaffungskosten, Unterhaltung und Folgekosten, Updates, Schulung der Mitarbeiter) für Technisierung und Digitalisierung oder der Einsatz von Robotern sind vergleichsweise hoch, sodass die auf die Pflegebedürftigen umgelegten Investitionskosten zu einem Wettbewerbsnachteil für die betreffende Einrichtung führen können.
- Außerdem bestehen nach wie vor beim Großteil der Gesellschaft ethische Bedenken gegen den Einsatz von Robotern, informationstechnologischen Systemen und Technik in der Pflege – wenngleich diese Zweifel kontinuierlich abnehmen. Es wird noch oftmals die Position vertreten, dass Pflege etwas Persönliches ist, dass sie einen zwischenmenschlichen Akt darstellt, der immer auch eine rein zwischenmenschliche Fürsorgearbeit bleiben soll.

- Der Leitsatz in der Pflege lautet, dass immer der einzelne Mensch in seinen komplexen Lebenslagen im Zentrum der Pflege steht. Diese Denkweise führte möglicherweise dazu, dass sich Branchen wie das Gesundheitswesen und die Altenhilfe lange Zeit mit der Einführung und Anwendung der Digitalisierung zurückgehalten haben. Andere Länder, z.B. Österreich, nutzen bereits die elektronische Gesundheitsakte, die die Bürger von Arzt zu Arzt und notfalls ins Krankenhaus begleitet. In Schweden und Estland verschicken die Ärzte elektronische Rezepte an Patienten oder gleich an die Apotheke, die dann das Medikament ausliefert.
- Schließlich ist die Angst vor Datenmissbrauch in Deutschland weit verbreitet. Die hochsensiblen Patienten- und Gesundheitsdaten sind besonders schutzwürdig. Viele Nutzer, Betroffene und Interessierte fragen sich deshalb, ob die bisherigen hohen Anforderungen an die Daten- und Informationssicherheit ausreichen und wie sicher der Schutz vor Datenmissbrauch in Deutschland tatsächlich ist.
- Um einen Innovationsschub hinsichtlich der Digitalisierung in der Pflege und im Gesundheitswesen zu bewirken, braucht es bundesweit verlässliche schnelle ‚Datenautobahnen' und erhebliche mutige Investitionen, die auch abrechenbar sind und durch die Kostenträger refinanziert werden.

5.3.3 Gesetzliche Grundlagen

Bereits am 29.12.2015 wurde das *Gesetz für sichere digitale Kommunikation und Anwendungen in Gesundheitswesen* (das sogenannte E-Health-Gesetz) beschlossen. Es enthält einen konkreten Ablaufplan, einschließlich Sanktionen bei Nichtbefolgung, für den Aufbau einer sicheren Telematikinfrastruktur und deren Einführung in den medizinischen Bereich. Die Chancen der Digitalisierung sollen im Gesundheitswesen genutzt werden und zu einer besseren wie auch schnelleren medizinischen Versorgung führen, aber unter der Berücksichtigung von Datenschutz und Datensicherheit. Die Telematikinfrastruktur soll Arztpraxen, Krankenhäuser etc. digital verbinden, sodass eine schnelle und sichere Kommunikation erreicht wird und damit der Datenaustausch zeitnah erfolgt. Im ersten Schritt sollten elektronische Gesundheitskarten an Arzt- und Zahnarztpraxen, dann Krankenhäuser und Apotheken ausgegeben werden. Die elektronische Gesundheitskarte speichert aktuelle Versichertendaten, lebensrettende Notfalldaten, den aktuellen Medikationsplan und Arztbriefe. Mit der elektronischen Gesundheitskarte ist der Einstieg in die elektronische Patientenakte vorbereitet.

Mit dem E-Health-Gesetz wurden auch Regelungen geschaffen für konkrete telemedizinische Leistungen, wie konsiliare Befundbeurteilung von Röntgenaufnahmen und Onlinevideosprechstunden. Diese Telemedizinangebote kommen Menschen zugute, die eingeschränkt mobil sind, von medizinischen Einrichtungen entfernt leben oder auf dem Land wohnen und nur eingeschränkten Personennahverkehr nutzen können.

Mit der Einführung des *Digitalen Versorgungsgesetzes* (DVG) im Jahr 2019 ist unübersehbar, dass die Digitalisierung den höchsten Stellenwert beim Bundesministerium für Gesundheit besitzt. Das Gesetz räumt ein, in vielfältigen Aspekten die Digitalisierung zu nutzen, aber sie auch weiterzuentwickeln. Dazu stellt das Ministerium für Gesundheit bis zum Jahr 2024 jährlich 200 Millionen Euro zur Verfügung. Vier wesentliche Punkte dominieren das Gesetz:

(1) Die elektronische Patientenakte wird verpflichtend eingeführt.'Bis zum 1. Januar 2021 müssen Krankenkassen ihren Versicherten eine elektronische Patientenakte (ePa) anbieten. Alle Ärzte, Zahnärzte und Krankenhäuser sind verpflichtet, sämtliche relevante Daten in diese Akte einzutragen mit dem Ziel, den gesamten Datenaustausch zu professionalisieren. Damit würde ein Arzt im Krankenhaus mit einem Blick auf die ePa schnell erkennen, welche Vorgeschichte bei dem Patienten vorliegt, ohne selbst nach der Vorgeschichte forschen zu müssen.
    Pflegeeinrichtungen ist gegenwärtig der Zugriff auf die ePa noch nicht erlaubt, auch die komplette elektronische Dokumentation

und Abrechnung sind für sie nach dem DVG bisher nicht möglich.

(2) Mit telemedizinischen Angeboten meint hier der Gesetzgeber insbesondere Videosprechstunden. Obwohl es diese bereits gibt, erwartet der Gesetzgeber eine deutliche Ausweitung des Angebotes und eine umfangreichere Nutzung, insbesondere im dünnbesiedelten ländlichen Raum, wo die Wege zum Arzt beschwerlich und lang sind.
Die Idee ist: Ärzte bieten den Patienten Onlinesprechstunden an. Damit die Patienten sie leichter im Internet finden, dürfen Ärzte künftig auf ihrer Homepage über ihre speziellen Angebote informieren.

(3) Das Gesetz nimmt die Krankenkassen in die Pflicht, die Kosten für sogenannte Gesundheits-Apps zu übernehmen. Bereits heute gibt es eine Vielzahl von Menschen, die zur Gesundheitsvorsorge Apps nutzt. Das sind z.B. Apps, die zu bestimmten Zeiten an die Einnahme von Medikamenten erinnern, Diabetiker-Tagebücher oder digitale Anwendungen für Bluthochdruckpatienten.
Das Zulassungsverfahren soll künftig folgendermaßen ablaufen: Zuerst erfolgt eine Kontrolle durch das Bundesinstitut für Arzneimittel und Medizinprodukte (BfArM) auf Datensicherheit, Datenschutz und Funktionalität. Danach bezahlen die Kassen die Nutzung der App für ein Jahr. Die Hersteller müssen in diesem Zeitraum die Wirksamkeit ihrer App nachweisen. Anschließend wird mit dem Spitzenverband der Gesetzlichen Krankenversicherung (GKV) ein Preis ausgehandelt.

(4) Statt der Nutzung von Dokumenten in Papierform soll künftig die Telematikinfrastruktur die Verbindung zwischen Ärzten, Apotheken und Krankenhäusern herstellen.
Einrichtungen für Pflege und Rehabilitation sowie Physiotherapeuten können sich zum gegenwärtigen Zeitpunkt freiwillig an das Datennetz anschließen lassen. Die Kosten für den Aufbau und den Betrieb der Telematik werden ihnen ebenfalls erstattet.

5.3.4 Nutzenpotentiale der Digitalisierung am Beispiel Gesundheitswesen

Die Bitkom Research hat im Auftrag des Digitalverbandes Bitkom 2018 eine Umfrage gestartet, bei der 1005 Verbraucher ab 16 Jahren in Deutschland zur Digitalisierung im Gesundheitswesen befragt wurden. Danach zeigen die Deutschen großes Interesse an digitalen Gesundheitsinnovationen und sind auch gegenüber dem Einsatz von künstlicher Intelligenz im Gesundheitswesen und in der Pflege aufgeschlossen, weil sie annehmen, dass hier ein erhebliches Potential liegt. „So sagte fast jeder Zweite (46 %), dass ein Teil der medizinischen Versorgung in Zukunft ausschließlich digital stattfinden wird, um die steigenden Kosten des deutschen Gesundheitssystems aufzufangen. Zugleich gibt es eine große Offenheit gegenüber digitalen Gesundheitsinnovationen: Fast zwei Drittel (65 %) wollen die elektronische Patientenakte nutzen. 63 % würden ein E-Rezept einlösen und immerhin 30 Prozent der Befragten würden ihrem Arzt bei einer Online-Sprechstunde ihre Symptome schildern, statt in dessen Praxis zu gehen. Auch für das Thema künstliche Intelligenz sind viele Menschen offen. So sagen 3 von 10 Bundesbürgern (31 %), sie würden sich regelmäßig von einer KI eine Zweitmeinung einholen.“ (96)

Kritischer äußerten sich Befragte zum Thema Digitalisierung in der Pflege. „So sagen mehr als vier von zehn Bundesbürgern (41 %), dass Deutschland beim Thema Digitalisierung der Pflege maximal im Mittelfeld rangiert. Drei von zehn Befragten (28 %) sehen Deutschland bereits als Nachzügler, jeder Fünfte (20 %) gar abgeschlagen. Lediglich 7 % der Befragten meinen, dass Deutschland in Sachen Pflege 4.0 in der Spitzengruppe rangiert, ein Prozent sieht Deutschland als weltweit führend an.

Bei der Digitalisierung der Pflege spielt Deutschland maximal im Mittelfeld. Dagegen demonstrieren andere Länder, darunter auch viele europäische Nachbarländer, bereits, wie digitale Angebote die Pflege sinnvoll ergänzen oder erweitern können, sagt Bitkom Expertin Julia Hagen.“ (97)

Neben der kritischen Einschätzung zur Umsetzung der Digitalisierung in der Pflege glaubt die Mehrheit an eine digitale Zukunft der Pflege und sie wünscht sich diese sogar.

Die Studie von McKinsey, *Digitalisierung im Gesundheitswesen: die Chancen für Deutschland* (98), hat 26 digitale Gesundheitstechnologien in sechs Lösungskategorien zusammengefasst und untersucht und den wirtschaftlichen Nutzen ermittelt:

(1) papierlose Daten, geschätztes Nutzenpotential 9,0 Mrd. Euro;
(2) Online-Interaktionen, d.h. Teleberatung und Fernüberwachung chronisch kranker Patienten, geschätztes Nutzenpotential 8,9 Mrd. Euro;
(3) Arbeitsabläufe/Automatisierungen, z.B. mobile Vernetzung des Pflegepersonals, barcodebasierte Verabreichung von Medikamenten, Überwachung von Vitalparametern, E-Überweisungen, Roboter für Krankenhauslogistik und Prozessautomatik mittels Robotik, geschätztes Nutzenpotential 6,1 Mrd. Euro;
(4) Ergebnistransparenz/Entscheidungsunterstützung, z.B. Leistungsdashboards, Steuerung der Patientenströme, klinische Entscheidungsunterstützung, Kostenträgeranalyse, genetische Tests, geschätztes Nutzenpotential 5,6 Mrd. Euro;
(5) Patientenselbstbehandlung wie Tools für das Management chronischer Krankheiten, medizinische Chatbots, Tools zur Vorbeugung, digitale Diagnosetools, patientenunterstützende Netzwerke, geschätztes Nutzenpotential 3,8 Mrd. Euro;
(6) Patienten-Selfservice, etwa eine elektronische Terminvereinbarung, geschätztes Nutzenpotential 3,8 Mrd. Euro.

Einige der untersuchten Gesundheitskategorien, wie die einheitliche elektronische Patientenakte (19 % der Einsparungen), das E-Rezept und die Teleberatung, lassen auch Schlussfolgerungen zu Einsparpotentialen im Bereich der Pflege zu.

Die Autoren stellten in dieser Studie drei zentrale Erkenntnisse heraus: erstens, „dass 70 % des erreichbaren Nutzens bei den Leistungserbringern, also vor allem bei den Ärzten und Krankenhäusern, anfallen und nur 30 Prozent landen bei den Akteuren des Systems, vor allem Krankenkassen. Das entkräftet das alte Gegenargument vieler Leistungserbringer, dass sie durch die digitalen Technologien nur zusätzliche Arbeit hätten und ansonsten nicht profitieren würden. (Zweitens hat) das digital unterstützte Selbstmanagement von Patienten, von dem man sich bisher allgemein hohe Einsparungen erhofft hatte, noch vergleichsweise wenig Sparpotential. Und drittens zeigt die Studie, dass der elektronischen Gesundheitsakte sowie dem elektronischen Rezept Schlüsselfunktionen zukommen: Sie bringen nicht nur direkt hohe Effizienzsteigerungen, sondern ermöglichen, wenn sie einmal eingeführt sind, indirekt auch noch weitere Verbesserungen, die mehr als doppelt so hoch wie die direkten Effizienzgewinne sind."

Allein die Einsparungen (ebenda) durch die elektronische Patientenakte beträgt laut McKinsey 6,4 Mrd. Euro. Hinzu kommen die Einsparungen durch die Anwendung von Teleberatung in Höhe von 4,4 Mrd. Euro, die Einsparung durch die Anwendung von Fernüberwachung chronisch kranker Patienten in Höhe von 3,3 Mrd. Euro und die Einsparung durch die Vernetzung des Pflegepersonals in Höhe von 2,1 Mrd. Euro. Dies ergibt insgesamt 16,2 Mrd. Euro Einsparung. Das sind fast 50 % von den insgesamt in der Studie ermittelten 34 Mrd. Euro Sparpotential pro Jahr.

5.4 Digitalisierung und Technikeinsatz in der häuslichen Pflege

In der vorliegenden wissenschaftlichen Literatur zur Digitalisierung, Technisierung und zum Einsatz der künstlichen Intelligenz geht es vorrangig um die technische Weiterentwicklung von Prozessen im Gesundheitswesen, die Effektivierung ihrer Leistungen, Kosteneinsparungen und Arbeitserleichterungen für Beschäftigte.

Auch in der Studie *Digitalisierung und Technisierung der Pflege in Deutschland* der DAA Stiftung Bildung und Beruf (99) wurden Trends und Folgen auf die Arbeitsorganisation, auf Beschäftigungen und Qualifizierungen untersucht.

Die Studie der DAA Stiftung macht die Digitalisierung und Technisierung in der Pflege in den drei folgenden Gestaltungsfeldern fest.

(1) Informations- und Kommunikationstechnologien: Damit sind die Implementierung von vernetzten Informations- und Kommunikationstechnologien gemeint, die z.B. der Dokumentation und Information dienen, und der Einsatz mobiler Endgeräte.
(2) Intelligente und vernetzte Robotik und Technik: Hierbei geht es um die Einsatzbereiche vernetzter Robotik in der Pflege. Dazu gehören die Service- und Transportrobotik, pflegenahe Robotik, Emotions- und Rehabilitationsrobotik.
(3) Vernetzte Hilfs- und Monitoringsysteme: Diese umfassen vor allem Hilfssysteme, die einerseits zur Überwachung von Vitalparametern (Blutdruck, Herzfrequenz) eingesetzt werden, die aber auch als altersgerechte Assistenzsysteme für ein selbstbestimmtes Leben (AAL = Ambient Assisted Living) genutzt werden können, um den Verbleib in der eigenen Häuslichkeit zu sichern.

Diese drei Gestaltungsfelder werden von verschiedenen Nutzern, den Pflegefachkräften, pflegenden Angehörigen, dem Pflegebedürftigen selbst und allen anderen an der Pflege Beteiligten dominiert oder von mehreren gleichzeitig genutzt.

Innerhalb des ambulanten Pflegedienstes schaffen die Digitalisierung und die Technisierung Lösungen:

a) für innerbetriebliche Prozesse,
b) für die Unterstützung der pflegerischen Versorgung am Pflegebedürftigen,
c) für die Kommunikation mit anderen professionellen Akteuren und
d) für die Vernetzung innerhalb des Quartiers.

Zu a)

Durch einen konfigurierten Software-Einsatz werden digitale Lösungen in den innerbetrieblichen Bereichen Planung, Dokumentation und Abrechnung ermöglicht. Die Konfigurierung ist erforderlich, weil es sich bei ambulanten Pflegediensten stets um spezifische Anforderungen handelt (z.B. Anzahl der Arbeitsplätze und Klienten, Zugriffsrechte der Nutzer etc.). Der Dienstplan koordiniert unterschiedliche Arbeitszeiten, unterschiedliche Qualifikationen und kurzfristige Ausfallzeiten bezogen auf die Versorgung bestimmter Klienten. Ein Tourenplan optimiert die Besuche, damit Fahrzeiten verkürzt werden und möglichst die gleiche Fachkraft denselben Klienten versorgt (Prinzip der Bezugspflege). Die Leistungserfassung dokumentiert die erbrachten Leistungen und bildet die Voraussetzungen für die Rechnungslegungen und den professionellen Versorgungsnachweis.

Es gibt zahlreiche Angebote, von z.B. Dan Produkte GmbH (Cannyline), Alpha Computer GmbH (ACS-Ambulance) oder euregon AG (snap ambulant), die technische Lösungen zur Verfügung stellen. Dabei ermöglichen eine Software und eine Datenbank die Bearbeitung der einzelnen unterschiedlichen Informationen zu den verschiedenen Abläufen. Die Software verfügt über diverse Module (Modul für Dienstplanung, Modul für Tourenplanung, Modul für Leistungserfassung, Modul für Pflegenachweise, Modul für Abrechnung). Diese können ergänzt werden, wenn weitere Prozesse des ambulanten Pflegedienstes digitalisiert werden sollen, z.B. Angebote für Kunden.

Über Computer, Tablets oder Smartphones erfolgt die manuelle Bedienung. Der Nutzer bedient sich einer Tastatur, eines Trackpads, eines elektronischen Stiftes oder eines Touchscreens, um Informationen einzugeben oder zu bearbeiten.

Bestimmte Daten kann die Software auch automatisch generieren, wie die Uhrzeit, die GPS-Position eines anderen Smartphones oder eines Autos. Die Software kann auch aktuelle Informationen aus dem elektronischen Datentransfer wie Verkehrsinformationen und Landkarten verarbeiten.

Die Bereitstellung der Daten erfolgt elektronisch über einen Bildschirm oder Lautsprecher, als Ausdruck oder als Datentransfer zur Weiterleitung an die Abrechnungsstelle.

Die Reihenfolge der Hausbesuche wird durch das Modul Tourenplanung optimiert, sodass der Mitarbeiter auf seinem Tablet oder Smartphone den Einsatzplan ablesen kann.

Zu b)

Das Modul Leistungserfassung hilft der Pflegekraft, die zu erbringenden Leistungen vorzunehmen und z.B. mittels Touchscreen zu bestätigen, durch Bemerkungen zu ergänzen oder mit Hinweisen zu kommentieren. Mit der nächsten Internetverbindung werden die erfassten Daten an die Pflegedienstleitung oder an die zentrale Datenbank weitergeleitet. Das Modul Pflegenachweise erstellt für den Kunden und die Pflegekassen die Leistungsnachweise automatisch, die Weitergabe erfolgt mittels Datentransfer oder Ausdruck. Das Modul Abrechnung erstellt automatisch die Abrechnungen für die erbrachten Leistungen auf der Grundlage der dokumentierten Leistungsnachweise.

Für die Kommunikation mit Angehörigen von Pflegebedürftigen stehen den ambulanten Pflegekräften mobile Applikationen für das Handy zur Verfügung, die sogenannte Angehörigen-APP. Diese Applikation ist verbunden mit der Leistungserfassung und zeigt an, ob der Hausbesuch erfolgt, geplant oder verschoben ist und wann er stattfindet. Die Datenübertragung an die Angehörigen erfolgt gesichert durch einen PIN-Zugang.

Für die pflegerische Versorgung des Pflegebedürftigen vor Ort werden von den Pflegefachkräften weitere digitale und technische Lösungen, auch Robotik, benötigt. Neben den vorgenannten Informations- und Dokumentationssystemen sind z.B. auch Systeme zur

Notfall- und Sturzerkennung, Aktivitätsmonitoring, elektronische Schließsysteme, Hilfe bei schwerer körperlicher Arbeit, Systeme zur Erfassung von Inkontinenz oder Vermeidung von Dekubitus oder Telecare/Telemedizin hilfreich. Telecare auch als Telenursing bezeichnet, ersetzt nicht die direkte Pflege am Menschen, kann sie allerdings ergänzen, indem die Kommunikation zwischen dem Pflegebedürftigen und der Pflegefachkraft sowie der Pflegefachkraft und dem Arzt online oder per Videotelefonie erfolgt. Auch die Telemedizin bedient sich der virtuellen Kommunikation.

Zu c)

Die Kommunikation mit anderen professionellen Akteuren, wie Ärzten, stationären Einrichtungen, Apotheken, Rehabilitationskliniken, Krankenhäusern, Tagespflege, Palliativversorgung, Fachkräften aus Heilberufen und Kostenträgern mit dem ambulanten Pflegedienst, kann schnell, störungsfrei und sicher erfolgen, wenn eine *elektronische Pflegedokumentation (ePD)* geführt wird. Eine ePD kann den pflegerelevanten Informationsfluss bereichsübergreifend (z.B. zwischen Krankenhaus und ambulantem Pflegedienst) verbessern und damit zu einer optimalen Zusammenarbeit und Versorgung für den Bedürftigen führen. Sie kann auch einen Beitrag zur Qualitätssicherung liefern, wenn Expertenstandards in die Software eingearbeitet sind und im Dokumentationssystem abgefragt werden. Aber die ePD eines ambulanten Pflegedienstes stellt nur eine einrichtungsgebundene Sammlung von Patientendaten dar.

Anders ist die *elektronische Patientenakte* aufgebaut. Sie ist das zentrale Element der vernetzten Gesundheitsbetreuung und -versorgung der Telematikinfrastruktur. Ab dem Jahr 2021 müssen laut dem Terminservice- und Versorgungsgesetz alle gesetzlichen Krankenkassen ihren Versicherten eine ePA anbieten. Das Gesetz (SGB V, § 291 a) schreibt vor, dass „Daten über Befunde, Diagnosen, Therapiemaßnahmen, Behandlungsberichte sowie Impfungen für eine fall- und einrichtungsübergreifende Dokumentation über den Patienten" gespeichert werden. Darüber hinaus sollen in der ePA auch elektronische Medikationspläne, elektronische Arztbriefe und Notfalldaten gesammelt werden und für nachweisbar Berechtigte abrufbar sein. Persönliche Daten, wie Blutzuckermessungen, können hier auch hinterlegt werden. Nach dem Digitalen-Versorgung-Gesetz sind Apotheken bis September 2020 und Krankenhäuser bis Januar 2021 verpflichtet, sich an die Telematikinfrastruktur anzuschließen. Im Interesse des Patienten und zum Schutz seiner sensiblen Daten wird ein hoher Maßstab an den Datenschutz gelegt. Der Patient entscheidet, ob für ihn eine ePA geführt werden soll. Die ePA bündelt, speichert und stellt die gesundheitsrelevanten Daten jederzeit zur Nutzung bereit. Auf Wunsch des Patienten lädt der Arzt relevante Daten des Patienten aus seinem Praxisverwaltungssystem in die ePA hoch. Für den Arzt und den Patienten existieren unterschiedliche Zugriffsmöglichkeiten.

Der Zugriff des Patienten auf seine ePA erfolgt über seine elektronische Gesundheitsakte (eGA) und über eine Persönliche Identifikationsnummer (PIN) von seiner Krankenkasse. Der Zugriff des Arztes hingegen erfolgt über seinen Praxisausweis.

Die ePA liegt allein in der Hoheit des Patienten. Dieser bestimmt, wer wann auf seine Akte zugreifen kann und welche Informationen seine Akte enthält. Er kann Inhalte einsehen, Informationen bereitstellen und Inhalte löschen. Dazu benutzt er eine eigene App.

Der Gesetzgeber hat im Terminservice- und Versorgungsgesetz festgelegt, dass die medizinischen Daten, die der Arzt eingibt, standardisiert werden, d.h., es werden einheitliche Standards MIOs (Medizinische Informationsobjekte) definiert, wie für Laborwerte und Impfpass. Die MIOs müssen im Einzelnen noch definiert werden. Sie sollen später bei Einführung den internationalen Standards entsprechen.

Mit der Implementierung der ePA ist gewährleistet, dass relevante Daten von Patienten und Pflegebedürftigen orts- und zeitunabhängig eingetragen und abgerufen werden können.

Die elektronische Patientenakte bündelt und speichert alle gesundheitsrelevanten Daten und Dokumente, die bisher verstreut bei den Krankenkassen, in den Arztpraxen, im Krankenhaus oder beim ambulanten Pflegedienst vorliegen. Die ePA soll den Patienten lebenslang begleiten, als eine vollständige Dokumentation aller Diagnosen, Verordnungen, Behandlungen und Therapien.

Um auf die elektronische Patientenakte zugreifen zu können, benötigt der Patient die *elektronische Gesundheitskarte (eGK)* und eine PIN von seiner Krankenkasse.

Seit dem Jahr 2015 gibt es die elektronische Gesundheitskarte. Sie dient der gesetzlichen Krankenversicherung als Berechtigungsnachweis für Patienten, um individuelle Leistungen in Anspruch nehmen zu dürfen. Auf dieser Karte sind die Versichertenstammdaten (Name, Geburtsdatum, Geschlecht, Anschrift), die Versichertennummer und der Versichertenstatus (Mitglied, Familienversicherter oder Rentner) gespeichert. Um einen Missbrauch der Karte zu vermeiden, befindet sich auf der Vorderseite ein Lichtbild.

Die künftige Speicherung medizinischer Daten wird schrittweise realisiert. Zuerst werden Notfalldaten und die elektronische Medikation aufgenommen. Zu den Notfalldaten können auch die Kontaktdaten eines Angehörigen erfasst werden sowie die schriftliche Erklärung zur Organspende. Die Rückseite der elektronischen Gesundheitskarte dient als europäische Krankenversicherungskarte, die eine unbürokratische medizinische Behandlung innerhalb Europas sichert.

Die elektronische Kommunikation gelingt jedoch nur, wenn alle Nutzer, Beteiligten sowie die angeschlossenen Systeme und Dienste untereinander die ‚gleiche Sprache‘ sprechen, wenn sie also interoperabel sind. Das ist die Aufgabe der Telematikinfrastruktur. Sie ermöglicht es allen Beteiligten, sich untereinander schnell und sicher über sogenannte Datenautobahnen über medizinische Informationen, Befunde und Werte auszutauschen.

Zu d)

Die Kommunikation mit dem Quartier könnte der ambulante Pflegedienst auch über ein eigenes digitales Nachbarschaftsnetzwerk Pflege (NNP) zur Unterstützung des Pflegebedürftigen erreichen. Dieses digitaleNNP könnte an bestehende Nachbarschaftsportale, wie sie in 4.4.2. beschrieben sind, anknüpfen und deren Funktion erweitern. Pflegedienste und andere Dienstleister könnten als Initiator niedrigschwelliger, nicht professioneller Unterstützungsleistungen agieren. Die Pflegebedürftigen könnten, wenn sie es wünschen, zur Kommunikation mit ihren Nachbarn angeregt werden. Sie könnten aufmerksam gemacht werden auf bestehende Angebote und Veranstaltungen in ihrem Wohnumfeld.

Damit würde das NNP in Verbindung mit einem bestehenden Nachbarschaftsportal, z.B. nebenan.de, gezielt die Teilhabe des Pflegebedürftigen an der Gemeinschaft unterstützen und andererseits die Aufmerksamkeit des sozialen Umfeldes auf den Pflegebedürftigen lenken und die Hilfsbereitschaft Ehrenamtlicher nutzen.

Auch der professionelle Pflegedienst hätte durch die Kooperation von NNP mit dem Nachbarschaftsportal einen Vorteil, denn durch die Einbeziehung der Nachbarschaft und die Erbringung von Unterstützungsleistungen durch Ehrenamtliche könnte eine Entlastung der professionellen Pflegekräfte eintreten.

Eine Verknüpfung zwischen professionellen Diensten durch das NNP mit einem digitalen Nachbarschaftsnetzwerk wäre eine Schnittstelle zwischen formellen und informellen Diensten und würde einen Nutzen für alle Beteiligten (Pflegebedürftige, professionellen Pflegedienst, Angehörige und Nachbarschaft, ehrenamtlich Engagierte) bringen. Auch das soziale Klima im Quartier würde verbessert werden.

5.4.1 Erwartungen an künstliche Intelligenz und Robotik in der Pflege

Der Einsatz von Technik und künstlicher Intelligenz in der Medizin und Pflege basiert auf der Voraussetzung, dass er sicher, ethisch verantwortlich und wirtschaftlich erfolgt.

Forschungsbeispiele in der Medizin zeigen schon heute, wie im diagnostischen Bereich, z.B. bei bildgebenden Verfahren, die Anwendung von künstlicher Intelligenz zu wesentlich genaueren Auswertungen führen kann. Datenbasierte Diagnostik ist heute in der Medizin üblich. Aus der Menge der Daten, die ein Mensch täglich produziert, hat früher der Arzt eine Diagnose abgeleitet. Die KI in der Medizin kann aus Datenmengen bestimmte Muster und Merkmale an Datensätzen und Datenstrukturen erkennen, spezielle Datensätze herausfiltern, daraus in kurzer Zeit selbstständig Schlussfolgerungen ziehen und Diagnosen von Krankheiten formulieren. Das ersetzt den Mediziner nicht, aber es hilft ihm.

Künstliche Intelligenz kann Sprachsteuerungen unterstützen. In der Pflege könnte eine KI-unterstützte Spracherfassung bei Routineaufgaben in der Dokumentation die Pflegekräfte entlasten und dabei auf Vollständigkeit der Dokumentation zielen.

Pflege- und Hilfebedürftige, aber auch Gesunde können ebenfalls von den KI-Anwendungen profitieren, indem sie Smartphone-Apps nutzen und Wearable Computing, kurz Wearables genannt, tragen. Wearables sind kleine am Körper tragbare Geräte mit einem Datenverarbeitungssystem. Sie beinhalten meist Sensoren, die ihre Umwelt messen und die nichtelektrischen Messungen in elektrische Signale umwandeln. Mithilfe der Sensoren können physikalische, chemische, klimatische, biologische und medizinische Daten auf diese Weise gemessen werden.

Zu den Wearables gehören Activity-Tracker oder Fitness-Tracker, die Vitalfunktionen des Nutzers und dessen Aktivitäten überwachen. Sie werden am Handgelenk, als Clip oder als Anhänger am Körper getragen. Activity-Tracker protokollieren den körperlichen Zustand. Über integrierte Sensoren können körperliche Aktivitäten, Schlafphasen und Gesundheitszustände des Nutzers erfasst werden. Diese Daten werden intern auf einem Speicher gesichert oder auf ein externes Endgerät übertragen. Das kann ein Smartphone, ein Tablet oder ein Laptop sein.

Ähnlich wie die Activity-Tracker funktionieren die Smartwatches. Sie verknüpfen die Wirkungsweise einer Armbanduhr mit einem Smartphone und haben umfangreichere Funktionen als ein Activity-Tracker. Smartwatches können über die Kopplung mit Smartphones auf Applikationen des AppStore-Herstellers zugreifen.

Am oder auf dem Kopf tragbare Wearables werden als Datenbrillen bezeichnet. Datenbrillen werden in Augmented Reality (AR), Virtual Reality (VR) und Mixed Reality (MR) unterschieden.

Die AR trägt die Pflegekraft. Sie stellt dem Pfleger während des Pflegevorgangs in einem begrenzten Sichtfeld notwendige Informationen dar oder gibt eine Anleitung zum Pflegevorgang. In das Gehäuse ist ein Computermodul integriert, das auditiv über das Innenohr oder/und visuell Informationen überträgt. Zwischen Nutzer/Pflegekraft und Umwelt sind direkte Interaktionen über ein Touchscreen möglich. Der Vorteil dieser Datenbrille liegt darin, dass der Pfleger während des Pflegevorgangs seine Hände frei bewegen kann. VR versetzen den Anwender in eine virtuelle Welt – entweder zur Entspannung, zum Zeitvertreib, Motivation, Erinnerung, Orientierung oder Visualisierung bestimmter Situationen innerhalb eines Lernprozesses. Die MR befindet sich noch weitgehend in der Erforschung und Erprobung. Sie soll, wie bei dem Modell *Insight Heart,* das reale schlagende Herz zeigen und gleichzeitig veranschaulichen, welche Wirkungen eine virtuelle Operation des Herzens hat.

Neben der Entwicklung der Datenbrille wird auch an der Entwicklung eines smarten Ohrstöpsels gearbeitet. In einem deutsch-niederländischen Forschungsprojekt wird Carebuddy untersucht. Carebuddy wird wie ein Hörgerät im Ohr getragen. Es überwacht Vitalwerte, wie Körpertemperatur und Pulsschlag, und informiert bei Abweichungen Pflegekräfte. Außerdem alarmiert ein Lage- und Bewegungssensor, wenn der Träger des Carebuddy stürzt. Durch die Übertragung der Daten an eine App der Pflegekraft ist diese stets aktuell informiert und kann über Carebuddy mit dem Pflegebedürftigen direkt sprechen.

Wearables werden in naher Zukunft den Markt für professionelle Dienste bestimmen, aber auch private Nutzer, Pflegebedürftige und Senioren werden sie für unverzichtbar halten, weil sie medizinische Sicherheit vermitteln und das Leben in der eigenen Häuslichkeit bereichern oder sogar ermöglichen. Für Menschen mit eingeschränktem Zugang zur Gesundheitsversorgung, wie sie häufig in ländlichen Regionen anzutreffen ist, kann Wearable in Verbindung mit Telemedizinärzten bei der Fernüberwachung und -versorgung dienlich sein, indem die durch Wearable bei dem Pflegebedürftigen ständig ermittelten Vitaldaten über eine App an Pflegende und Ärzte weitergeleitet werden. Eine telefonische Kontaktaufnahme ergänzt den Arzt- oder Hausbesuch der Pflegekraft.

Für die häusliche Betreuung eines Pflegebedürftigen gibt es eine Smartwatch, die auf häufige Notlagen alleinlebender Senioren oder Pflegebedürftiger zugeschnitten ist, wie Herzversagen und Stürze. Wenn man einen Finger auf die Krone der Uhr legt, schreibt die Smartwatch ein Elektrokardiogramm und informiert nach der Messung den Anwendenden über mögliche gesundheitliche Probleme. Die Smartwatch erfasst mittels eines Beschleunigungsmessers und Gyroskops alle Bewegungen des Trägers und kann auf diese Weise Stürze erkennen. Der Nutzer entscheidet selbst, ob ein Notruf erfolgen soll. Für den Fall, dass sich der Träger nach einem Sturz für längere Zeit nicht bewegt, ruft die Smartwatch einen Rettungsdienst und informiert ihn über den Ort des Vorfalls.

Die wichtigsten medizinischen Einsatzbereiche für Wearables sind:

Vorhofflimmern: Hier kann es zu lebensbedrohlichen Situationen kommen, ohne dass Betroffene von dem Krankheitsbild Kenntnis haben.

Diabetiker können durch kontinuierliche Blutzuckermessungen (CGM = Continuous Glucose Monitoring) ihren Blutzuckerspiegel kontrollieren und dadurch den Gesundheitszustand beeinflussen. Ein Pflaster mit einer Mikronadel nimmt die Messwerte auf und überträgt sie an ein Smartphone oder eine Smartwatch.

Epileptiker bedürfen einer kontinuierlichen Überwachung, damit drohende Anfälle erkannt und Pflegekräfte informiert werden können. Für die Dauerüberwachung gibt es eine Embrace-Smartwatch. Hier werden mittels Sensoren elektrodermale Aktivitäten gemessen, um einen bevorstehenden Grand-Mal-Anfal (ein typischer Anfall bei einer Epilepsieerkrankung) vorherzusehen. Wenn ein Anfall eintritt, sendet das System eine Information an festgelegte Betreuer oder Pflegekräfte.

Wearables haben einen direkten Nutzen für die Anwender. Sie sind leicht bedienbar und lösen bei Veränderungen von relevanten Parametern einen Verschlechterungsalarm aus, sodass Angehörige oder Pflegekräfte frühzeitig Maßnahmen einleiten können. Bei Bewegungslosigkeit wird ein Notfallalarm abgesetzt, Analysen und Auswertungen erfolgen anhand der ermittelten Aufzeichnungen und durch den Einsatz von Smartwatch erleben die Anwender mehr medizinische Sicherheit sowie ein größeres Wohlbefinden.

Der Einsatz von Wearables stößt heute noch an Grenzen:

- Damit Wearables von jedermann nutzbar sein können, müssen Folgestrukturen eingerichtet sein. Das bedeutet, dass die Arbeitsabläufe, z. B. in Krankenhäusern, beim ambulanten Pflegedienst oder bei Ärzten, auf Massenakzeptanz eingerichtet sind.
- Die von den Wearables gesammelten Datenmengen werden an medizinisches oder pflegerisches Personal zur Auswertung weitergegeben. Haben die Auswerter dieser Datenmengen heute schon die Mittel, um die übermittelten Daten zeitnah zu verarbeiten und vor Missbrauch zu schützen?

Die beschriebenen Grenzen sind die nächsten zu lösenden Aufgaben. Wearables werden unseren Alltag bestimmen. Durch sie können Gesundheitsdaten optimal erfasst und genutzt werden, um eine personalisierte Gesundheitsvorsorge, -maßnahmen oder eine Therapie zu unterstützen.

Neben Wearables ist der Pflegeroboter ein weiteres technisches Hilfsmittel für die Alltagsbewältigung Pflegebedürftiger und zur Entlastung von Pflegekräften. Die Entwicklung und die serielle Produktion von Pflegerobotern mit verschiedenen Anwendungsfeldern befinden sich in Deutschland noch in einer frühen Phase, werden aber von Anwendern und Nutzern bereits diskutiert.

In der Studie (100) „55+ Pflege im Alter“ aus dem Jahr 2019 befragten die mhplus Krankenkasse und der SDK Süddeutsche Krankenversicherung a.G. ca. 1000 Bundesbürger, die 55 Jahre oder älter waren, zum Thema Pflege im Alter. Darin gaben 70 % der Befragten an, von einem professionellen Pflegedienst zu Hause versorgt werden zu wollen. In diesem Zusammenhang äußerten 11 %, sich vorstellen zu können, neben professioneller Hilfe, vertrauten Personen und Angehörigen unterstützend von einem Pflegeroboter betreut zu werden. Direkt zum Einsatz von Pflegerobotern befragt, führten 45 % (mit „ja“ und „eher ja“) an, dass sie sich vorstellen können, dass Roboter bald Aufgaben in der Pflege übernehmen werden. Zu den einzelnen Aufgaben befragt, die künftig Pflegeroboter in der Pflege übernehmen könnten, äußerten sich (mit „ja“ und „eher ja“)

- 68 % der Befragten, dass Roboter die Senioren regelmäßig an die Medikamenteneinnahme erinnern können.
- 65 % der Befragten stellen sich vor, dass der Roboter den Gesundheitszustand überwacht und bei Bedarf professionelle Hilfe holen kann.
- 60 % der Befragten erwarten Hilfe von Robotern, um Pflegebedürftige aus dem Bett zu heben.
- 56 % der Befragten können sich vorstellen, dass der Roboter körperliche Übungen zeigt und zum Mitmachen anregt.
- 42 % der Befragten haben die Vorstellung, dass der Roboter künftig für die Beschäftigung (Geschichten erzählen oder Spiele ma-

chen) bei den Senioren sorgen, ihnen Essen bringen und ihnen Mahlzeiten verabreichen kann.
- 36 % der Befragten können sich vorstellen, dass Roboter sich mit Senioren unterhalten.

Wie die aktuelle Ansicht der deutschen Bürger zum Einsatz von Pflegerobotern aussieht, haben M. Zwick und J. Hampel analysiert, indem sie die Ergebnisse der Repräsentativbefragung des TechnikRadar 2018 ausgewertet haben (101). Das TechnikRadar 2018 der Deutschen Akademie der Technikwissenschaften hat gemeinsam mit der Körber-Stiftung untersucht, was die Deutschen allgemein über Technik denken. In diesem Zusammenhang wurde auch die Haltung der Deutschen zu Pflegerobotern erfragt, welche Erwartungen und welche Bedenken sie an diese Technologie herantragen und worauf positive und negative Urteile beruhen. Die Befragung erfolgte durch eine repräsentative telefonische Umfrage von über 16-jährigen Teilnehmern. Die Stichprobengröße lag bei 2002.

Die Autoren erläutern: „Als Folge des Einsatzes von Pflegerobotern wird die soziale Dystopie einer an ökonomischen Effizienzkriterien ausgerichteten Pflege befürchtet, in der Technik im Sinne tayloristischer Rationalisierung genutzt wird, um Personalaufwand zu minimieren“… „Unsere Ergebnisse zeigen, dass sich die deutsche Öffentlichkeit nicht per se fürchtet: Auf Zustimmung stoßen Pflegeroboter dann, wenn sie Pflegekräfte entlasten und mehr menschliche Zuwendung ermöglichen“... „Für Forschung und Entwicklung ist es mit der Optimierung von Technikeigenschaften und Benutzerfreundlichkeit nicht getan. Es gilt, die Regelung im Pflegesystem so zu gestalten, dass Roboter als Unterstützungssystem dazu beitragen können, die Qualität der Pflege zu verbessern und nicht zu verschlechtern. Ihre Entwicklung und Einführung sollte weder Ingenieuren, Herstellern, politischen Akteuren und Akteuren von Pflegeindustrie allein überlassen bleiben, sondern auch die Bedürfnisse der Pflegenden und der Pflegebedürftigen maßgeblich berücksichtigen. Dabei muss auch diskutiert werden, welche Rolle technische Systeme bei der Pflege spielen können und wie sichergestellt werden kann, dass die Perspektive eines lebenswerten Lebens in menschlicher Gemeinschaft auch im Alter nicht auf die bloße Versorgung von physiologischen Grundbedürfnissen unter Nutzung aller Möglichkeiten einer an ökonomischen Kriterien orientierten Rationalisierung beschränkt wird.“ (102)

Moderne Robotertechnologie wird benötigt, um Assistenz und Interaktion sicherstellen zu können, aber sowohl Assistenz als auch Interaktion verlangen eine hochentwickelte Technologie, um in verschiedenen Umgebungen (strukturierten Pflegeheimen, unstrukturierten Wohngemeinschaften, Wohnungen, Eigenheimen etc.) unterschiedlichen Handlungsfeldern, Bedarfen und Anforderungen sowie verschiedenen Benutzern gerecht zu werden. Es handelt sich im Wesentlichen um vier Assistenzbereiche, in denen Robotersysteme Unterstützungsdienste leisten können.

- In strukturierten Einrichtungen wie Pflegeheimen oder Krankenhäusern können Robotersysteme in der Logistik eingesetzt werden oder sie unterstützen das Heben sowie Transportieren von Patienten und Bewohnern. Ein Beispiel dafür ist der Pflegeroboter Robear.
- In Einrichtungen der Rehabilitation finden Robotersysteme Einsatz bei der Anwendung physischer und rehabilitativer Unterstützung durch aktive Prothesen und adaptive Patientenunterstützung bei Bewegungseinschränkungen. Beispiele sind Exoskelette (aktive Prothesen).
- Individuelle physische Unterstützung bieten Robotersysteme, die bei der Nahrungsaufnahme, der Bewegung, beim Heben/Tragen, Reinigen, Kochen, Ankleiden und bei der Hygiene helfen. Bislang können dies Obi, ein Hilfsgerät zur Zuführung von Nahrung, LEA (Lean Empowering Assistant), ein intelligenter Rollator mit Erinnerungsfunktion, sowie Roomba, ein Staubsaugerroboter, leisten.
- Kognitive und soziale Unterstützung leisten Robotersysteme durch Unterstützung bei der Selbstfürsorge, wie der Anregung zur Bewegung, bei der Unterstützung von Interaktionen, wie Hilfe bei der Telepräsens, und durch das Angebot von Zweisamkeit mit der

„Partner-Robbe“ oder der „Partner-Katze“ (PARO oder JustoCat). Kognitive Unterstützungsleistungen, wie Hilfestellung beim Erinnern oder beim Auffinden von Gegenständen, leisten auch Humanoide Roboter wie NAO, Zora und Pepper, oder die Humanoiden Serviceroboter Care-o-bot und Furhat, Roboterköpfe aus Schweden.

Einfache Technologien und Systeme, die Aktivitäten bewegungsbeeinträchtiger Menschen in ihrer gewohnten Wohnumgebung physisch unterstützen, sind bekannt und vielfach verbreitet. Der Gebrauch dieser Technologien macht hilfebedürftige Menschen und Senioren beweglicher, damit unabhängig von menschlichen Hilfestellungen und erlaubt ihnen einen längeren Verbleib in der eigenen Häuslichkeit. So ermöglicht etwa die aus den Niederlanden stammende Robotisierung des Rollators, einer Gehhilfe, zu einem Lean Empowering Assistant (LEA) einem Robotersystem, das aktiv den Beeinträchtigten beim Laufen führt, seine Wege navigiert, und ihm freie Bewegung, sogar Tanzschritte erlaubt. Oder das Pflegebett, das sich in einen Rollstuhl umwandeln lässt, oder die Telepflege, bei der ein Mediziner per Videoanruf mit einer Pflegekraft kommuniziert und sie fachlich berät, sind unterstützende Systeme, die in der eigenen Wohnung einsetzbar sind.

Die Weiterentwicklung und die Einführung von Pflegerobotern werden von verschiedenen Interessen getragen: Nutzer (Senioren und Pflegebedürftige) erwarten durch die Anwendung von Robotik ein längeres unabhängiges Leben, also mehr Lebensqualität in ihrem eigenen Wohnumfeld. Das staatliche Gesundheitssystem erhofft durch die Technisierung eine Kosten- und Personaleinsparung, wenn Arbeitsabläufe automatisiert werden können. Pflegekräfte versprechen sich vom Einsatz der Pflegeroboter körperliche Entlastung und logistische Hilfen.

Gegenwärtig werden Roboter in der Pflege nur versuchsweise eingesetzt. Obwohl bereits mehrere Entwicklungsgenerationen bei einigen Robotern vorhanden sind, wurden in Deutschland nur vereinzelte Projekte mit Pflegerobotern in Einrichtungen implementiert. Studien über Praxiserfahrungen und Leistungsabschätzungen für die zukünftige Nutzung liegen bisher nicht vor. Dagegen werden in Japan die neuen Technologien bereits eingesetzt. Aussagen darüber, was Pflegeroboter in Zukunft leisten können, welche konkrete Entlastung und welcher Nutzen zu erwarten sind, können zuerst von den Japanern getätigt werden.

In Deutschland bestehen zahlreiche Hemmnisse, die gegenwärtig einem breiten Einsatz von Pflegerobotern entgegenstehen. Thommes et al. schätzen die Situation wie folgt ein: „Die technologische Reife von Pflegerobotern ist momentan für viele Pflegeanwendungen nicht ausreichend. Hierbei wurden Lücken in der Bedienbarkeit, in dem langfristigen Betrieb, der Mensch-Maschine-Interaktion, der Integration in andere Systeme und der Benutzerfreundlichkeit gefunden.

Zudem ist das Ökosystem von Robotik in der Pflege nicht ausgereift. Es gibt keinen zuverlässigen, qualifizierten, nationalen Betreiber der Pflegetechnologie, der Service und Nutzer verbinden könnte. Das Wirtschaftsökosystem ist noch weitestgehend in den „Kinderschuhen", das Innovations-Ökosystem ist unausgereift und es gibt einen Mangel an Stakeholdern.

Ein enorm wichtiger Aspekt für die Einführung von Robotik ist die Akzeptanz der zukünftigen Nutzer. Momentan variiert die Akzeptanz hinsichtlich Pflegerobotik weitestgehend. Die Hauptfaktoren beinhalten den Umfang von Erfahrungen mit Pflegerobotern sowie die Art der Anwendung. Es besteht folglich sowohl ein Mangel an angemessenem Wissen als auch ein Mangel an Erfahrung." (103)

Aber auch wenn es gelingt, ein funktionierendes technologisches Innovations-Ökosystem, um den Pflegeroboter herum aufzubauen, bedarf es weiterer Voraussetzungen für die Nutzung von Robotik in der Pflege.

- Grundlagen für Roboteranwendungen stellen der Datenschutz, die Datensouveränität und die Schweigepflicht dar. Erhebt der Roboter Patientendaten, Gesundheitsdaten oder gesundheitsbezogene Informationen wie Gesichtserkennung, Blutzuckerwerte oder Ernährungsverhalten, müssen diese Daten vor dem Zugriff Dritter geschützt sein. Die Digitalisierung mittels Robotik darf nicht zur Datentransparenz führen oder in Datenmissbrauch resultieren. Die Weiterentwicklung der technischen Möglichkeiten muss deshalb einhergehen mit der Weiterentwicklung des Bewusstseins für Risiken und für vorbeugende Sicherungs- sowie Notfallkonzepte.

- Technikeinsatz und Personalentwicklung durch Aus- und Weiterbildung müssen aufeinander abgestimmt sein. Neben die technische Wissensvermittlung treten auch gesetzliche Kenntnisse und das Wissen um ethische Argumente wie auch Vorbehalte. Die bisherigen Ausbildungsinhalte in der Altenpflege, im Gesundheits- und Krankenpflegebereich oder in der Therapeutenausbildung müssen erweitert werden um allgemeine informationstechnologische Grundlagen und um den fachgerechten Umgang mit der institutionell notwendigen Hard- und Software, den eingesetzten Robotertechnologien und den unterschiedlichen informationstechnologischen Systemen sowie deren Anwendungen.
- Technikeinsatz und Arbeitsorganisation müssen passgenau funktionieren. Durch den Einsatz von Pflegerobotern können sich Arbeitsabläufe, Arbeitsprozesse und Tätigkeitsinhalte verändern. Der Gradmesser für effektive Abläufe ist allein die Förderung des Wohlbefindens der zu pflegenden Person. Es geht nicht primär um Kosten-, Zeit- und Personaleinsparung. Die eingesparte Zeit soll dem Pflegebedürftigen mehr zwischenmenschliche Zuwendung ermöglichen.
- Der Einsatz von Pflegerobotern in Pilotprojekten, Studien und Auswertungen über Erfahrungen in der Anwendung von Robotik , mittel- und langfristige Erkenntnisse für Anwender und Nutzer beim Einsatz von Robotern müssen in einer breiten Öffentlichkeitsarbeit dargestellt und kommuniziert werden. Wissen schafft Vertrauen und Vertrauen schafft Akzeptanz. Die Akzeptanz des Einzelnen ist notwendig, damit er sich ohne Angst, Vorbehalte und Vorurteile auf die Digitalisierung, Technisierung und künstliche Intelligenz einlässt.
- Die weitere wissenschaftliche Erforschung, die technische Weiterentwicklung und der Einsatz von Pflegerobotern sind mit erheblichen Investitionskosten verbunden.

Das Bundesministerium für Bildung und Forschung (BMBF), das Bundesministerium für Wirtschaft und Energie sowie das Bundesministerium für Gesundheit haben unter Beteiligung von Wirtschaft, Forschung und Kostenträgern aus dem Gesundheitswesen den bundesdeutschen Strategieprozess „Innovation in der Medizintechnik“ begonnen. Dabei geht es darum, die Innovationskraft der medizinischen Forschung zu stärken und damit einerseits die Modernisierung des Gesundheitswesens voranzutreiben und andererseits den Technologietransfer zwischen Wissenschaft und Wirtschaft zu beschleunigen. Die Bundesregierung unterstützt deutsche Unternehmen, darunter Start-ups, klein- und mittelständische Betriebe, in diesem Hochtechnologiesektor, um Deutschland im Bereich der Medizintechnik zu einem Hightech-Standort zu machen.

Neben dieser Medizininformatik-Initiative des BMBF unterstützt der Bund im Rahmen des Fachprogramms Medizintechnik auch Technologieentwicklungen und medizinische Innovationen für die digitale Gesundheitsversorgung, weil die digitale Transformation einer der wesentlichsten Innovationsmotoren für das Gesundheitswesen ist.

Das Gesetz, SGB XI § 106 b, *Finanzierung der Einbindung der Pflegeeinrichtungen in die Telematikinfrastruktur* sichert den Pflegeeinrichtungen zu, „die erforderlichen erstmaligen Ausstattungskosten, die den Leistungserbringern in der Festlegungs-, Erprobungs- und Einführungsphase der Telematikinfrastruktur entstehen, sowie den Kosten, die den Leistungsbringern im laufenden Betrieb der Telematikinfrastruktur entstehen“ werden ambulanten und stationären Pflegeeinrichtungen ab dem 1.7.2020 von der Pflegeversicherung erstattet. Grundlage hierfür bilden die Finanzierungsvereinbarungen für die an der vertragsärztlichen Versorgung teilnehmenden Ärztinnen und Ärzte (gem. § 291a Abs. 7 Satz 5 SGB V). Die Verfahren zur Erstattung der Kosten vereinbaren der Spitzenverband Bund der Pflegekassen und die Vereinigung der Träger der Pflegeeinrichtungen auf Bundesebene bis zum 31.3.2020.“

5.5 Finanzreform der Pflegeversicherung

Die Erhöhung des Mindestlohns, die Finanzierung zusätzlicher Mitarbeiter in der Pflege und bessere Arbeitsbedingungen, mehr und verbesserte Leistungen für die Pflegebedürftigen, der Ausbau der Telematikinfrastruktur und die Investitionen in die digitale Gesundheitsvorsorge verursachen für die öffentlichen Kassen hohe finanzielle Ausgaben. Bisher wurde der Finanzbedarf gedeckt durch die Anhebung der Beitragssätze der ca. 72 Millionen Bürger in der sozialen und der 9 Millionen Bürger in der privaten Pflegeversicherung, durch höhere Eigenanteile bei der Pflege, Unterbringung und Betreuung sowie Steuerzuschüsse. Allein im Jahr 2017 stiegen auch infolge des dritten Pflegestärkungsgesetzes die Ausgaben der Pflegeversicherung um 26 %. Mehrkosten für notwendiges Personal und für höhere Löhne sind nicht allein durch Erhöhung der Eigenanteile zu finanzieren, denn letztere sind bereits in den vergangenen Jahren konstant gestiegen und würden bei weiterem Anstieg zur Verarmung zahlreicher alter pflegebedürftiger Menschen führen. Eine Fortsetzung dieser Vorgehensweise würde bedeuten, dass Menschen durch Pflegebedürftigkeit arm werden. Denn Pflegebedürftige, die die steigenden Eigenanteile nicht mehr aufbringen können, werden zum Sozialfall und sind auf Sozialhilfe angewiesen.

Der in der Pflegeversicherung notwendige Finanzbedarf erfordert deshalb einen schnellen Systemwechsel weg von der Grundannahme, dass der einzelne Heimbewohner das Kostenrisiko für eine bessere Pflegequalität selbst tragen muss.

Es liegen bereits neue Reformmodelle zur Finanzierung von Pflegebedürftigkeit vor. In einer Studie von der gewerkschaftsnahen Hans-Böckler-Stiftung wurden die Pflegevollversicherung und die Pflegebürgerversicherung untersucht.

Das Modell der Pflegevollversicherung nimmt an, dass die gesamte Bevölkerung, auch Privatpflegeversicherte, Beamte und Pensionäre, in eine Pflegebürgerversicherung einbezogen werden. Die Pflegebürgerversicherung ist die Finanzierungsgrundlage der Pflegevollversicherung. Dabei ist es notwendig, privat und gesetzlich Pflegeversicherte zusammenzuführen, die Unterscheidung in privat oder gesetzlich Versicherte aufzuheben, damit alle Bürger einkommensabhängig in eine Pflegeversicherung einzahlen.

Die Pflegevollversicherung soll künftig bei medizinisch begründeter Pflegebedürftigkeit die pflegebedingten Kosten vollständig tragen, ähnlich wie die Krankenversicherung. In einem ersten Schritt ist geplant, den Eigenanteil der Pflegebedürftigen zu deckeln, um ihn dann später komplett abzuschaffen.

Die Autoren gelangten in dieser Studie zu folgendem Ergebnis (104): „Rund 90 % der Sozialversicherten werden durch eine Pflegebürgerversicherung aufgrund der resultierenden Reduktion des Beitragssatzes bei Ausdehnung der Beitragsbemessungsgrundlage entlastet. Lediglich die 5 % einkommensstärksten Versicherten werden in merklichem Umfang belastet. …Für die bislang Privatversicherten entstehen dagegen bei Einführung einer Pflegebürgerversicherung erhebliche, mit der Einkommenshöhe steigende Mehrbelastungen, die bei der Pflegebürgervollversicherung sogar noch etwas höher liegen."

Ein anderes Modell sieht vor, eine Finanzierungsreform zu etablieren, die sich aus einer Kombination von Beitragseinnahmen und Steuerzuschüssen speist. Dadurch soll erreicht werden, dass der Eigenanteil gedeckelt werden kann und für die reinen Pflegekosten ein Sockelbetrag von zunächst 450 Euro bestimmt wird, der vom Pflegebedürftigen zu leisten ist.

Vom Verband der Privaten Krankenversicherung, in der 9 Millionen Menschen versichert sind, kommt ein anderer Vorschlag. Er geht davon aus, dass künftig zunehmend ältere Pflegebedürftige immer weniger erwerbstätigen Beitragszahlern gegenüberstehen, deshalb plädiert er für einen neuen Generationenvertrag. Dieser soll einerseits eigenverantwortliche private Pflegevorsorge von den Versicherten einfordern und andererseits steuerliche Erleichterungen für die Versicherten garantieren. Das Modell stützt sich auf eine Umfrage aus dem Jahr 2018, in der die Befragten die Kosten für private Zusatzvorsorge auf ein Vielfaches der wirklichen Kosten schätzten.

In der bereits erwähnten Studie „55+ Pflege im Alter“ (105) aus dem Jahr 2019 wurden die Antworten von mehr als 1000 Bundesbürgern, die älter als 55 Jahre waren, ausgewertet. Die Studie wurde von der mhplus Krankenkasse und der Süddeutschen Krankenkasse in Auftrag gegeben. In der Untersuchung wurde auch nach der persönlichen Pflegefinanzierung gefragt.

- Bei der Umfrage stimmten 63 % der Befragten zu, „dass das Thema Pflegefinanzierung viel zu kompliziert ist. Sie meinen, es kann doch keiner wissen, wie viel Geld er für die Pflege braucht“.
- 65 % der Befragten sagten, dass „gute Betreuung im Pflegefall viel zu teuer für sie sei“.
- Auf die Frage: Was meinen Sie: Reichen Ihre finanziellen Mittel aus, um die von Ihnen gewünschte Pflege zu finanzieren? antworteten 55 %, es wäre ihnen egal, zur Not müsse der Staat für sie einspringen. 54 % gaben an, sich auf die staatliche Pflegeversicherung zu verlassen.
- Auf die Frage: Reichen Ihre finanziellen Mittel aus, um die von Ihnen gewünschte Pflege zu finanzieren? antworteten 30 % mit „ja“ und „eher ja“ – „Ich lege monatlich ausreichend Geld zur Seite für meinen möglichen Pflegefall“. Dagegen meinten 31 % der Befragten, sie hätten bereits ausreichend Geld für ihren möglichen Pflegefall zurückgelegt.

Das Institut der deutschen Wirtschaft kommt zu der Schlussfolgerung, dass sich „nach gegenwärtigem Forschungsstand nicht eindeutig beantworten (lässt), ob eine ergänzende Pflicht zur Vorsorge für den Pflegefall nötig ist. Denn bisher ist empirisch nicht ausreichend erforscht, wie die Menschen in Deutschland für den Pflegefall vorsorgen. Zu prüfen sind daher auch weitere Maßnahmen: Möglicherweise reicht eine deutliche und offene Kommunikation aus, um private Vorsorge zusätzlich zu erleichtern. Möglicherweise sind auch neue freiwillige Formen im Bereich einer ergänzenden Vorsorge hilfreich, beispielsweise ein ergänzendes Angebot im Rahmen der betrieblichen Altersvorsorge. In keinem Fall sollte aber die Erwartung geschürt werden, die bisherige

Pflegepflichtversicherung könne die steigenden Pflegekosten bei gleichbleibenden Leistungszusagen allein beziehungsweise ohne signifikant steigende Beitragslasten bewältigen“. (106)

Ein Blick über die Ländergrenzen hinweg zeigt, dass Deutschland vergleichsweise zu anderen Ländern Europas weniger Geld für die Pflege aufwendet.

Die Organisation für wirtschaftliche Zusammenarbeit und Entwicklung gibt an (107), dass „2017 in Deutschland 1,5 % des Bruttoinlandsproduktes für die Pflege ausgegeben (wurden). In Norwegen und Schweden waren es dagegen 2,7 %, in den Niederlanden 2,5 %, in Dänemark 2,3 % und in Belgien 2,1 %. Auch in Island, der Schweiz und Finnland wird im Verhältnis zur Wirtschaftsleistung mehr Geld für die Pflege aufgewendet als in Deutschland“.

5.6 Altenpflege – ein Dienstleistungssystem im Umbruch

Die Altenpflege basiert auf den Leistungen der sozialen Pflegeversicherung. Diese sind aber nur ergänzend zu familiären, nachbarschaftlichen oder ehrenamtlichen Hilfen ausgerichtet. Die Änderungen der sozialen Pflegeversicherung haben mit den Reformdiskussionen um die Sicherung der Finanzierung und mit Diskussionen um die inhaltliche Neuausrichtung des Gesetzes schon begonnen.

Aussagen in politischen und gesellschaftlichen Debatten über die Zukunft der Arbeit in der Pflege und über einen Systemwechsel der Finanzierung der Pflegeversicherung, orientieren sich an der Fortschreibung der bisherigen Arbeit in den tradierten Einsatzbereichen und Berufsfeldern sowie den bisherigen Aufgaben und Tätigkeitsprofilen. Aber in der Praxis differenzieren sich die Einsatzbereiche, Leistungsfelder und Tätigkeitsprofile in z.B. vorpflegerische Aufgaben und pflegebegleitende Leistungsfelder. Eine Fortschreibung oder Weiterführung von Bestehendem reicht nicht mehr aus, um künftig die gesellschaftlichen Herausforderungen und individuellen Erwartungen von Beteiligten zu erfüllen. Es bedarf eines Umbruchs, einer Neuausrichtung und einer Neuorganisation, die die Neustrukturierung der Ausbildung ebenso einschließt wie eine Reform der Finanzierungsgrundlage der Pflegeversicherung. Zudem bedarf es weiterer aktueller Reformen.

Im häuslichen und privaten Lebensbereich von Pflegebedürftigen oder alten hilfebedürftigen Menschen haben sich bereits neue Leistungsfelder herauskristallisiert, wie z.B. das vorpflegerische, das pflegeergänzende und das präventiv orientierte Leistungsfeld.

Die bisherigen tradierten, zuverlässigen, umfangreichen Unterstützungsstrukturen der Pflegebedürftigen durch ihre Angehörigen reduzieren sich in hohem Maße. So sind durch den demografischen Wandel etwa Nachbarschaften, Ehrenamtliche und gut organisierte soziale Netzwerke nur teilweise in der Lage, die wegbrechenden familiären Unterstützungsstrukturen aufzufangen. Hinzu kommt, dass sich die Bedürfnisse der Pflegebedürftigen und hilfebedürftigen alten Menschen nach Unterstützung, Begleitung, Betreuung und Versorgung verändert haben. Erkennbar wird die Veränderung an den Wünschen der Pflegebedürftigen nach vorpflegerischen, pflegebegleitenden und alltagsunterstützenden Hilfen. Es fehlen weitgehende Koordination und Vernetzung professioneller Hilfen sowie gemeinschaftlicher oder individueller Teilhabe. Darüber hinaus mangelt es an Unterstützungsleistungen und Hilfen im technischen und digital-kommunikativen Bereich.

Professionell organisierte Pflegedienstleister in der ambulanten Pflege müssen künftig nicht allein durch kompensatorische Unterstützung das individuelle Risiko Pflegebedürftigkeit absichern, sondern sie müssen ihren Fokus ausweiten in Richtung einer allgemeinen existenziellen Sicherung des Lebens im Alter und bei Hilfebedarf. Dazu gehört neben Unterstützung und Weiterentwicklung vorhandener Infrastrukturen lokaler Daseinsvorsorge auch die Gewährleistung von Sicherheit bei der individuell notwendigen Betreuung und Versorgung.

Damit verwandelt sich die Altenpflege zur Altenhilfe, einem erweiterten Dienstleistungssystem mit direkten und indirekten Unterstützungsleistungen. Es ist eine Verschiebung der Grenzen der Arbeits- und Verantwortungsbereiche hin zu mehr begleitender Alltagsunterstützung, Ausweitung und Sicherung der Eigenständigkeit, Eigenverantwortung und individuellem gesundheitsprophylaktischem Selbstmanagement.

Für diese nichtpflegerischen Aufgaben hatten bisher professionelle Pflegedienste aber weder Personal und Zeit, denn sie können diese Leistung nur bedingt bei den Krankenkassen abrechnen, noch sind sie speziell dafür ausgebildet.

Das Dienstleistungssystem Altenhilfe erlebt tiefgreifende Veränderungen, die eine Reorganisation und teilweise Neuausrichtung/Neukombination umfassen.

Unter Reorganisation wird, so beschreibt es M. Evans (108), „der Wandel von Beschäftigungs- und Personaleinsatzkonzepten, die Ausdifferenzierung von Arbeits-, Aufgaben- und Tätigkeitsfeldern sowie ein veränderter Technikeinsatz“ subsumiert. Neuausrichtung und Neukombination meinen die Einbeziehung „(potentiell) verfügbarer Produktionsfaktoren und -ressourcen, die zur Erstellung von Dienstleistungen für und mit älteren und oder pflegebedürftigen Menschen erforderlich sind. Diese Neukombination ist sowohl eine sozioökonomische Herausforderung als auch eine Chance. … Die Altenhilfe ist kein Kostgänger der Wirtschaft, sondern ein soziales wie wirtschaftliches Investitionsfeld. Steigende Leistungsanforderungen unter knappen Ressourcen erfordern es, das Dienstleistungssystem Altenhilfe in seinen Strukturen, Angeboten und Leistungsprozessen neu zu denken und zu organisieren. Dabei geht es einerseits darum, stärker am individuellen Bedarf ausgerichtete Versorgungskonzepte vorzuhalten. Andererseits müssen durch Leistungskombinationen, durch neue Wege der Arbeitsorganisation und des Kompetenz- und Technikeinsatzes ungenutzte Produktivitätsreserven für Versorgungs- und Arbeitsinnovationen erschlossen werden. Eine grundlegende Herausforderung besteht darin, das pflegepolitische Ziel einer bedarfsgerechten Weiterentwicklung der Infrastruktur Altenhilfe in Einklang mit nachhaltigen Beschäftigungsperspektiven und guten Einkommens- und Arbeitsbedingungen zu bringen. Arbeits- und Ausbildungsqualität, Arbeitsbedingungen und berufliche Entwicklungsperspektiven in der Altenhilfe müssen künftig als zentrale Determinanten der Reorganisation gedacht werden."

In den letzten zehn Jahren hat sich das Umfeld der Altenhilfe verändert. Zum einen sind neben den aktuellen Reformen, die sich aus neuen Gesetzen und der Konzertierten Aktion Pflege der Bundesregierung ergeben, auch Strukturveränderungen des Marktes hinzugekommen, wie quartiersnahe Erschließung von Versorgungsangeboten, Ausweitung von Kurzzeit- und Tagespflegeangeboten sowie technische und digitale Möglichkeiten und digitale Plattformen. Reformen und Strukturveränderungen des Marktes zielen gleichermaßen darauf ab, den Nutzen von Pflege und Betreuung für den Einzelnen zu erhöhen und die Bedeutung der Arbeit der Altenhilfe zu stärken. In welchem Maße das gelingt, hängt davon ab, ob die sich abzeichnenden einzelnen Umbrüche und Veränderungen partiell und begrenzt wahrgenommen und genutzt werden, oder ob es gelingt, sie einzubinden und einen umfassenden zukunftsweisenden Entwicklungspfad für das gesamte Dienstleistungssystem Altenhilfe zu bestimmen.

Entscheidende Einzelreformen, die den Umbruch prägen, sind das Terminservice- und Versorgungsgesetz, das Pflegeberufereformgesetz und das Digitale Versorgungsgesetz.

Das Terminservice- und Versorgungsgesetz (TSVG) hat ermöglicht, dass reine Betreuungsdienste für die Leistungserbringung in der ambulanten Pflege zugelassen wurden. Damit wurde realisiert, dass sich neue Berufsgruppen für die vorpflegerische und pflegeergänzende Versorgung entwickeln können. Gleichzeitig konnten ambulante Pflegedienstleister ihr bisheriges Leistungsspektrum erweitern und es konnten mögliche neue Tätigkeitsfelder sowie neue Kompetenzprofile und Berufsgruppen entstehen. Eine Entwicklung, die parallel dazu verläuft, ist die Reform der beruflichen Bildung der Pflegeberufe. Das Pflegeberufereformgesetz gestaltet nicht nur die fachschulische Berufsausbildung um, sondern fördert auch die akademische Ausbildung in den Pflegeberufen. Es geht künftig um das Zusammenwirken zwischen neu entstehenden Leistungsangeboten und neuen, auch akademischen, Berufsprofilen.

Das Digitale Versorgungsgesetz (DVG), das Versorgungsinnovationen sowohl im stationären als auch im ambulanten Bereich durch digitale Technik befördern soll, reformiert durch digitale und technische Lösungssysteme das Dienstleistungssystem der Altenhilfe. Versorgungsinnovationen haben das Ziel, die Betreuung und Pflege des Einzelnen besser und individueller zu gestalten und ihm mehr soziale Teilhabe zu ermögliche. Doch durch digitale und technologische Herausforderungen und die Weiterentwicklung der Anwendung künstlicher Intelligenz in der Pflege werden auch neue Kapitalgeber und -beteiligungen gewonnen. Wissenschaft und Forschung nehmen die Altenhilfe in ihren Fokus und tragen wesentlich zur Umgestaltung des zu erneuernden Dienstleistungssystems bei.

Die drei vorgenannten politischen Reformen haben unterschiedliche Zielsetzungen mit verschiedenen Akteuren und sind in unterschiedlichen Kontexten entstanden.

Die ihnen innewohnenden Spannungsfelder könnten dazu führen, dass die Reformen auseinanderdriften, denn das System Altenhilfe ist stark gespalten zwischen politisch-verbandlicher Einflussnahme und marktwirtschaftlich-wettbewerblich orientierten Steuerungen. So wäre etwa die Überwindung der verschiedenen Interessenvertretungsorganisationen der Arbeitgeber und der beruflich pflegenden Angestellten notwendig. Gewerkschaften, Berufsverbände und Kammerorganisationen agieren arbeitspolitisch unabgestimmt. Die Wirkung auf aktuelle wirtschaftliche Herausforderungen bleibt gering und das Spannungsfeld zwischen Arbeitnehmern und Klienten verstärkt sich weiter, wenn, wie bisher, Lohnerhöhungen für die Arbeitnehmer in der Pflege allein von den Klienten und den Sozialhilfeträgern getragen werden müssen. Solange es zwischen Arbeitgebern und Gewerkschaften (über die Pflegemindestlohnkommission hinaus) keine integrierten Verhandlungsstrukturen gibt, fehlt eine allgemeingültige ordnungspolitische Tarifpolitik, und die Chance, auf wirtschaftliche Veränderungen zu reagieren, bleibt partiell.

Auch die Pflegeberufereform ist von Spannungen geprägt. Einzelne Berufs- und Arbeitgeberverbände konnten sich mit dem Argument durchsetzen, dass neben der medizinisch-orientierten Pflege auch das sozialpflegerische Profil erhaltenswert sei. Neben dem generalistischen Abschluss wird es also auch künftig Abschlüsse in der Altenpflege sowie Gesundheits- und Kinderkrankenpflege geben. Daraus folgernd sieht die Ausbildungs- und Prüfungsverordnung im Ergebnis für die Altenpflege ein geringeres Kompetenzniveau vor als für den generalistischen Abschluss. Die Interessen der Arbeitgeber an weniger verdienenden Pflegekräften haben sich damit durchgesetzt gegen die Professionalisierungserfordernisse des Pflegeberufes. Arbeitnehmer erhalten in der Pflege wesentlich weniger Lohn als ihre Kollegen im Krankenhaus. Diesbezüglich stellt sich die Frage: Wie kann sich künftig die Altenhilfe in diesem Wettbewerb behaupten und gelingt es allein über neue Tätigkeitsfelder, neue Entwicklungsmöglichkeiten und damit auch bessere Verdienstmöglichkeiten zu erschließen?

Vor dem Hintergrund bedeutender Systemveränderungen in der Altenhilfe erscheint es nicht ausreichend, nur arbeits- und tarifpolitische Eckpunkte für Fachkräfte in der Pflege zu überarbeiten, sondern es ist erforderlich, die bisherigen Grenzen von Einrichtungen, Berufsfeldern und Tätigkeitsprofilen auszuweiten und neue Aufgabenfelder zu erschließen. Hier bieten sich der präventive, der vorpflegerische und der nebenpflegerische Bereich an. Dabei ist es wichtig, dass Altenhilfe umfassend, also auch von der Gesellschaft und bezüglich des Arbeitsmarktes betrachtet wird und sich für neue berufliche Existenzgrundlagen sowie neue Entwicklungsperspektiven öffnet. Auf diese Weise können sich neue Modelle der Arbeitsorganisation und neue Kooperationsmodelle entwickeln, ohne unprofessionellen Tendenzen Vorschub zu leisten.

Ein weiteres Spannungsfeld kann sich aus dem Technikeinsatz ergeben. Gelingt das Zusammenwirken von Mensch und Maschine mit dem erwarteten Nutzen? Technik allein bringt noch keine Qualitätsverbesserung und keine Produktivitätssteigerung.

Bisher war die Arbeit in der Altenhilfe geprägt von pflegeprofessioneller Ganzheitlichkeit. Der Technikeinsatz bedarf eines fachlichen, politischen und gesellschaftlichen Aushandlungsprozesses, wobei betriebliche Erfahrungswerte hilfreich sein können. Seine Auswirkungen greifen in unbekanntem Ausmaß auf Tätigkeitsprofile, Aufgabenbereiche, Löhne und Dienstleistungsstrukturen beruflich Pflegender. Die technisch oder digital vorangetriebene Aufspaltung pflegerischer Arbeitsabläufe in Tätigkeiten, die von unterschiedlich qualifizierten Berufsgruppen wahrgenommen werden, darf nicht dazu führen, dass technisch und digital gestützte Steuerungs- und Organisationsaufgaben sowie Kontrollen von höher qualifizierten Fachkräften erledigt werden und sozial-pflegerische Tätigkeiten am Menschen direkt von weniger qualifizierten Pflegekräften oder anderen gering qualifizierten Berufsgruppen ausgeführt werden. Das bedeutet, dass digital oder technisch gestützte Organisationsveränderungen der Arbeitsprozesse, der Kompetenzen und der Tätigkeiten auch neue Spannungsfelder in der Pflege befördern können.

Um diese Spannungen zu vermeiden, sollten arbeitspolitische Maßnahmen nicht nur punktuell oder einrichtungsbezogen betrachtet und diskutiert, sondern auch systemisch reflektiert werden. Der Umbruch des Dienstleistungssystems Altenhilfe hat eine große Wirkung nach innen, dazu gehören veränderte Berufs-, Qualifikations- und Tätigkeitsmerkmale sowie lohnpolitische Folgen. Der Umbruch hat zudem eine Wirkung nach außen und eine Wirkung in die Zukunft. Deshalb ist ein von allen Beteiligten geführter Zukunftsdialog auf inner- und außerbetrieblicher Basis eine Chance, Altenhilfe gemeinsam neu zu gestalten.

5.7 Leitbild für die Digitalisierungsära

Die Digitalisierungsära ist geprägt von Dynamik und Dringlichkeit, die z.B. Zukunftsforscher, Sozialwissenschaftler, Gesundheits- und Pflegeforscher, aber auch Praktiker aus Verwaltung, Management und Arbeitnehmervertretungen einfordern. Sie bestimmt schon heute die Richtung der Weiterentwicklung und das Wachstum von Arbeit, Dienstleistung wie auch Wirtschaft. Die Digitalisierungsära hat wesentlich dazu beigetragen, dass aus der Pflege, einer ehemals sozialen gesellschaftlichen Verpflichtung, eine Wachstumsbranche und ein Zukunftsfeld entstanden sind, die künftig vermehrt Wirtschaftsinvestoren, Wissenschaftler und Entwickler beeinflussen werden.

Ein Leitbild der zukünftigen Digitalisierungsära liegt nicht vor. Aber es zeichnet sich ab, dass in künftigen arbeitspolitischen Gestaltungsfeldern der Gesundheits- und Sozialwirtschaft technisches Know-how mit dem Wissen von Mitarbeitern, Beteiligten und Nutzern verknüpft werden muss zu Gestaltungspartnerschaften. Diese Gestaltungspartnerschaften sind wichtig, damit nicht kostenintensive Entwicklungen am Menschen vorbei entstehen. Diese neuen Sozialpartnerschaften haben die Möglichkeit, auf betrieblicher Ebene die eigene Dienstleistungsentwicklung mitzubestimmen.

Digitale Techniken ermöglichen zunehmend die Leistungserbringung vor Ort, also in den Haushalten und in den Wohnungen der Patienten und Nutzer. Die virtuelle Kommunikation gestattet Fernüberwachung von Vitalparametern, Verhaltens- und Ernährungscoaching mittels Telefon und Videokonferenztechnik auf der Grundlage evidenzbasierter Behandlungsprogramme, die systematisch durchgeführt werden. Der Pflegebedürftige muss nicht mehr unbedingt das Pflegeheim aufsuchen, es kommt virtuell zu ihm. Fernbetreuungsangebote gewinnen an Bedeutung und sogenannte Remote-Care-Arbeitsplätze (Arbeitsplätze in der Fernüberwachung) werden entstehen. Zwischen Leistungssteuerung und unauffälliger, aber zuverlässiger Überwachung/Kontrolle schafft die neue digitale Technik auch Möglichkeiten, Logistik und Arbeitsabläufe zu optimieren. Das Zusammenwirken von digitalen Techniken einerseits und verschiedenen Berufsgruppen, Qualifikationsebenen, Hierarchien und Patienten oder Pflegebedürftigen andererseits befindet sich in der Veränderung. Das Beispiel in der modernen Radiologie zeigt, dass mit besseren Bildinterpretationen durch den Einsatz von künstlicher Intelligenz der Austausch zwischen Arzt und Patient eher steigt als abnimmt.

Evans und Hilpert (109) schreiben: „Ein klares Leitbild für die zukünftige Organisation von Arbeit, Technik und Qualifikation in den sozialen Diensten existiert bislang nicht. Hilpert/Technau /Merkel (2019) verdichten einschlägige Überlegungen zu drei alternativen Szenarien im Pflegebereich:

- Das *Orchestratorenmodell im Qualifikationsmix,* in dem ein deutlich optimiertes Zusammenspiel von Berufsgruppen und Qualifikationsniveaus durch eine akademisch fundierte Fachlichkeit erreicht wird (siehe RBS 2018).
- Die *digitale Pflegematrix*, in der Leistungssteuerung, Leistungserbringung und Leistungsüberwachung deutlich smarter, also ganz stark auf intelligente Technik gestützt erledigt werden.
- Das „neue Wir“ (à la „Buurtzorg“), in dem mehr Qualität, Effizienz und Arbeitszufriedenheit durch kleinteilige Selbstorganisation von unten erreicht werden.

Die zukünftige Entwicklung wird wahrscheinlich für alle drei Szenarien Ansätze und Umsetzungen bringen, und dabei könnten sogar hybride Lösungen entstehen. Besonders spannend dürfte sein, ob dabei das „neue Wir“ eine gute Chance bekommt. In Modellversuchen zeichnet sich seine Tragfähigkeit (mit Blick auf die Zieltriangel des Leitbildes der Sozialen Gesundheitswirtschaft, s.o.) ab und lässt Vorteile bei Qualität und Effizienz als auch bei Attraktivität der Arbeit erkennen. Ob dies nachhaltig sein wird oder ob es bei den Kostenträgern und den Institutionen der Aufsicht und Qualitätsüberwachung auch jenseits von Modellversuchen auf Akzeptanz stößt, hängt wahrscheinlich davon ab, ob mit Hilfe digitaler Technik das bisherige Niveau der Leistungsdokumentation und -kontrolle gehalten werden kann.“

Bei dem Geschäftsmodell Orchestrator konzentriert sich das Unternehmen ausschließlich auf seine Kernkompetenz und lagert alle anderen Aufgaben an externe Dienstleister aus. Das Unternehmen agiert wie ein

Dirigent, der sich um die optimale Koordination aller Beteiligten kümmert. Bei diesem Modell, wird die Rolle des Orchestrators konkret an bestimmte Pflegefachkräfte delegiert. Der Orchestrator hat die Aufgabe, zwischen verschiedenen Qualifikationsniveaus und Spezialisierungen ein Zusammenwirken zu organisieren, das dem Bedarf des Pflegebedürftigen entspricht. Es kommt zu einem Mix von verschiedenen Qualifikationen. Definierte Kompetenzen, Qualifikations- und Organisationsstrukturen sind die Grundlage dieses Modells. Zusätzliche Unterstützung kann dieses Modell erfahren durch den geleiteten Einsatz künstlicher Intelligenz.

Es braucht dazu eine breite Landschaft an Qualifikationen, um sie mixen zu können. Zudem sind für den Qualifikationsmix Pflegekräfte erforderlich, die über eine akademische Pflegeausbildung verfügen. Um den Wissenstransfer aus dem Studium anwenden zu können, bedarf es neuer Arbeitssituationen, neuer Freiräume und neuer Konzepte. Auch die Anwendung digitaler und technischer Möglichkeiten benötigt Rahmenbedingungen und Konzepte. Diese sind Aufgaben der Unternehmen. Gegenwärtig gestaltet sich die Situation in den Unternehmensleitungen in Deutschland anders. Um möglichst viele Menschen für die Pflege zu motivieren, wird das Qualifikationsniveau stetig reduziert. Dass dies der falsche Weg ist, zeigen die Erfahrungen, die andere Länder mit der Pflegethematik machen. Deutschland muss nachziehen und sucht sich nun Vorbilder in der Praxis.

Die Aussagen des Leitbildes der Digitalisierungsära sollen, wenn es vorliegt, vermitteln, dass Pflege und Digitalität zusammengehören und die Pflege aktiv die Technikentwicklung vorantreibt sowie die Chancen der Digitalisierung gezielt mitgestaltet. Das Selbstverständnis der Pflegeprofession soll jede Techniknutzung nach dem Gebot der Bedarfsgerechtigkeit, der Nutzerorientierung und der Menschenwürde beurteilen.

Gerade die Digitalisierung ermöglicht und befördert die Erprobung neuer Versorgungsmodelle gemeindenaher Pflege, innovative ambulante Pflegekonzepte und innovative Pflegeideen sowie neue Geschäftsmodelle und Tätigkeitsfelder hinsichtlich der Versorgung wie auch Betreuung pflegebedürftiger, hilfebedürftiger und alter Menschen.

Digitalisierung heißt nicht, bisherige analoge pflegerische Prozesse zu substituieren, sondern sie muss einen Mehrwert schaffen, indem sie der pflegerischen Komplexität besser als vorher gerecht wird. Digitale Pflegeprozesse finden auf betrieblicher Ebene statt; hier erfolgt mit den Beteiligten, insbesondere mit den Mitarbeitern, die aktive Gestaltung der Digitalisierung. Dazu ist unabdingbar, dass digitale Informations- und Kommunikationstechnologien, technische Assistenzsysteme, Robotik und der Einsatz künstlicher Intelligenz Bestandteile der Ausbildung und des Studiums werden.

Schließlich ist Digitalisierung auch ein Beitrag zum betrieblichen Gesundheitswesen. Durch den gezielten Einsatz von Assistenzsystemen und digitaler Technik kann Gesundheitsförderung der Mitarbeiter stattfinden.

Der Deutsche Pflegerat e.V. (110) mahnt an: „Es gibt keine pflegebezogene Technikfolgenabschätzung. Die Abwehr von Technik in der Pflege, im Unterschied zur willkommenen menschlichen Interaktion, ist kaum anschlussfähig an die aktuellen Debatten zur digitalen Transformation in Deutschland. Dringend bedarf es der empirischen Forschung hinsichtlich Evaluation von Informationssystemen in pflegerischen Settings und einer fundierten kritischen Diskussion über die Folgen einer technikunterstützten Pflege, auch aus ethischer Sicht. Denn nur mittels Evaluation kann Evidenz hinsichtlich der Wirkung von IT geschaffen werden. Dazu sind methodisch einwandfreie Forschungsdesigns erforderlich, die gute Empfehlungen an die Praxis u.a. in Form von Leitlinien erlauben."

5.7.1 Buurtzorg – das *„neue Wir"*

Ohne Digitalisierung gäbe es Buurtzorg nicht. Buurtzorg ist ein Organisationsmodell für die häusliche Pflege, das aus den Niederlanden stammt und auch in Deutschland zunehmendes Interesse weckt. Buurtzorg heißt ‚Nachbarschaftshilfe'. Der Holländer Jos de Blok, selbst Pflegekraft, hat die Idee für das Modell entwickelt mit dem Ziel, den hilfe- und pflegebedürftigen Menschen wieder in den Mittelpunkt der Pflegeprozesse zu stellen, seine Eigenständigkeit zu wahren und seine Unabhängigkeit zu erhalten oder zu unterstützen.

Es handelt sich um einen neuen Ansatz der Organisation der Leistungserbringung. Bei Buurtzorg bestimmt die Arbeitspraxis die Struktur der Organisation. Ein kleines autarkes Pflegeteam mit vier bis zehn Mitarbeitern arbeitet ohne Leitung (Pflegedienstleiter oder Teamleiter) in einem Rollenmodell. Es gibt Mitarbeiter in der Verwaltung, die ausschließlich für die Abrechnung der Kunden und Mitarbeiter zuständig sind. Für alle darüber hinausgehenden Organisationen und Verwaltungen, wie Urlaubsplanung, Arbeitszeiten, Arbeitseinsätze etc., ist jedes Teammitglied selbst verantwortlich. Die Pflegenden, maximal zwei pro pflegebedürftiger Person, haben genug Zeit, um mit den Pflegebedürftigen und seinen Angehörigen festzulegen, welche Hilfe notwendig ist. Gemeinsam wird der persönliche Bedarf ermittelt und überlegt, wie sich Betreuung und Pflege am besten organisieren lassen. Die Grundpflege ist beispielsweise definiert, aber sie wird von den Pflegebedürftigen unterschiedlich ausführlich benötigt. In Deutschland ist bisher die ambulante Pflege inhaltlich standardisiert und wirtschaftlich auf Leistungskomplexe bezogen. Wenn es Angehörige oder andere Helfer gibt, können gut organisierte Unterstützungsleistungen für die Pflegefachkraft jedoch Flexibilität und Zeitersparnis bringen.

Der Mitarbeiter des Buurtzorg-Teams hat einen echten Bezug zum Pflegebedürftigen und zu seiner Familie. Er kennt die medizinischen Aspekte, die Lebensumstände, das Private, die wirtschaftlichen Verhältnisse, die Wünsche und Ängste des Bedürftigen. Dieser zwischenmenschliche Bezug ist der Kern der Arbeit von Buurtzorg.

Der Pflegebedarf eines Patienten wird organisationsintern mit einer bestimmten Zeitgröße erfasst und nicht nach Leistungen oder Tarifgruppen berechnet. Dem liegt die Überzeugung zugrunde, dass ausgebildete Pflegefachkräfte fachlich in der Lage sind, zu entscheiden, welche

Hilfe, wie oft und warum diese notwendig ist. Ärztliche Verordnungen stellen nur einen Plan dar, im Rahmen dessen die Pflege stattfindet. Damit werden examinierte Altenpfleger von ausführenden Kräften zu Akteuren, die ein breites anwendungsorientiertes Wissen erworben haben und dieses auch anwenden können.

Das Buurtzorg-Pflegemodell (aus 111 entnommen) umfasst vier Phasen.

In der ersten Phase wird der Patient beraten, befragt und unterstützt, wie er selbst dazu beitragen kann, seine Unabhängigkeit zu erhalten oder zurückzuerlangen. Eine qualifizierte dokumentierte Pflegeplanung ist unerlässlich. In der zweiten Phase wird ein informelles Netzwerk aus Familienangehörigen, Nachbarn und Freunden aufgebaut, die in die tägliche Betreuung einbezogen werden können. Das Netzwerk des Pflegebedürftigen schließt Verbindungen zu bestehenden lokalen Unterstützungsnetzwerken und Sozialarbeitern ein. Die dritte Phase ist geprägt von den pflegefachlichen Tätigkeiten des Buurtzorg-Pflegeteams und schließlich wird in der vierten Phase ein verlässliches formales Netzwerk aufgebaut, in dem Hausarzt, Apotheke, Krankenhaus, Spezialisten, wie Physiotherapeuten, und gegebenenfalls andere Dienste, die der Patient in Anspruch nimmt, miteinander verknüpft sind.

Die Kommunikation erfolgt über ein Intranet, das sogenannte Buurtzorgweb.

Neben dem fachlichen alltäglichen Austausch dient die Plattform der Planung, Dokumentation und Abrechnung. Dokumentiert wird lediglich digital mithilfe von Tablets und auf Basis des OMAHA-Klassifikationssystems, eines international anerkannten Pflegedokumentationssystems zur Erfassung und Beurteilung individueller Pflegeanforderungen. Die Pflegeleistung wird auf der Grundlage eines verhandelten, festen Stundensatzes und nach der Zeiterfordernis abgerechnet. Die Teams planen und kontrollieren ihr Budget eigenverantwortlich.

Die Gesundheitsökonomin Mascha Madörin sagte (112), dass „Buurtzorg in den Niederlanden die beliebteste Spitexorganisation ist, sowohl bei den Pflegenden als auch bei den Patienten. Buurtzorg ist wirtschaftlicher als eine Pflege, die nach Leistungs- und festen Zeitbudgetprinzipien…organisiert ist. Sie ist wirtschaftlicher, nicht weil Leistungsmengen abgebaut werden, sondern weil die Logik der Pflege und ihre Arbeitsprozesse adäquat berücksichtigt werden, das heißt, die Arbeit und die Arbeitsteilung in Sinne der Pflege organisiert sind. Vor allem wurde die Fragmentierung der Pflegearbeit stark reduziert“.

Die Digitalisierung hat Buurtzorg erst möglich gemacht. Denn um mehrstufige Prozesse durch Einfachheit und Eigenverantwortung zu ersetzen, braucht der Buurtzorg Mitarbeiter die Möglichkeit, schnell, überall, sicher und vernetzt mit allen an der Pflege Beteiligten kommunizieren zu können. Es geht um mehr als Pflege bei Buurtzorg, das Umsorgen eines Menschen ist hier im Mittelpunkt. Die Pflegekräfte haben auf ihren Tablets Zugriff auf alle Informationen, die sie brauchen und wünschen, und sie können mit allen kommunizieren und sich austauschen; unabhängig von Ort und Zeit und in einem geschützten Bereich.

Das Pflegemodell Buurtzorg zeigt, dass hybride Strukturen (Durchlässigkeit von Professionalität und Nicht-Professionalität) zuverlässig und flexibel sind und darüber hinaus eine weitgehend individuelle Pflege ermöglichen. Die Stärke des Modells liegt in seinen hybriden Strukturen. Sie sind auch anwendbar in stationären Einrichtungen. Damit unterscheidet sich Buurtzorg von einem Versorgungsmix.

Die Implementierung dieses Pflegemodells in Deutschland ist mit Hürden und Beschränkungen verbunden. Dies sind teilweise formale Kriterien:

- wie die in Deutschland rechtlich notwendige Pflegedienstleitung,
- die Auflage, dass Leistungen aus der Pflegeversicherung gemäß Sozialgesetzbuch „unter ständiger Verantwortung einer ausgebildeten Pflegefachkraft“ zu erbringen sind und
- die Abrechnung der erbrachten Leistungen auf der Basis von Leistungskomplexen,
- die der Implementierung gegenwärtig rechtlich entgegenstehen.

Darüber hinaus verhindern ungeklärte Fragen, wie die Fragen nach den Qualitätsanforderungen der Teams, die Form der Qualitätssicherung und der -nachweise und die Frage nach der methodischen Befähigung der Helfer eine Übernahme dieses Pflegemodells.

Anders als in den Niederlanden ist in Deutschland die Flexibilität der Mitarbeiter, in Teilzeit zu arbeiten, weniger ausgeprägt.

In Deutschland arbeiten derzeit wenige Pflegedienste (als Modellversuche) nach der Idee von Buurtzorg. Sie sind noch in der Aufbau- und Erprobungsphase. Als erste Erkenntnis ist aber feststellbar, dass das Buurtzorg-Modell sich nicht ohne Weiteres auf Deutschland übertragen lässt. Es muss auf wissenschaftlicher Ebene mit den hierzulande bekannten traditionellen ambulanten Pflegediensten verglichen und evaluiert werden. Dazu wird das Buurtzorg-Modell genau erforscht, es werden insbesondere die Arbeits- und Organisationstrukturen untersucht. Außerdem wird erforscht, ob und wie es kompatibel ist im Hinblick auf die pflegebedürftigen Menschen, auf die Pflegekräfte und die bestehenden rechtlichen Rahmenbedingungen auf der Ebene der Leistungsgestaltung, der Leistungsfinanzierung und der Qualitätssicherung mit dem deutschen System. Dafür sind drei Projektjahre vorgesehen.

Die Fachhochschule Münster, die Hochschule Osnabrück und das Netzwerk Gesundheitswirtschaft Münsterland e.V. mit Förderung des GKV-Spitzenverbandes

werden die Ergebnisse der wissenschaftlichen Evaluation für das Buurtzorg-Modell in Deutschland herausarbeiten. Wenn die Ergebnisse positiv ausfallen, ist es denkbar, dass Änderungen des deutschen Systems folgen, mit dem Ziel, ein zukunftsfähiges wirksames ambulantes Pflegemodell in Deutschland zu finden. Ein wirksames und zukunftsfähiges ambulantes Pflegemodell zu finden, ist auch das Ziel des GKV-Spitzenverbandes. Deshalb unterstützt auch der Spitzenverband das Projekt im Rahmen des Modellprogramms zur Weiterentwicklung der Pflegeversicherung nach § 8 Abs. 3 SGB XI.

5.7.2 Buurtzorg und Sorgende Gemeinschaften

Buurtzorg hat gegenüber Sorgenden Gemeinschaften, wie sie in Deutschland seit ungefähr zehn Jahren landesweit politisch favorisiert werden, einen Vorteil: Das niederländische Pflegemodell arbeitet nach dem Prinzip ‚Hilfe durch Hilfenetzwerke' und agiert in hybriden Strukturen. Selbstorganisierte und selbstverantwortliche professionelle Pflegeteams bauen diese wichtigen individuellen Hilfenetze auf, um die Eigenständigkeit der hilfe- und pflegebedürftigen Menschen zu unterstützen und sie zusammen mit ihrem Umfeld zu befähigen, Tätigkeiten wieder selbst auszuführen, für die nicht unbedingt eine Pflegefachkraft erforderlich ist. Damit wird Hilfe zur Selbsthilfe, zur Selbstwertigkeit und zur Eigenverantwortung geleistet. Diese individuellen Hilfenetze werden auch durch die Pflegekräfte angeleitet und betreut. Die Pflegekräfte übertragen auch Pflegeleistungen an Angehörige, Freunde oder ehrenamtliche Helfer, nachdem sie diese eingewiesen und sich von der korrekten Erbringung der Pflegeleistung überzeugt haben. Zeitliche Kapazitäten der Pflegefachkräfte werden dadurch reduziert und für andere Pflegebedürftige freigesetzt. Gleichzeitig werden die Arbeitsbedingungen für die Pflegekräfte attraktiver, weil sie sich auf rein pflegerische Aufgaben konzentrieren und dem Druck entfliehen können, der durch die Abrechnung der Einzelleistungen entsteht.

Ein weiterer Vorteil von Buurtzorg gegenüber Sorgenden Gemeinschaften ist die enge Zusammenführung von professioneller Pflege, Pflegedürftigen und deren Angehörigen und sowie der Nachbarschaftshilfe. Diese Zusammenführung wird von den Mitarbeitern der ambulanten Pflegedienste aufgebaut und betreut. Die Koordination der Hilfen erfolgt unter fachlicher Anleitung und Begleitung, sodass die Pflege, Versorgung und Betreuung des einzelnen Pflegebedürftigen immer gemäß dem Bedarf gewährleistet sind. Buurtzorg räumt seinen Mitarbeitern fachliche Entscheidungsmöglichkeiten ein und qualifiziert sie zu fachlichen Austauschen mit Kollegen, Ärzten und Therapeuten. Das führt zu mehr Zufriedenheit durch Selbständigkeit und Anerkennung bei den professionellen Pflegekräften.

Ein weiterer Vorzug von Buurtzorg ist, dass die Pflegebedürftigen und ihre Angehörigen die Pflegeteams auswählen. Damit fällt es ihnen leichter, den professionellen Pflegekräften des Buurtzorg-Teams zu vertrauen. Gleichzeitig haben sie die Gewissheit, dass bei diesen Fachkräften die Koordinierung und die Betreuung der Hilfenetze funktionieren. Damit ist die Zusammenführung fachlich und sozial gesichert. Externe Koordinatoren, wie sie bei den Sorgenden Gemeinschaften existieren, haben es schwerer, Hilfenetzwerke zu errichten und zu betreuen. Selbst wenn ihnen Fachlichkeit eigen ist, müssen der Pflegebedürftige und seine Angehörigen den fremden Menschen (z. B. den Koordinatoren oder Case-Managern) zusätzliches Vertrauen entgegenbringen. Sie müssen zudem mit Menschen kommunizieren, die sie nicht ausgewählt haben und denen sie vielleicht nicht oder nur bedingt vertrauen, weil sie ihnen fremd oder unsympathisch sind.

Welche Qualifikationen sind besser geeignet, die Interessen der Pflegebedürftigen und ihrer Angehörigen zu verstehen wie auch zu vertreten und dazu ein Hilfenetz zu koordinieren? Ein Koordinator oder Case-Manager einer Sorgenden Gemeinschaft hat unter Umständen eine Ausbildung absolviert. Mitarbeiter vom □uurtzorg-Team sind ausgebildete Pflegefachkräfte und kennen das Krankheitsbild, die Lebensumstände, die persönlichen Erwartungen und das familiäre wie soziale Umfeld. In den Niederlanden, wo Buurtzorg aktiv ist, hat jede Pflegekraft im Gegensatz zu Deutschland eine Bachelorstudium, also eine qualitativ höherwertige Ausbildung abgeschlossen.

5.8 Kommunal und digital

Es gibt drei wesentliche Herausforderungen für die nahe Zukunft der Kommunen: die Globalisierung, der demografische und der digitale Wandel.

Die Daseinsvorsorge der Kommune, die allen Menschen gesellschaftliche Teilhabe ermöglichen will, braucht auch eine digitale Daseinsvorsorge. Dazu sind flächendeckende und leistungsfähige digitale Infrastrukturen notwendig. Insbesondere in ländlichen dünn besiedelten und strukturschwachen Gebieten müssen Menschen die Digitalität in vollem Umfang nutzen können, damit diejenigen, die dort wohnen, nicht den Anschluss verlieren.

Selbst wenn die technischen und digitalen Infrastrukturen überall erfüllt sind, gibt es heute mindestens eine Generation, nicht nur die Generation 60+, die das digitale Nachsehen haben wird, wenn sie keine Unterstützung erhält. Mit Unterstützung des Bundes muss die Kommune hier zahlreiche niedrigschwellige Angebote anbieten, um die Älteren digital fit zu machen und sie fit zu halten. Mocker, V. „beschreibt diesen Pakt einer neuen digitalen Alphabetisierung als Notwendigkeit und Vorbild für Deutschland: Digitale Mündigkeit führt dazu, dass jeder Digitalisierung mitgestalten kann, anstatt ihr ausgeliefert zu sein". (113)

Denkbar ist ein Digitalpakt, wie er bereits erfolgreich für die Bildung eingesetzt wird. Dieser soll einerseits den Aufbau der digitalen Infrastruktur für alte Menschen unterstützen und andererseits ihnen helfen zu lernen, wie der Einzelne die Digitalität für sich nutzen kann. Das aktuelle Bedienwissen ist wichtig und kann hilfreich sein, aber die Innovationsgeschwindigkeit im digitalen Zeitalter ist so hoch, dass es neben dem aktuellen Bedienwissen ebenso bedeutend ist, eine Orientierung darüber zu vermitteln, wie schnell, wohin und wie umfassend sich digitale Transformationen ändern werden. Es fehlt an Unterstützung und Begeisterung, damit möglichst alle sich auf lebenslanges Lernen einstellen, um schließlich eine digitale Souveränität zu erlangen. Die Non-Digital-Natives oder die Offliner, das sind Menschen, denen die digitale Welt fremd ist, werden es besonders schwer haben, technisch und digital sowohl im öffentlichen als auch im privaten Bereich nicht abgehängt zu werden. Dieses Risiko ist schon heute hoch. Diese Menschen nicht zu übersehen und sie zu unterstützen, wäre die dringendste Aufgabe eines möglichen/eines nötigen kommunalen Digitalpaktes für Non-Digital-Natives oder Offliner.

Es ist ein langer und für manche Menschen beschwerlicher Weg, den der Einzelne gehen muss, um digitale Souveränität zu gewinnen. In der

Bertelsmann Studie (114) wird unter digitaler Souveränität Folgendes verstanden: „digitale Technologien zum eigenen und zum Gemeinwohl kompetent zu nutzen sowie die Potentiale, Folgen und Implikationen dieser Nutzung zu verstehen und einzuschätzen". Der Kernpunkt digitaler Souveränität ist die Kompetenz, digitale Technologien zu nutzen, zu reflektieren und ein Bewusstsein für die Zukunft auszubilden.

In unserer Gesellschaft, in der es immer mehr alte Menschen gibt und diese so lange wie möglich selbstbestimmt in der eigenen Häuslichkeit leben möchten, müssen digitaler Service und digitale Anwendungen nutzbar sein. Skypen mit Familienangehörigen, Onlineshopping, Onlinebanking, virtuelle Nachbarschaft, die Nutzung von Apps, Wearables, künstliche Intelligenz und telemedizinische Angebote bieten Chancen und Teilhabemöglichkeiten für jedermann.

> „Während 79 Prozent der 14- bis 29-Jährigen sich sehr sicher oder eher sicher im Internet und im Umgang mit dem Smartphone und Co. fühlen, gilt dies nur für 41 Prozent der 60- bis 69-Jährigen und für nur 36 Prozent der über 70-Jährigen. Bei der Einschätzung der eigenen Kenntnisse digitaler Technologien bzw. des Internets zeigt sich ein vergleichbares Bild: 50 Prozent der 60- bis 69-Jährigen und 36 Prozent der über 70-Jährigen schätzen diese Kenntnisse als sehr gut oder eher gut ein, bei den 14- bis 29-Jährigen sind es 89 Prozent." (115)

Das verdeutlicht die Gefahr, in der wir uns gegenwärtig befinden, dass ganze Bevölkerungsgruppen digital abgehängt werden und ihnen dadurch Teilhabe an der digitalen Gesellschaft nicht oder nur erschwert möglich wird.

Hier kann und muss die Kommune helfen. Neben der digitalen Infrastruktur sollte sie auch digitale Bildung vermitteln, denn diese ist wesentlicher Bestandteil der kommunalen digitalen Daseinsvorsorge. Dies kann in Projekten erfolgen, mit Ehrenamtlichen, Vereinen oder in kommunalen Einrichtungen.

Kommunale digitale Daseinsvorsorge bedeutet auch, dass in der technikoffenen Gesellschaft, in der wir heute leben, es bei der Gestaltung der zukünftigen digitalen Souveränität immer auch einen Zugang für ältere, hilfe- und pflegebedürftige, allein oder in Einrichtungen lebende Menschen geben muss. Sie verfügen über ein Potential an Lebenserfahrung, an Fachwissen und Bildung, Einsatzbereitschaft und Verantwortungsbewusstsein, an Verständnis und Hilfsbereitschaft sowie materielle und zeitliche Ressourcen, die es zu nutzen gilt.

5.8.1 Veränderter Sozialraum durch Internet

Bisher war der Sozialraum ein Ort, an dem Begegnungen stattfanden, an dem private und gesellschaftliche Beziehungen geknüpft und gelebt wurden und der von Geselligkeit sowie Verbundenheit der Gemeinschaft geprägt war. Es handelte sich um einen räumlichen Ort, einen subjektiven Identitätsraum.

Die Digitalisierungsära erschließt neue Räume, nicht dreidimensional gegenständlich in unmittelbarer Nähe, sondern virtuell, offen und weltweit. Das Eingrenzende von Räumen und Orten wird durch das Internet überwunden, Räume und Zeit werden überwunden und neue Kommunikationen werden möglich. Internet entgrenzt den Sozialraum, sogar die gesamte Welt. Es gibt im Internet keine Räume, und auch kein Innen und Außen. Das Soziale findet nicht mehr räumlich statt, sondern wird im Internet zum Gestalter. Aus der realen wird die virtuelle Gemeinschaft. Der neue Sozialraum ist das Netz. Hier können Interaktionen und Kommunikationen auf der Basis von Vertrauen, Emotionen, selbstgewählter Distanz und Nähe erfolgen. Persönliche Beziehungsgeflechte wirken der scheinbaren Endlosigkeit und Oberflächlichkeit des Internets entgegen.

Für den Einzelnen, den Pflegebedürftigen, den Hilfebedürftigen oder den alten Menschen hat der ihn umgebende Sozialraum bedeutungsvolle Funktionen. Er ermöglicht ihm z.B. Begegnungen, die ihm wichtig sind, er ermöglicht ihm Hilfen und Unterstützung, er gibt ihm Sicherheit und stärkt seine Identität. Das Internet wirkt sich auch auf die Funktionen des Sozialraumes aus. Durch internetbezogene Anwendungen können sich Funktionen des Sozialraumes ändern. Funktionen können erweitert werden, obsolet werden oder sich wandeln. Sozialraum und internetbezogene Anwendungen stehen in einer Beziehung zueinander, die beeinflusst und verändert werden kann.

Bisher war der reale Sozialraum der einzige Ort, an dem Begegnung möglich war. Er war Begegnungsort für Face-to-Face-Kontakte und interpersonelle Kommunikation in Echtzeit. Begegnungen mit Kommunikationen und Interaktionen gestalten das Beziehungssystem, in dem der Mensch lebt.

Begegnungen im Internet dagegen sind Kommunikationen ohne Anwesenheit, ohne Raum und Zeit sowie scheinbar ohne persönlichen und sozialen Bezug. Die Kommunikation im Internet bewegt sich nicht in bekannten materiellen und physischen Raumvorstellungen. Das Internet kreiert seinen interneteigenen ‚Kosmos', in dem sich Computernetzwerke als soziale Netzwerke etablieren und die verschiedenen Gruppennetzwerke auch miteinander agieren. Netzwerke gewinnen zunehmend an Bedeutung.

Heute reicht es nicht mehr aus, eine postalische Anschrift zu haben. Ebenso wichtig ist eine Vernetzung, man muss einen Festnetzanschluss, ein Mobiltelefon und eine Internetadresse haben. Im Netz erreichbar zu sein, ist entscheidend.

Gemeinschaftsbezüge, die früher ausschließlich im sozialen Nahraum erfolgten, finden heute in weitreichenden Netzen statt. Hier liegt die Chance für den Einzelnen darin, Personen mit ähnlichen Interessen und Aufgaben zu finden und sich mit ihnen auszutauschen. Dieser Zugewinn an Möglichkeiten ist ein erheblicher Vorteil gegenüber dem sozialen Nahraum.

In der Realität liegen sozialer Nahraum und Internetnetzwerke eng beieinander. Lokale Kontakte und Onlinekontakte schließen sich nicht aus, sondern ergänzen einander. Es liegt eine Dualität vor. Die Menschen tauschen sich auch im sozialen Nahraum über z.B. E-Mails, WhatsApp und Kommunikationsplattformen aus. Sie nutzen die Möglichkeiten des Internets für eine Erweiterung ihres Nahraumes. Die Strukturen des sozialen Nahraumes werden hybride und dadurch stabiler und bereichernder.

Die Menschen haben in einem realen Sozialraum eine bestimmte reale Identität. Diese ist objektiv, unverwechselbar, dauerhaft und allgemein bekannt. Eine virtuelle Identität ist eine sichtbare Selbstdarstellung auf der Basis körperloser Identitätsentwürfe auf einem Bildschirm. Dieser Bildschirmentwurf ist durch den Einsatz von Hardware veränderbar. Teilidentitäten können ausgeprägt und neue Teilidentitäten können geschaffen werden. Das Internet gleicht einem Theater, in dem Teilidentitäten erprobt und ausgebildet werden können. Für Nutzer bestimmter Netzwerke können diese Netzwerke Bezugssysteme für Identitäten und Kommunikationskulturen darstellen.

Zwischen realer und virtueller Identität bestehen ein Zusammenhang und eine gegenseitige Beeinflussung.

Der soziale Nahraum erschwert Bildungsteilhabe, indem er z.B. Alter, Herkunft, Kultur, Identität und Schichtzugehörigkeit des Teilnehmers preisgibt. Das Internet hingegen anonymisiert und hebt Strukturen der Ungleichheit auf. Chancengleiches Lernen kann möglich werden und die Unterschiedlichkeit der Beteiligten kann sich sogar positiv auf die Lernprozesse auswirken. Die Vielfältigkeit kann angestrebt und erwünscht sein, weil sie bereichernd wirkt. Lernen im Internet gestaltet sich variabler und anpassungsfähiger als kausale lineare Lernformen. Besonders für ältere und eingeschränkte Menschen bietet Lernen im Internet Vorteile. Onlinebasiertes Lernen bezieht unterschiedliche (auditive, visuelle) Sinnesmodalitäten ein, die den Lernprozess begünstigen können.

Es finden in der Digitalisierungsära auch weiterhin Begegnungen, Identitätsprozesse, Bildung und Beziehungen im Sozialraum statt, aber diese bleiben nicht unbeeinflusst von gesellschaftlichen und technischen Entwicklungen. Der reale Nahraum und der virtuelle Sozialraum stehen miteinander in Beziehung, ergänzen sogar einander. Die Grenzen zwischen realem Nahraum und virtuellem Sozialraum sind fließend und durchlässig geworden. Es gibt keinen Orientierungsrahmen und keine festen Strukturen mehr, wie sie einst in dem sozialen Nahraum bestanden. Im Internet entscheidet der Einzelne selbst, er handelt für sich und erschließt sich neue Möglichkeiten, er lernt, er verändert sich und er findet neue Beziehungsformen. Wenn er das Internet ablehnt, bleiben ihm die Möglichkeiten der Nutzung versagt.

Die Nutzung des Internets durch eine Vielzahl von Nutzern beeinflusst das Internet und dieses wiederum beeinflusst die Gesellschaft und die gesellschaftlichen Beziehungen. Virtuelle Räume sind vor dem Hintergrund dieser Erkenntnis als Erweiterung des gesellschaftlichen Sozialraumes einzuordnen, denn die Funktionen, die ursprünglich dem sozialen realen Nahraum innewohnten, werden in virtuellen Räumen gleich oder auf ähnliche Weise bedient.

5.8.2 Ungleich verteilte digitale Teilhabe

In einer Pressemeldung der Universität Bremen von Oktober 2019 (116) wird kommentiert: „Bis zu acht Millionen der über 70-Jährigen in Deutschland (waren) noch nie im Internet." (117) 48 % der über 60-Jährigen sind Offliner. Das bedeutet, dass bei fortschreitender Digitalisierung und bei der demografisch bedingten Zunahme der älteren und hochaltrigen Menschen ein Großteil von ihnen vermutlich digital abgehängt wird. Durch die Nutzung neuer Technologien und des Internets ergeben sich neue umfangreiche Wissensangebote, Informations- und Unterhaltungsmöglichkeiten sowie schnelle Kommunikation und Partizipation untereinander, von denen diese Menschen ausgeschlossen sind. Die Wahlmöglichkeiten zwischen digitalen und analogen Angeboten reduzieren sich künftig drastisch, damit wird die Alltagsbewältigung für Offliner schwieriger. Es besteht die Gefahr, dass die Digitalität die Bevölkerung spalten wird. Dieser digitale ‚Graben' verläuft nicht nur zwischen Jung und Alt, sondern er geht auch durch die Schicht der älteren Bevölkerung. Smartphone-Anwendungen, Telemedizin und E-Health sind technisch entwickelt, aber nur wenige ältere Menschen, für die sie einmal entwickelt wurden, können sie in ihrer Pflegebedürftigkeit verwenden. Mit zunehmendem Alter und Einschränkungen durch

Krankheit und Behinderung werden sie noch weniger genutzt, das erfolgt gerade dann, wenn die Nutzung bei abnehmender Mobilität eine Hilfe wäre und das Leben in der eigenen Häuslichkeit erleichtern würde.

Nicht nur älteren Menschen fällt es schwer, die digitale Transformation, den Wandel von analogen Techniken zu digitalen, zu verstehen und lebenslang die Lernbereitschaft aufzubringen, um digitale Kompetenzen zu erwerben und um Anteil zu haben an dem digitalen Alltag sowie an der heutigen digitalen Gesellschaft. Der digitale Wandel ist nicht nur ein technischer, sondern auch ein gesellschaftlicher Wandel. Ohne den kompetenten Umgang mit neuen Medien und Big Data ist eine digitale Souveränität nicht zu erreichen. Digitale Souveränität bedeutet, das eigene Leben mit digitalen Technologien zu gestalten. Es geht um persönliche digitale Kompetenz, die Basis von digitaler Souveränität. Diese ist nicht nur eine Frage der persönlichen subjektiven Teilhabe, sondern auch der Möglichkeit der Mitgestaltung und Einflussnahme. Doch dabei bleibt digitale Souveränität immer ein gesellschaftspolitisches Bildungsideal.

Die Frage nach der digitalen Kompetenz, dem Kern der digitalen Souveränität, ist gleichzeitig ein Indikator für die digitale gesellschaftliche Spaltung. Dabei ist digitale Kompetenz nicht lexikalisches Wissen, sondern ein Weg des lebenslangen Lernens.

Wie kann es gelingen, ältere Menschen, sogenannte Offliner, für das Internet zu begeistern? Welche Vorbehalte existieren und welche Motivationen sind nötig, um Begeisterung für die digitale Nutzung zu erreichen?

Kubicek (118) hat die Gründe untersucht, die ausschlaggebend dafür sind, dass das Internet nicht genutzt wird. „Habe generell kein Interesse am Internet/an diesem Medium“, sagten 82 % der Menschen zwischen 60 und 69 Jahren. „Ist mir zu kompliziert“, sagten 37 %, „Sehe für mich keinen Nutzen/Vorteil darin“, sagten 34 %, „Klassische Medien (Print, Hörfunk und Fernsehen) sind ausreichend“, sagten 28 % und „Meine

Kinder/Freunde/Bekannte sind im Internet und erledigen das für mich mit, was ich brauche“, sagten immerhin noch 21 %.

Fragt man Offliner, unter welchen Bedingungen sie künftig das Internet nutzen würden, erfährt man, dass (119) 19 % sagen, „Wenn ich einen klaren Nutzen für mich erkennen würde“, 12 % meinen „Wenn es mir jemand zeigen würde, wie es funktioniert“, 11 % „glauben, „Wenn die Nutzung einfacher wäre“, 9 % äußern, „Wenn ich die Fachbegriffe und Funktionen besser verstehen würde“ und schließlich bekennen 5 %, „Wenn ich wüsste, wie ich meine persönlichen Daten besser schützen kann.“

Kubicek (120) gruppiert diese Vorbehalte in sechs Barrieren.

- Motivationsbarrieren: Manche ältere Menschen „sehen trotz Kenntnisnahme von Nutzen bei anderen für sich keinen Bedarf und haben keine Motivation, es einmal zu probieren.“
- Finanzielle Barrieren: Manche ältere Menschen „sehen eigenen Bedarf und wollen es probieren, können sich den Zugang aber finanziell nicht leisten.“
- Nutzungsbarrieren: Manche ältere Menschen „nutzen bereits niedrigschwellige Angebote, aber trauen sich an die höherschwelligen mit dem größeren Nutzen nicht heran.“
- Lernbarrieren: Manche ältere Menschen „haben den Bedarf und würden es gern versuchen, trauen sich das Erlernen aber nicht zu.“
- Physische Barrieren: Manche ältere Menschen können aufgrund körperlicher oder geistiger Einschränkungen das Internet nicht alleine nutzen.“
- Mobilitätsbarrieren: Manche ältere Menschen „könnten das Internet nutzen, aber aufgrund körperlicher oder geistiger Einschränkungen keine öffentlichen Lernorte aufsuchen.“

Kubicek sieht für diese älteren Menschen vier Anknüpfungspunkte für digitale Unterstützungsangebote. Unterstützung kann planvoll erfolgen, wenn (121) erstens 30.000 Seniorentreffs unterstützt werden und zweitens 3.000 Seniorenwohneinrichtungen an das Netz gehen, drittens

3.000 Personen in Pflegeheimen und -stationen in einem Online-Pilotprojekt geschult werden und viertens 300 Senioren in ihrer Häuslichkeit digitale Assistenz durch Nachbarschaftshilfe und Alltagsassistenten erhalten.

Kubicek geht bei der Unterstützung der Seniorentreffs davon aus, dass „40 % der über 70-Jährigen Seniorentreffs kennen. 9 % suchen sie auf, das sind 933.000 Personen“, die auf kommunaler Ebene erreicht werden können. Mit der Zurverfügungstellung von Leihgeräten, WLAN und Personal im Rahmen eines speziellen dezentralen Bildungsprogrammes auf Landes- oder kommunaler Ebene könnten fast eine Million ältere Menschen in der Anwendung digitaler Technik geschult werden.

Etwa 3,2 % der über 65-Jährigen leben laut Kubicek in einer Seniorenwohneinrichtung. Das sind ca. 554.000 Personen. Dazu kommen etwa 783.000 Personen, die in 13.000 Pflegeeinrichtungen versorgt werden. Gemäß einer Schweizer Studie, so Kubicek, „kann ein recht großer Teil besonders vom Internet profitieren: Es ist wie ein „Fenster zur Außenwelt“ und einsetzbar in der Therapie z.B. bei Demenz“ für die Erinnerungsarbeit.

Die Schwierigkeiten in den Seniorenwohneinrichtungen liegen zum einen in der Nutzung des WLAN, das unterschiedlich verbreitet ist, und in der fehlenden Hardware. Unklar sind Haftungsfragen, rechtliche Absicherungen; problematisch ist auch fehlendes Personal für die Schulung und Assistenz. In den Pflegeheimen ist die Problemlage ähnlich. Auch hier fehlen neben geeigneter technischer Ausstattung das fachkundige qualifizierte Personal bzw. eine Digitalassistenz.

Kubicek geht davon aus (122), dass ca. zwei Millionen Menschen zu Hause gepflegt werden. Ebenso viele Menschen sind vermutlich nicht mehr mobil und/oder geistig fit, um Seniorentreffs aufzusuchen. Ihnen könnte die Internetnutzung helfen, länger in ihrer Häuslichkeit zu verbleiben. Pilotprojekte in der Vergangenheit mit Motivations- und Qualifizierungsangeboten mit Internetpaten, -lotsen oder -botschaftern wurden durchgeführt, aber kaum ein Projekt davon wurde in eine dauerhafte Trägerschaft überführt. Die aufsuchende Assistenz war hier nicht nachhaltig erfolgreich.

Kubicek (123) hält es für notwendig, Digitalassistenzen in professionelle Strukturen zu integrieren, denn erstens reicht die Anzahl der Ehrenamtlichen nicht aus. Zweitens müssen auch diese von vertrauenswürdiger Stelle geschult und begleitet werden und drittens sind z.B. Haftungsfragen, Datenschutzerklärungen und Leihverträge an professionelle Strukturen gebunden. Kubicek schlägt vor, die Digitalassistenz für ältere Menschen dem ambulanten Dienst zuzuordnen. Sie könnte ein separates Angebot aufsuchender Altenhilfe sein oder ein spezielles abrechenbares Leistungsangebot, wie die Physiotherapie. Dabei stellt sich ihm die Frage: „Soll das derzeitige Pflege- und Betreuungspersonal in Technik- und Internetnutzung qualifiziert werden, um diese Kenntnisse weiterzugeben oder sollen digital kompetente Personen die Vermittlung an ältere Menschen mit körperlichen und geistigen Einschränkungen übernehmen und in dieser Vermittlung geschult werden?"

Es geht darum, den älteren Menschen passgenaue Angebote zu unterbreiten und ihnen das zuzumuten, was sie auch verkraften, und sie in ihrem familiären, sozialen und kulturellen Umfeld zu verstehen.

Die Bundesarbeitsgemeinschaft der Senioren-Organisationen e.V. (BAGSO) verfolgt ebenfalls das Ziel, sich für die Förderung der Digitalisierung und Bildung für ältere Menschen einzusetzen, insbesondere will sie auch Menschen erreichen, die in Pflegeeinrichtungen leben oder durch eine Behinderung beeinträchtigt sind. Dazu wurde ein Überblick über die derzeitige Bildungslandschaft für Ältere erstellt; davon ausgehend soll ein Wissenstransfer erfolgreicher Strategien aus Projekten bundesweit umgesetzt werden. Die BAGSO arbeitet in verschiedenen Bereichen, z. B. durch die Servicestelle Digitalisierung und Bildung für ältere Menschen. Die Servicestelle gibt Auskunft zu allen Fragen bezüglich der Bildung im Alter und möchte Senioren den Zugang zu Kursangeboten, Veranstaltungen und Treffs in Wohnortnähe erleichtern. Die Internetseite der vorgenannten Servicestelle www.wissensdurstig.de bietet allen Interessierten Hinweise und Materialien zu Bildung und Digitalisierung im Alter, vermittelt Wissenswertes für Bildungsanbieter und präsentiert Praxisbeispiele. Für Trainer, Internetlotsen, -paten und -botschafter, Helfer und alle anderen Unterstützer hat die BAGSO den Digital-Kompass www.digital-Kompass.de entwickelt. Er bietet den Lehrenden Schulungsmaterial und praktische Ratschläge für Kurse. Darüber hinaus werden bis zum Jahr 2021 bundesweit Anlaufstellen, sogenannte Digital-Kompass-Standorte, für Lehrende und Lernende eingerichtet, die Unterstützung suchen bei Fragen zur Nutzung digitaler Technik. In die Veranstaltungsdatenbank der BAGSO können bundesweit Veranstaltungen, Initiativen, Vereine, Mehrgenerationenhäuser, Volkshochschulen, Seniorenbüros etc. kostenfrei gelistet werden, um Anbieter/Angebote und Interessierte zusammenzubringen.

Gegenwärtig sieht die BAGSO die Bildungsinitiativen von freiwilligen Älteren für Ältere als ein Erfolgsmodell an, das erfolgreicher als verbreitete herkömmliche Strukturen, beispielweise die Angebote der Volkshochschulen, ist. Die Vorteile liegen in der Kleinteiligkeit, der Ortsbezogenheit, der Nachfrageorientierung, der Kostenersparnis, der Vielfalt der Angebote und der Flexibilität der Formate. Diese Initiativen sind eingebunden in eine bestimmte Quartiersstruktur und einen sozialen Austausch. Wenngleich dieses Modell Stärken aufweist, erreicht es nicht die Mehrheit der Älteren, bietet keine Verlässlichkeit in den Strukturen und erreicht nur die älteren Menschen, die mobil sind und Lernorte aufsuchen können. Auch die in der Veranstaltungsdatenbank gelisteten Angebote sind vorrangig für bestimmte mobile bildungsgewohnte ältere Menschen von Nutzen. Beispielsweise bieten traditionelle Bildungsanbieter wie Volkshochschulen, Altenakademien und Seniorenuniversitäten zwar Kurse zum Umgang mit dem Internet und digitalen Medien an, aber diese Angebote orientieren sich inhaltlich und pädagogisch vorwiegend an der Erwachsenenbildung. Dieses Bildungsangebot erreicht hauptsächlich bildungsgewohnte Ältere. Für andere Kursteilnehmer ist dieses Bildungsangebot nicht sinnvoll und sie werden möglicherweise einen Kurs abbrechen.

5.9 Digitale Versorgungsstrukturen haben Vorrang vor ambulanter und stationärer Versorgung

Dass wir bereits in der Digitalisierungsära leben, erfahren Menschen, vor allem Senioren, spätestens seit dem Ausbruch der Corona-Pandemie. Sie gehören zur Risikogruppe und müssen die Kontaktsperren besonders beachten. An den meisten Stellen ist die analoge Welt für längere Zeit verschwunden. Der bisherige analoge Alltag ist nun digital geworden. Plötzlich stehen die Senioren vor der Notwendigkeit, sich digitaler Medien zu bedienen. Das ist schwer, für manche unmöglich, für einige aber nichts Neues. Auch in einer Pandemie hat jeder Einzelne nur dann die Chance zu bestehen, zu kommunizieren und sich zu versorgen, wenn er lernt, sich digitaler Medien zu bedienen.

Grundsätzlich gilt, dass Lernen am Ende des Lebens ebenso wichtig ist wie Lernen am Anfang des Lebens. Lernen heißt auch, sein Leben selbst zu organisieren, nach neuen Wegen zu suchen und Neues zu wagen. Lernzugänge zu finden und Lernchancen zu nutzen, ist für die älteren Menschen leicht, die es gewohnt sind, sich selbst Bildung zu erschließen, für die das Internet eine selbstverständliche Infrastruktur darstellt und zum Lebensstil gehört. Sie sind in der Lage, sich mit technischer Assistenz, mit Robotik und digitalen Kommunikationswegen auseinanderzusetzen und diese für sich zu nutzen. Dies können sie in jeder Lebenssituation bewältigen, auch im hohen Alter oder bei besonderer Pflegebedürftigkeit, wenn die Mobilität eingeschränkt ist oder Hilfe und Unterstützung notwendig werden. Lebenslanges Lernen schafft weitgehend Unabhängigkeit, Freiräume und schützt vor Vereinsamung.

Pflegebedürftige mobile Menschen, die in ihrer Häuslichkeit leben und dort auch bleiben wollen, können nur selbstbestimmt über ihr Leben und ihre persönlichen Anliegen verfügen und an gesellschaftlicher Teilhabe partizipieren, wenn sie mit den digitalen Lebenswelten vertraut sind und wenn das Internet zu ihrem Lebensstil gehört. Ihre Nutzungskompetenz bestimmt ihre Verhaltensweisen; ihr Wertesystem bestimmt ihren Umgang mit digitalen Risiken und Unsicherheiten in Internet. Sie bedienen sich verschiedener Gesundheits-Apps, können z.B. Telemedizin nutzen, digital mit Freunden und Verwandten kommunizieren, sich über Pflegemöglichkeiten, Unterstützungsleistungen und Präventionsangebote selbst informieren. Sie sind in der Lage, sich selbst zu helfen oder sich selbst Hilfsmittel zu organisieren. Solange sie mobil sind, können sie Bildungsangebote ihrer Wahl aufsuchen und spezifische externe Bildungsangebote wahrnehmen.

Wesentlich schwerer sind die Menschen zu erreichen, die, wie Kubicek in der vorgenannten Studie (118 und 120) sagt, unter „Motivations-, Nutzungs-, Lern-, Mobilitäts- und physischen Barrieren“ leiden. Hier muss Digitalisierungspolitik ansetzen: individuell, sensibel, zuverlässig und vertrauenswürdig.

Pflegebedürftige immobile Menschen, denen in ihrer Häuslichkeit eine digitale Teilhabe und damit auch die soziale Teilhabe fehlen, benötigen professionelle Strukturen, die ihnen helfen, zuerst Motivationen aufzubauen, damit sie erkennen können, dass das Internet für sie von Nutzen sein kann. Sie sollten außerdem die Erfahrung machen, dass sie sich selbst dieses Nutzens bedienen können. Sie brauchen eine *Digitalassistenz,* die ihre Lebenssituation, ihr Lebensumfeld, ihre Wünsche und Bedürfnisse kennt, die zu ihnen nach Hause kommt, sie anleitet und bei Fragen zur Verfügung steht. Diese Menschen benötigen eine verlässliche Begleitung, der sie vertrauen und die sie durch ihre persönliche digitale Lebenswelt, ihre digitale soziale Teilhabe begleitet und sie anleitet, ihre digitale Gesundheitsbetreuung und -vorsorge weitestgehend selbstständig wahrzunehmen.

Pflegebedürftige immobile Menschen, die sich zwar eine einfache Internutzung zutrauen, aber sich nicht an höherschwellige Internetangebote wagen, aus Angst vor technischen Fehlern oder vor Risiken und Unsicherheiten, oder weil sie sich den höheren Nutzen, den ein höherschwelliges Angebot im Internet bietet, sich nicht vorstellen können, brauchen Hilfe. Auch diese Menschen bedürfen einer *Digitalassistenz,* die zu ihnen nach Hause kommt, sie anleitet und ihnen hilft, weiter unter Anleitung in die digitale Lebenswelt einzudringen und diese für sich zu nutzen. Ebenso muss eine Digitalassistenz auch alle anderen digitalen Anwendungen, eingesetzte Robotik und angewandte künstliche Intelligenz kennen und dem Pflegebedürftigen helfen, sie anzuwenden. Pflegebedürftige immobile Menschen erschließen sich durch digitale Technik und Robotik neue Zugänge zu neuen Lebensbereichen, die für sie in ihrer Pflegebedürftigkeit nützlich sein können, weil sie ihnen ermöglichen, länger in ihrer eigenen Häuslichkeit zu verweilen, länger selbstbestimmt agieren zu können und über soziale Teilhabe selbst entscheiden zu können.

Pflegebedürftige immobile Menschen, die Lernbarrieren haben, sind ebenfalls auf die Unterstützung durch eine *Digitalassistenz* angewiesen. Diese Menschen haben einen großen Bedarf, den sie selbst kennen, und sie erkennen gleichzeitig den persönlichen Nutzen der digitalen Teilhabe für sich, wenn man es ihnen erklärt. Aber sie trauen sich nicht zu, die Anwendung der Technik zu erlernen. Sie empfinden Unsicherheit und Unvermögen bezüglich der eigenen Fähigkeiten. Sie meinen, dass ihre Lernfähigkeit begrenzt sei, ihr Intellekt nicht genüge, um das digitalen Netz richtig zu verwenden und persönliche Risiken und Gefahren zu begrenzen. Sie haben Angst davor, dass sie sich mit dem Erlernten, mit ihrem angeeigneten fragmentarischen Wissen, im Internet falsch verhalten oder sich gar bloßstellen. Es fehlt ihnen der Mut, weiterzulernen und immer wieder durch Übung ihr Wissen zu trainieren und dabei zu erweitern. Mit einer helfenden, verstehenden und alltagsbegleitenden persönlichen Digitalassistenz würden diese Menschen den Weg in eine digitale Welt bewältigen, sich gesellschaftliche Teilhabe selbst erwerben und durch Selbsthilfe mehr Unabhängigkeit sowie Selbstbestimmung erhalten.

Pflegebedürftige immobile Menschen, die aufgrund einer körperlichen oder geistigen Beeinträchtigung das Internet nicht allein nutzen können (physische Barrieren), sind auf eine dauerhafte persönliche unterstützende *Digitalassistenz* angewiesen. Diese personengebundene Digitalassistenz ist für diese Menschen die ‚Tür zur Welt'. Wie könnten sie an der Gesellschaft teilhaben und weitgehende Selbstbestimmung erfahren, wenn ihre körperlichen und geistigen Einschränkungen ihnen Kontakte und Kommunikation erschweren oder sie ihnen unmöglich machen? Nur eine persönliche, auf Vertrauen basierende Digitalassistenz kann körperlich und geistig beeinträchtigte Pflegebedürftige motivieren und unterstützend begleiten bei allen Internetanwendungen, bei digitaler Kommunikation und bei der Nutzung digitaler Technik.

Gleiches trifft auf immobile Pflegebedürftige zu, die aufgrund ihrer Behinderung keine Lernorte aufsuchen können (Mobilitätsbarrieren). Wenn sich die ‚Welt' vor dem Einzelnen verschließt, wegen körperlicher Behinderungen oder gesundheitlicher Einschränkungen, braucht er kompetente vertrauenswürdige Alltagshelfer, wie eine personenbezogene *Digitalassistenz*, die ihm wieder einen ‚Zugang zur Welt' ermöglichen. Sie müssen ihm helfen, die digitale Technik für sich nutzbar zu machen und als Kommunikationsmöglichkeit mit Freunden, Angehörigen und Ärzten, als unabhängige Informationsquelle zur persönlichen Beratung und Meinungsbildung zu verwenden. Sie müssen ihn anleiten, die digitale Technik zur Information und Unterstützung von gesundheitlicher Vorsorge sowie als medizinische und therapeutische Hilfsmittel einzusetzen. Dies bedarf einer individuellen Schulung und kontinuierlichen Kontrolle der digitalen Anwendungen.

Die alleinige oder unterstützende Nutzung der digitalen Welt schafft weitgehende Selbstbestimmung, Selbstsicherheit und Selbstsorge in seinen persönlichen Angelegenheiten, wenn der Pflegebedürftige sein Wohnumfeld nicht mehr verlassen kann. Sie schafft Selbstbewusstsein, wenn der Pflegebedürftige gut informiert ist und sich über seine Behinderung mit Fachleuten und Pflegekräften austauschen kann. Selbstsorge entsteht, wenn der Pflegebedürftige in der Lage ist, selbst mit Ärzten, Apothekern und Therapeuten etc. per Internet zu kommunizieren und für sich selbst verantwortungsbewusst zu handeln. Die Nutzung der digitalen Welt, insbesondere die Nutzung der digitalen Technik und der künstlichen Intelligenz, ermöglicht körperlich eingeschränkten Pflegebedürftigen, ihren ‚Schutzraum' zu verlassen, mit digitalen Möglichkeiten und in der Sicherheit des gewohnten Umfeldes teilzuhaben an der Gesellschaft und ihrer Umgebung. Die Chance der gesellschaftlichen Teilhabe und die Kraft und Ermöglichung der Selbstbestimmung sowie des Verbleibs in der eigenen Häuslichkeit rechtfertigen jede Mühe des Lernens im Alter.

Digitalität muss gelernt und genutzt werden. Es muss eine Lernhaltung entstehen, die lebenslanges Lernen möglich und wünschenswert macht.

Wenn Digitalität eingesetzt und gelebt wird, gewährleistet sie den längeren und sicheren Verbleib in der eigenen Häuslichkeit und darüber hinaus gesellschaftliche Teilhabe sowie weitest gehende Selbstbestimmung.

5.9.1 Digitalpakt für Teilhabe im Rahmen kommunaler Daseinsvorsorge

Daseinsvorsorge in der Kommune kann auf vielfältige Weise stattfinden. Einige Kommunen haben verschiedene Formen kommunaler Sorge entwickelt. Dies sind ausgehend von Sorgenden Gemeinschaften z.B. Pflegemixkonzepte in lokalen Verantwortungsgemeinschaften, wie sie in den vier Kommunen in Baden-Württemberg beschrieben wurden, oder die lokalkooperativen Netzwerke, wie sie vom Netzwerk SONG entwickelt wurden, und die zahlreichen Initiativen sowie Formen der Quartierentwicklungen. Die Bemühungen um kommunale Sorgeformen unterliegen auch dem Zeitgeist, den finanziellen Spielräumen, dem Stand der Technik und den gesellschaftlichen Trends. Deshalb ist die Kommunalisierung des Sorgens veränderbar, ausweitbar in verschiedene Bereiche und flexibel für neue Bedarfe sowie neue Teilhabemöglichkeiten.

Neue Anforderungen und gleichzeitig neue Möglichkeiten entstehen gegenwärtig durch die Ausbreitung der Digitalisierung und deren Chancen in der Gesellschaft, in persönlichen Lebensbereichen, in der Wirtschaft, im Gesundheits- und Präventionssektor sowie im Pflegebereich.

Die digitale Vernetzung in der Kommune befindet sich gegenwärtig noch am Beginn ihrer Entwicklung. Hier hat die Kommune dringende Pflichten, denn Informations- und Kommunikationstechnologien sind für die Zukunft relevant. Das betrifft alle Gesellschafts- und Lebensbereiche. Der Ausbau der Teleinfrastruktur und die Versorgung aller Bürger mit schnellem und leistungsfähigem Internet müssen wie Grundrechte behandelt werden. Es gibt auch für immobile pflegebedürftige und alte Menschen das Recht auf gesellschaftliche bzw. soziale Teilhabe. Aber wenn analoge Teilhabeformen aus subjektiven Gründen nicht möglich sind, bieten digitale Infrastrukturen die eventuell einzigen Möglichkeiten der Partizipation und Teilhabe. Das heißt, der Zugang zum Internet und zu digitalen Netzen muss wesentlicher Bestandteil der kommunalen Daseinsvorsoge sein. Wenn grundlegende netztechnische Voraussetzungen der Digitalisierung nicht vorhanden sind, werden Menschen von der Möglichkeit der gesellschaftlichen Teilhabe ausgeschlossen.

Zur kommunalen digitalen Daseinsvorsorge gehören auch die Bemühungen um digitale Kompetenzförderung. Die Kommune hat die Möglichkeiten, allein oder mithilfe von ehrenamtlichen Helfern oder Wohlfahrtsverbänden und Initiativen ihre eigenen Einrichtungen, wie Kindergärten, Horte, Grundschulen, Verwaltungseinrichtungen, Feuerwehrdepots etc., zu öffnen und Schulungsangebote für mobile ältere Menschen oder mobile Pflegebedürftige anzubieten. Es gibt Handlungsanleitungen, wie den *Leitfaden Digitale Kompetenzen für ältere Menschen* von Telefonica Deutschland Holding AG und der Stiftung Digitale Chancen, 2. Auflage, 2019.

Es bedarf in den Kommunen eines Digitalpaktes Teilhabe, indem konkrete Ziele benannt werden, z.B. dass jeder Haushalt innerhalb eines Jahres einen schnellen, belastbaren und sicheren Internetzugang erhält. Auch müssen Strategien festgelegt werden, wie die Zielerreichung gesichert wird. In diesem Digitalpakt werden auch Handlungsanweisungen formuliert, wie mobile ältere Menschen, Senioren oder mobile Pflegebedürftige geschult und trainiert werden sollen, um Kompetenzen in der digitalen Welt zu erwerben. Schließlich muss jeder Digitalpakt mit finanziellen Mitteln ausgestattet sein, die für Anschaffungen und Personalkosten verwendet werden können.

5.9.2 Digitalpakt in der Brandenburger Beispielgemeinde

In der Brandenburger Beispielgemeinde, (Pkte. 4, 4.1., 4.2.), wäre es möglich, im Rahmen eines gemeindeumfassenden Digitalpaktes Teilhabe in jedem einzelnen Ortsteil eine kleine Weiterbildungsstätte für mobile Ältere und Senioren und mobile Pflegebedürftige in öffentlichen Einrichtungen zu schaffen, in denen die Menschen unter Anleitung digitale Kompetenzen erwerben können. Dort könnte man z.B. einen Kindergarten abends, einen Hort nachmittags oder eine Grundschule, ein Feuerwehrgebäude oder ein Bürgerbüro samstags als Ort der Weiterbildung zur Verfügung stellen. Die Anleitung der Senioren sollte in kleinen Gruppen und in einer entspannten Atmosphäre erfolgen, sodass die Konzentrationsfähigkeit und die Lernbereitschaft begünstigt werden.

Zur technischen Ausstattung gehören ein Internetanschluss (DSL oder VDSL). Wenn der Internetzugang über Mobilfunk genutzt wird, muss sichergestellt werden, dass die Netzstärke ausreicht. Praktische Zugangsbedingungen werden durch einen öffentlichen Hotspot zum Internet über das eigene WLAN geschaffen, denn durch dieses werden für alle Teilnehmenden gleiche Bedingungen für die Nutzung des Internets hergestellt.

In jeder dieser Einrichtungen gibt es inzwischen einen Beamer oder ein großformatiges TV-Gerät, das eine Übertragung der Anwendungen und Bedienschritte auf dem Bildschirm oder Tablet abbildet bzw. vorführt. Die Übertragung zum Beamer oder TV-Gerät kann kabellos (mittels ScreenMirroring, AppleAirplay, Google Chromecast) oder kabelgebunden (mittels Micro-HDMI/MHL-Schnittstelle, (Mini) DisplayPort, USB-C) erfolgen.

Das Drucken von Texten, Fotos oder Informationen von Smartphones oder Tablets setzt die Anwendung eines Druckers voraus. Dazu muss der Drucker mit dem mobilen Endgerät über WLAN, Bluetooth oder USB verbunden sein. Manche Druckerhersteller bieten eigene Drucker-Apps im App Store und bei Google Play an.

Für interessierte Senioren oder ältere Menschen, die noch kein eigenes Tablet oder Smartphone besitzen, sollten Leihgeräte zur Verfügung stehen. Mit diesen Leihgeräten können sich Senioren einen ersten Eindruck verschaffen sowie Nutzungsmöglichkeiten und Vorteile kennenlernen. Durch das Aufzeigen und Erfahrbarmachen von persönlichem Nutzen steigt die Motivation des Einzelnen, sich mit der digitalen Welt zu beschäftigen.

Um unberechtigte Zugriffe auf das System und die verbundenen Endgeräte zu erschweren, sollte die Datenschutzübertragung eines WLAN-Hotspots verschlüsselt werden. Empfehlenswert ist eine Verschlüsselung mit WPA2 und einem sicheren Passwort. Die Gültigkeit des Passwortes kann befristet werden, damit nach Ablauf des Nutzungszeitraumes die Gültigkeit des Passwortes erlischt. Es ist auch wichtig, den Router zu schützen, denn dort werden immer Nutzungsdaten gespeichert, auch wenn auf eine Identitätserfassung verzichtet wurde. Der Router sollte keinem unbefugten Zugriff ausgesetzt sein.

Die Qualität des Lehrens hängt neben der Lerninfrastruktur im Allgemeinen auch von den fachlichen, methodischen und sozialen Kompetenzen des Trainers ab. Der Trainer sollte in der Arbeit mit älteren Menschen, Senioren oder mobilen Pflegebedürftigen neben seiner Fachlichkeit auch geduldig, verständnisvoll und motivierend sein. Zur Vertiefung des Lehrstoffes, zur Arbeit am Tablet zu Hause und zu individuellen Übungszwecken eignet sich die Broschüre der Bundesarbeitsgemeinschaft der Seniorenorganisationen BAGSO e.V. *Wegweiser durch die digitale Welt.* Diese Broschüre ist in der zehnten überarbeiteten Auflage 2019 in Bonn erschienen und ist kostenlos durch den Publikationsversand der Bundesregierung erhältlich.

Die Kommune könnte in ihrer Ortszeitung einen Aufruf starten und aus den Reihen der Ehrenamtlichen oder Berufstätigen geeignete Personen für die Abhaltung der Kurse gewinnen.

Mit welchen Kosten wäre dies für die Gemeinde verbunden? Wären die Kosten und der Aufwand vertretbar?

Die Beispielgemeinde hat neun Ortsteile. In jedem Ortsteil gibt es einen kommunalen Raum, der zur Nutzung als Schulungsraum geeignet ist. Feuerwehr, Kindergarten und Grundschulen bieten sich besonders an. Für die Raumnutzung entstehen *keine Kosten*.

Für die Anschaffung der zusätzlichen Technik (Adapter, USB, Kabel, etc.) und von acht Leihgeräten (Tablets oder Laptops) sowie für die Nutzung von Software (Lizenzgebühren) und das Einrichten der Endgeräte durch einen Fachmann werden einmalig *5.000 Euro* fällig.

Es wird angenommen, dass für die Schulung geeignete Trainer gefunden werden, die zweimal monatlich in jedem Ortsteil zwei Stunden unterrichten. Das sind insgesamt vier Stunden pro Ortsteil, woraus sich für neun Ortsteile 32 Stunden ergeben. Für die Bereitschaft, die Leistung und den Aufwand sollten die Trainer eine Ehrenamtspauschale von 10 Euro pro Stunde erhalten. Das ergibt bei monatlich 36 Stunden einen Betrag von *360 Euro* und ein Jahresbedarf von 4.320 Euro.

Für die Beispielgemeinde ergibt sich damit im ersten Jahr eine finanzielle Belastung in Höhe von 5.000 Euro Sachkosten plus 4.320 Euro Ehrenamtspauschale. Die Gesamtkosten betragen *9.432 Euro* im ersten Jahr. In den Folgejahren reduzieren sich die Kosten, weil die Anschaffungskosten entfallen.

Knapp 9.500 Euro für das erste Jahr und die Hälfte des Betrages in den Folgejahren sind für eine Gemeinde von ca. 23.000 Einwohnern ein geringer Betrag, den die Gemeinde als eine freiwillige Leistung aufbringen könnte.

Die Gemeinde würde damit Zugangsvoraussetzungen schaffen für Menschen, die sonst von gesellschaftlicher Teilhabe, Partizipation und kommunalpolitischer Mitgestaltung zum jetzigen Zeitpunkt und künftig weitgehend oder ganz ausgeschlossen werden.

Der Digitalpakt Teilhabe mit seinem dauerhaften Schulungs-/Trainingsangebot für digitale Kompetenzen sichert in der Beispielgemeinde nicht nur die soziale Teilhabe einzelner Senioren und mobiler Pflegebedürftiger. Er ermöglicht auch, dass durch die Nutzung der digitalen

Technik ein Großteil der älteren Menschen länger in der eigenen Häuslichkeit verbleiben kann, sich selbst weitgehend beschäftigen, unterhalten und versorgen kann sowie Gesundheitssorge und -vorsorge, z.B. durch Telemedizin oder Apps, selbstständig und selbstbestimmt leisten kann.

Ein Schulungs-/Trainingsangebot bringt Menschen zusammen, die alle das Gleiche lernen wollen und die die gleiche Motivation mitbringen. Diese Menschen finden in der Gemeinschaft zum einen Abwechslung und Freude. Zum anderen unterstützen sie sich gegenseitig beim Lernen. Sie agieren außerdem als Multiplikatoren und Mitakteure in der lokalen Daseinsvorsorge für ältere, behinderte und pflegebedürftige Menschen.

Würde man das gesamte Land Brandenburg betrachten und annehmen, dass es in allen Städten und Gemeinden des Bundeslandes ebensolche Schulungs-/Trainingsangebote gibt, würden mehr als 10.000 ältere Menschen, Senioren oder mobile Pflegebedürftige befähigt werden, die digitale Welt für sich zu erschließen und soziale Teilhabe sowie Partizipation zu erfahren.

(1) Angenommen in den vier großen Städten Cottbus, Frankfurt/Oder, Brandenburg und Potsdam würden je Stadt fünf Trainingsangebote mit jeweils acht Senioren durchgeführt: 4 Städte x 5 Angebote x 8 Teilnehmer ergeben 400 geschulte Personen.

(2) Angenommen in den 143 amtsfreien Gemeinden würden in jeder Gemeinde drei Angebote mit jeweils acht Teilnehmern organisiert:
   - 143 Gemeinden x 3 Angebote x 8 Teilnehmer ergeben 3.432 geschulte Personen.

(3) Angenommen in den 270 amtsangehörigen Gemeinden würde in jedem Ortsteil (im Mittel fünf Ortsteile) ein Angebot mit acht Teilnehmern stattfinden:
   - 270 Gemeinden x 5 Angebote x 8 Teilnehmer ergeben 10.800 geschulte Personen.

Das sind zusammen 14.632 Senioren, ältere Menschen oder mobile Pflegebedürftige, die sich die digitale Welt erschließen wollen und die lernen, weil sie nicht ausgeschlossen sein und weitestgehend über sich selbst bestimmen möchten.

5.9.3 Digitalassistenz für immobile Menschen

Zu der Gruppe der immobilen Menschen gehören Pflegebedürftige in stationären Einrichtungen, Pflegebedürftige, die in ihrer Häuslichkeit von einem ambulanten Pflegedienst versorgt werden, Pflegebedürftige, die von Angehörigen gepflegt und versorgt werden oder Pflegebedürftige, die auf sich allein gestellt sind und unter Umständen keinen zuerkannten Pflegegrad besitzen. Diese Menschen sind ohne das Hilfsmittel Internet und dessen Möglichkeiten von der Hilfe und Zuwendung anderer Menschen abhängig und von Aktivitäten sowie Austausch ausgeschlossen. Sie leben eingeschränkt im Vergleich zu anderen und müssen in diesem Zustand bis zum Lebensende verharren.

Diese Menschen sind auf aufsuchende Digitalassistentz angewiesen, die zu ihnen kommen, denen sie vertrauen und die sie langfristig digital unterstützen – unabhängig davon, welche Barrieren sie neben ihrer Immobilität haben.

Geht man davon aus, dass nur jeder zweite Pflegebedürftige in der häuslichen Pflege aufgesucht und unterstützt werden soll, müssen bundesweit mehr als eine Million Menschen angesprochen, geschult und begleitet werden. Hinzu kommt, dass die Leistung der Digitalassistenz über einen längeren Zeitraum erbracht werden muss und dabei rechtliche (Datenschutzerklärungen, Haftungsfragen, Verträge etc.) Rahmenbedingungen einzuhalten und persönliche Kompetenzen (Umgang mit personenbezogenen Daten) vorhanden sein müssen. Diese Anforderungsbreite und die längerfristige Verantwortung können durch das Ehrenamt nicht geleistet werden. Diese Aufgabe kann, im Gegensatz zu kommunalen Schulungen/Angeboten mit mobilen Senioren oder älteren Menschen, nur eine ausgebildete Fachkraft als Digitalassistenz erfüllen. Die aufsuchende Digitalassistenz muss in professionellen Strukturen verankert sein. Sie könnte innerhalb eines ambulanten Pflegedienstes als ausgebildete Digitalassistenz agieren oder auch ein spezielles Angebot, wie die Physiotherapie, präsentieren.

Eine Digitalassistenz muss die Möglichkeit haben, ihre Leistungen abrechnen zu können. Sie muss eine rechtliche Grundlage für die Ausübung ihrer Tätigkeit und für die Abrechnung ihrer Leistung haben.

Das Hilfsmittelverzeichnis des Spitzenverbandes der gesetzlichen Krankenversicherungen weist in der Produktgruppe 16 Kommunikationshilfen aus. Dabei sind unter den Punkten 16.99.04 und 16.99.05 Hardware und Software für Kommunikationssysteme benannt. Hier wäre ein möglicher politischer Ansatzpunkt, konkrete finanzielle Hilfe für den Versicherten auszuformulieren, damit er z.B. ein Tablet bei seiner Krankenkasse beantragen kann. Dieses Tablet als Hilfsmittel würde dann ebenso behandelt werden wie Gehhilfen, Inhalations- und Atemtherapiegeräte oder ein Behindertenfahrzeug. Auch eine Rückgabe nach der Nutzungsbeendigung ist denkbar sowie sinnvoll und durch § 33 Abs. 5 SGB V auch gerechtfertigt. In § 33 heißt es: „Die Krankenkasse kann den Versicherten die erforderlichen Hilfsmittel auch leihweise überlassen. Sie kann die Bewilligung von Hilfsmitteln davon abhängig machen, dass die Versicherten sich das Hilfsmittel anpassen lassen oder sich in seinem Gebrauch ausbilden lassen."

Eine andere Finanzierungsmöglichkeit bietet der Entlastungsbetrag nach SGB XI, § 45b. Der Gesetzgeber sagt dort: „Pflegebedürftige in häuslicher Pflege haben Anspruch auf einen Entlastungsbetrag in Höhe von 125 Euro monatlich. Der Betrag ist zweckgebunden einzusetzen für qualitätsgesicherte Leistungen zur Entlastung pflegender Angehöriger und vergleichbar Nahestehender in ihrer Eigenschaft als Pflegende sowie zur Förderung der Selbstständigkeit und der Selbstbestimmung der Pflegebedürftigen bei der Gestaltung ihres Alltags." Der Entlastungsbetrag, wie er in § 45b festgelegt ist, müsste bei Pflegebedürftigen, deren monatliche Rente unter 1000 Euro liegt, einmalig verdoppelt werden, damit auch diese Pflegebedürftigen ein Tablet erwerben und nutzen können.

Die Finanzierung der Schulungen/Trainingseinheiten und der Betreuung der digitalen Anwendungen von immobilen Pflegebedürftigen durch Digitalassistenten muss dauerhaft sichergestellt sein. Der Gesetzgeber räumt in § 45a (1) SGB XI ein: „Angebote zur Unterstützung im Alltag tragen dazu bei, Pflegepersonen zu entlasten, und helfen Pflegebedürftigen, möglichst lange in ihrer häuslichen Umgebung zu bleiben, soziale Kontakte aufrechtzuerhalten und ihren Alltag weiterhin möglichst selbständig bewältigen zu können." Weiter heißt es in § 45a (1,3) SGB XI: „Angebote, die dazu dienen, die Pflegebedürftigen bei der Bewältigung von allgemeinen oder pflegebedingten Anforderungen des Alltags oder im Haushalt, insbesondere bei der Haushaltsführung, oder bei der eigenverantwortlichen Organisation individuell benötigter Hilfeleistungen zu unterstützen". Damit anerkennt der Gesetzgeber, dass die Aufgaben einer Digitalassistenz durch das SGB gerechtfertigt sind und schlussfolgend auch zu finanzieren sind.

Gegenwärtig liegt eine Ungleichbehandlung seitens der Pflegekassen vor. Ein Pflegebedürftiger, der Empfänger von Pflegeleistungen ist, bekommt die Kosten erstattet, die entstehen, wenn er zu einem Amt oder zum Arzt von einer Person begleitet wird. Der gleiche Pflegebedürftige würde jedoch heute nicht die Kosten für einen Digitalassistenten erstattet bekommen, der zu ihm nach Hause kommt und den Antrag oder das Formular mit dem Pflegebedürftigen zusammen online ausfüllt oder mit ihm eine Videosprechstunde wahrnimmt. Die Onlinehilfe des Digitalassistenten beansprucht weniger Zeit und ist wirtschaftlicher. Außerdem ist sie für den Pflegebedürftigen angenehmer, weil er seine gewohnte Umgebung nicht verlassen muss.

Die Forderung heute lautet, dass Pflegebedürftige oder Menschen mit einer anerkannten Behinderung zwar Anspruch auf assistive Technologien und sogar Anspruch auf einen Betreuer haben, dieser muss aber im Zeitalter der Digitalität ausgeweitet werden auf sachliche und persönliche Digitalassistenzhilfen. Das betrifft z.B. den Onlineeinkauf, Verwaltungsangelegenheiten, die online erledigt werden können, Videosprechstunden mit dem Hausarzt oder dem ambulanten Pflegedienst und Kommunikationen mit Familie und Freunden.

Die Etablierung von Digitalassistenzen im Sozialgesetzbuch schafft die Basis für die Ausbildung dieser Berufsgruppe, rechtliche Grundlagen bei Haftungsfragen und gibt Sicherheit bei der Auswahl vertrauenswürdiger Helfer für digitale Anwendungen, die von den Pflegepersonen und ihren Angehörigen getroffen werden muss.

5.9.4 Buurtzorg und die Merkmale eines agilen Unternehmens

Die Digitalisierung hat Buurtzorg zu einem Zeitpunkt des Umbruchs und Umbaus des Dienstleistungssystems Altenhilfe entstehen lassen. Buurtzorg ist eine Alternative zum herkömmlichen ambulanten Pflegedienst in der Digitalisierungsära.

Kann die herkömmliche ambulante Pflege unter den Bedingungen des demografischen Wandels, fehlender Arbeitskräfte, steigender Betreuungszahlen, gedeckelter Kosten und vorgeschriebener Leistungskomplexe künftig Produktivitätsfortschritte vorweisen mit messbaren Verbesserungen in der Arbeits- und Versorgungsqualität? Hier wird die digitale Technik zu einem neuen Medium, in dem neue Leistungsfelder entstehen können, neue Arbeitsorganisationskonzepte erprobt werden und neue Personaleinsatzkonzepte gefunden werden müssen. Denn der Umbau herkömmlicher Pflegestrukturen findet nicht nur in den Pflegeberufen statt, sondern erfolgt auch außerhalb der Pflegeberufe. Er erweitert Qualifikationsprofile und ermöglicht alternative Gestaltungsoptionen, die sich aber letztlich an der Versorgungsqualität und an der Qualität der Arbeit messen lassen müssen.

Was macht Buurtzorg so erfolgreich und welche Strukturen oder Organisationsmodelle und Gestaltungsformen sind empfehlenswert, die dem zeitgemäßen subjektiven Bedarf in der Pflege entsprechen und die qualitativ hochwertig, bezahlbar und zukunftsfähig sind?

Die Antwort bezieht sich darauf, ob der Mensch im Mittelpunkt des Systems steht.

Der herkömmliche ambulante Pflegedienst erlebt gegenwärtig einen Konflikt. Er muss einerseits eine erfolgreiche Anpassung schaffen zwischen klassischen Strukturen, Prozessen, Methoden, rechtlichen Vorgaben und andererseits neuen Marktanforderungen. Die klassischen Strukturen sind vergleichbar mit einer Hardware, dagegen sind Werte, Prinzipien, Empathie und Transparenz vergleichbar mit einer Software. Die Aushandlung zwischen klassischen Strukturen und neuen Marktanforderungen erfolgt in einem Austauschprozess mit der Umwelt. Die Umwelt, die aber im digitalen Zeitalter veränderbar ist, durch z.B. technologische Veränderungen, steigende Dynamik und Komplexität, Digitalisierung usw., generiert den Wandel der Anpassungen. Die Anpassungen müssen geprägt sein von Beweglichkeit, Schnelligkeit und Effektivität. Sind es klassische, schlanke, effizientere Strukturen, welche die Bewältigung der aktuellen Aufgaben erfordert, oder kann die Liberalisierung, die für Flexibilität und Innovation steht, die Lösung der heutigen Aufgaben sein? Bei der professionellen ambulanten Pflege ist es weder die klassische Struktur noch die Liberalisierung mit den ihr innewohnenden Innovationen. Wenn die Marktanforderungen sich heute schnell verändern, können klassische Strukturen darauf nur schwer reagieren. Es bedarf eines beweglichen, schnellen und flexiblen Unternehmenskonzeptes, das sich an die Vielfalt und die Geschwindigkeit des Marktes anpassen kann.

Ein mögliches Konzept für Unternehmen, ihre Organisation und ihr Geschäftsmodell in kurzer Zeit auf neue Marktanforderungen auszurichten, ist das Konzept eines *agilen Unternehmens.*

Agilität ist im Zeitalter der Digitalität ein Führungs- und ein Ordnungsprinzip, um auch in digitalen Märkten erfolgreich zu sein. Agilität ist gleichermaßen eine Unternehmenskultur, dank der sich ein Unternehmen schnell auf neue Ereignisse in der Umwelt einstellen kann.

Digitalität ist die Zeit, in der die Unternehmen nicht länger nach den Regeln der industriellen Ökonomie, sondern nach jenen der digitalen Ökonomie arbeiten. Das bedeutet nicht zwangsläufig, digitale Geschäftsmodelle zu kreieren, sondern es geht um die Anpassungsfähigkeit der Unternehmen an die externen Treiber der Agilität, an die sich ständig ändernden Kundenwünsche, das Kundenverhalten, neue Technologien, anderes Nutzerverhalten oder andere Umweltbedingungen.

Treiber der Agilität im Unternehmen können auch die Mitarbeiter sein.

Sie, und das trifft besonders auf Fachkräfte in der Pflege zu, haben eine hochwertige Ausbildung erhalten und fühlen sich in ihrem Arbeitsalltag oft unterfordert, weil sie spezielle medizinische Tätigkeiten, die sie gelernt haben, ohne die explizite Zustimmung eines Arztes nicht ausführen dürfen. Sie fühlen sich gestresst, weil sie begrenzte Zeitvorgaben einhalten müssen, nach denen sie ihre Leistungen abrechnen können. Pflegefachkräfte haben häufig ihren Beruf aus einer Berufung heraus gewählt. Sie wollten den bedürftigen Menschen helfen und sie so betreuen können, wie sie es in ihrer Berufung gespürt haben, als sie sich für die Ausübung dieses Berufes entschieden haben. Viel Stress und Frustration erleben heute Pflegefachkräfte in ihrer alltäglichen Pflegetätigkeit dadurch, dass sie wahrnehmen, wie sie sich von ihrer gewünschten Berufung zunehmend entfernen.

Bei dem ambulanten Pflegemodell Buurtzorg ist diese Unzufriedenheit der Pflegefachkräfte der Auslöser gewesen, das System, die herkömmliche ambulante Pflege, infrage zu stellen und nach neuen Formen zu suchen. Jos de Blok, selbst Pflegefachkraft, hat Buurtzorg gegründet nach dem Prinzip ‚Menschlichkeit vor Bürokratie'. Der Pflegebedürftige sollte, so de Bloks Ziel, wieder im Mittelpunkt der täglichen Arbeit der Pflegekräfte stehen. Die Pflegekräfte sollen gemeinsam das Ziel verfolgen, die Eigenständigkeit des Pflegebedürftigen zu wahren und ihm bei seiner Unabhängigkeit zu unterstützen. Dieser patientenbezogene Pflegeansatz hat die Motivation der Mitarbeiter, die früher bei ihrer Berufswahl eine entscheidende Rolle gespielt hat, wieder aufleben lassen. Bei Buurtzorg wird aus der Perspektive des Pflegebedürftigen gedacht, geplant, entschieden und gehandelt. Aus der ursprünglichen hierarchischen Struktur des ambulanten Pflegedienstes entstand bei Buurtzorg ein Netzwerk einzelner, dezentraler, selbstorganisierter Teams mit maximal zwölf Mitarbeitern, die für 50 bis 60 Patienten verantwortlich sind. Diese Teams arbeiten ohne Vorgesetzte oder Pflegedienstleiter. Sie praktizieren die komplette Selbstorganisation der eigenständigen Einsatzplanung, Vertretungsregelung, Dokumentation und Datenbankpflege. Unter dem Gebot der achtsamen Kommunikation organisieren, arbeiten, entscheiden und reflektieren sie ihre Arbeit im Team. Für die Kunden bedeutet Buurtzorg, dass sie nur eine oder maximal zwei Pflegefachkräfte haben, die sich um sie sorgen.

Jeder Mitarbeiter eines Buurtzorg-Teams hat die Aufgabe, neben einer dokumentierten Pflegeplanung den Pflege- oder Hilfebedürftigen zu beraten, wie er selbst dazu beitragen kann, seine Unabhängigkeit zu erhalten oder wiederzuerlangen. Der Mitarbeiter macht ihm Mut und muntert ihn auf. Er erzeugt Verständnis, Kennen und Vertrauen, statt Abhängigkeit. Er interessiert sich für sein Leben, sein Lebensumfeld, seine Wünsche und Erwartungen. Die Pflegefachkraft lernt die Angehörigen, Freunde und Nachbarn des Patienten kennen und organisiert ein informelles Netzwerk um den Pflegebedürftigen herum, ohne den Einzelnen zeitlich, fachlich und emotional zu überlasten. Das informelle Netzwerk dient der punktuellen Ergänzung der professionellen Betreuung.

Die pflegefachlichen Tätigkeiten leistet der Mitarbeiter des Buurtzorg-Teams. Buurtzorg hat eine eigene IT-Plattform und eine eigene Software entwickelt, die auf die Bedürfnisse der Pflegenden und der Patienten spezifiziert sind. Alle Angestellten sind mit einem Tablet ausgestattet und untereinander vernetzt. Damit sind interne Kommunikations- und Entscheidungsprozesse digitalisiert. Zusätzlich sind die internen Prozesse um den Pflegebedürftigen herum, nach der Outside-in-Logik, (Hier steht das Wohl des Kunden an erster Stelle. Bei der Inside-in-Logik, hat das Unternehmen Vorrang.), digitalisiert und vernetzt.

Die Dokumentation der Leistungen jeder Pflegefachkraft ist digitalisiert und im Team vernetzt. Mit einem Assessment-Tool kann die Fachkraft Kundendaten schnell und einfach digitalisieren. Der Pflegebedarf wird dadurch täglich evaluiert. Dazu werden anhand ermittelter Daten, auch aus der patientennahen Sofortdiagnostik, validierte Pflegepläne vorgeschlagen. Sofortdiagnostik erhebt Werte für Blutzuckermessungen, Gerinnungsdiagnostik, Blutgasmessungen und Kardiale Marker und kann sie an Krankenhäuser oder Laborinformationssysteme übertragen. Beispielsweise wird beim Vorhandensein typischer Anzeichen und Symptome per Intranet der Hinweis auf z.B. COPD, eine schwere Lungenkrankheit, gegeben. Eine hohe Qualität und Zuverlässigkeit der aktuell vor Ort erhobenen Daten und der Daten, die durch Verknüpfungen mit externen Experten, mit dem Backoffice, mit Kollegen oder über WeLinked Chat entstehen, und die rasche fachlich kompetente Reaktion der Pflegekräfte, führen zu einer hohen Kundenzufriedenheit. Es ist die Erfahrung des Pflegebedürftigen, dass jede Art von Wissen jederzeit für ihn abgerufen und nutzbar gemacht werden kann: das der Fachkraft, der Experten, der Kollegen, das Wissen aus wissenschaftlichen Studien, aus dem Internet usw.

Die Pflegekräfte treffen beim Patienten Einzelentscheidungen auf der Grundlage der vorliegenden medizinischen Daten oder sie holen sich fachlichen Input. Sie aktivieren und reproduzieren permanent ihre fachlichen Kenntnisse und ergänzen sie durch Inputs von Kollegen und Experten. Pflegekräfte bei Buurtzorg sind nicht mehr nur ausführende Kräfte. Ihre hohe pflegerische Kompetenz kombinieren sie mit der Fähigkeit, ein individuelles Netzwerk um den Patienten herum zu organisieren und gezielt in die Pflege einzubinden.

Bei Buurtzorg wird auf Elemente der Scrum-Theorie zurückgegriffen. „Scrum basiert auf der Theorie empirischer Prozesssteuerung oder kurz „Empirie“. Empirie bedeutet dabei, dass Wissen aus Erfahrung gewonnen wird und Entscheidungen auf der Basis des Bekannten getroffen werden. Scrum verfolgt einen iterativen, inkrementellen Ansatz, um Prognosesicherheit zu optimieren und Risiken zu kontrollieren. Drei Säulen tragen jede empirische Prozesssteuerung: Transparenz, Überprüfung und Anpassung.“ (124)

Agile Unternehmen (125) und Organisationen sind in der Lage, innerhalb kurzer Zeit auf neue Marktanforderungen und -veränderungen einzugehen und auch in digitalen Märkten erfolgreich zu agieren.

Agilität ist nicht mit Flexibilität zu verwechseln. Sie ist mehr als nur flexibel auf eine neue unerwartete Situation zu reagieren. Agilität ist eine Schlüsselkompetenz und eine Unternehmenskultur, die neue Anforderungen für sich nutzt und sich selbst an ihnen, ohne zentrale Steuerung, proaktiv ausrichtet. Agile Unternehmen haben den Vorteil, auf die zunehmende Komplexität der Märkte und auf die sich schnell verändernden Umweltbedingungen zu reagieren. Die Märkte sind heute schnell, komplex, Schwankungen unterworfen und unsicher. Diese Dynamik wird hauptsächlich durch die digitale Transformation ausgelöst. Der Kunde, der Mitbewerber, der Preisvorteil, der wirtschaftliche Nutzen und der Erfolg sind mit nur einem Mausklick zu erreichen. Es sind zwei verschiedene ‚Welten', die aufeinandertreffen. Einerseits gibt es die traditionellen klassischen Strukturen, die ausgerichtet sind an träge reagierenden Märkten, und andererseits die digitale Transformation mit großer Dynamik und hoher Komplexität. Agilität bedeutet, das Unternehmen zu befähigen, mit dieser Dynamik und Komplexität umzugehen und Erfolge zu generieren.

Agil zu denken und agil zu sein macht den Unterschied zu klassischen Strukturen aus. Agilität nutzt die digitalen Märkte und setzt die Digitalisierung in Arbeits- und Dienstleistungsprozessen ein.

Buurtzorg ist ein agiles Unternehmen. Mitarbeiter, Teams und Führung praktizieren eine agile Denk-, Verhaltens- und Arbeitsweise. Sie verstehen ihre Kunden nicht als Leistungsempfänger, sondern als gleichberechtigte, bedeutsame Partner. Aus der Adaptionsfähigkeit der Buurtzorg-Teams entsteht ein Wettbewerbsvorsprung, indem das Leistungsangebot durch digitale Anwendungen, z.B. auf der Basis von Big Data, ausgebaut wird und neue Lösungen durch neue Partnerschaften ermöglicht werden. Die Teams arbeiten selbstständig. Die Führungsverantwortung ist bei Buurtzorg nicht an eine Führungskraft gebunden, sondern als Rollen auf die Teammitglieder verteilt. Das Team ist als Kollektiv also auch verantwortlich für die Erfüllung der Management- und Führungsaufgaben.

Was genau macht ein agiles Unternehmen aus? Wie müssen agile Methoden und agile Führungsformen in diesem Unternehmen beschaffen sein und was ist unter agilem Denken zu verstehen?

Im Vergleich zu herkömmlichen Unternehmen, die sich in der Regel darüber definieren, WAS sie tun müssen bei der Erbringung ihrer Leistung, definieren sich agile Organisationen über die Art, WIE zusammengearbeitet wird, um einem bestimmten Sinn zu folgen, welche Haltung der einzelne Mitarbeiter einnimmt und von welchen Werten er sich bei seiner Arbeit leiten lässt. Agile persönliche Werte sind Offenheit, Lernbereitschaft, Selbstverpflichtung, Aufgeschlossenheit für Neues und Fokussierung auf das Zentrum der Aufmerksamkeit. Buurtzorg Mitarbeiter denken agil und verhalten sich agil, nach der dem persönlichen Leitprinzip: being agile.

Diese Werte und Prinzipien allein sichern die Agilität des Unternehmens und sie lassen Schlussfolgerungen zu, wie agil das Unternehmen ist und sein kann.

Dieser bestimmte höhere Sinn in der Arbeit setzt den inhaltlichen Rahmen, in dem agiles Arbeiten (doing agile) stattfinden kann. Agile Praktiken und Methoden werden von den Prinzipien und Werten bestimmt. Being agile bestimmt doing agile.

Agile Methoden sind für Teams und Organisationen notwendig, denn sie sind die gemeinsame Sprache und das gemeinsame Verständnis darüber, wie die Zusammenarbeit ohne klar definierte klassische Rahmenbedingungen zielführend werden kann. Agile Methoden beschreiben die Art der Zusammenarbeit. Damit ersetzen sie herkömmliche Arbeitsanweisungen und Vorgaben, die dazu geschaffen waren, das zu tun, was die Führungskräfte erdacht hatten. Agile Methoden bieten Orientierung und Selbstbewusstsein auf dem individuellen Weg zur Kundenzentrierung und zur Selbstorganisation. Diese Orientierung, das Selbstbewusstsein und die Selbstsicherheit sind Voraussetzungen dafür, dass sich Mitarbeiter auf Neues und Unbekanntes einlassen und bereit sind, diese Transformation erfolgreich umzusetzen.

Agile Methoden sind Werkzeuge. Je nach Kontext können sie, richtig angewendet, mehr oder weniger Wirkung entfalten. Um den korrekten Einsatz einer agilen Methode zu finden, empfiehlt es sich, verschiedene Betrachtungsweisen heranzuziehen. Eine Betrachtungsweise ist vergleichbar mit einer Anwendungsbeschreibung, die entweder richtig und stimmig erscheint oder die als unpassend empfunden wird.

Bei der Methode *Kunde, Team, Führung* leitet sich die Betrachtungsweise aus der Frage ab, auf welcher der drei Ebenen die gewählte agile Methode wirkt. Die Kundenzentrierung orientiert sich dabei auf die Bedürfnisse der internen Leistungsempfänger. Die Teamebene konzentriert sich auf die Frage, wie Mitarbeiter und Teams sich agil organisieren können, um Werte zu schaffen, und bei der Führungsebene geht es um die Koordination agiler Teams.

Eine weitere Methode, bzw. eine andere Betrachtungsweise, ist der aus den drei Phasen Entdecken, Validieren und Ausbauen bestehende Lebenszyklus eines jeden Vorhabens. In der Phase des Entdeckens erfolgen eine intensive Beobachtung und ein Austausch mit dem Kunden. Dabei geht es darum, den Kunden, seine Bedürfnisse, seine Probleme und sein Umfeld zu verstehen und einfache Lösungswege aufzuzeigen. In der Phase des Validierens wird untersucht, ob die Lösungen zu den ermittelten Bedürfnissen passen oder ob weitere Lösungswege getestet werden müssen. Wurde schließlich die richtige Lösung gefunden, geht es in der Phase des Ausbauens darum, diesen Lösungsweg zu strukturieren und auszubauen.

Buurtzorg arbeitet nach der drei-Phasen-Methode und definiert den Kunden, den Empfänger einer Leistung, als Partner und als Teil der Wertschöpfung, die auch von ihm, dem Kunden, ausgeht. Diese Kundenzentrierung ermöglicht, dass der Kunde in die Entwicklung von Service und Pflege einbezogen wird und sie mitgestalten kann (Entdecken). Auf Grundlage der Kundeneinschätzung evaluieren agile Unternehmen ihr Angebot und entwickeln es ständig weiter (Validieren). Der Kunde erhält das Angebot, das er wünscht und das seinen Bedürfnissen entspricht, und nicht erwünschte (unnötige) Leistungsaspekte werden nicht weiterverfolgt (Ausbauen).

Die digitale Transformation, oder Pflege 4.0, kann ohne Agilität im Unternehmen, insbesondere ohne die agilen Werte und Prinzipien nicht gelingen. Agilität sichert in vernetzten komplexen Märkten die Chance, Wettbewerbsvorteile aufzubauen. Auch in der Pflege ergeben sich Wettbewerbsvorteile für agile Unternehmen, wenn sie nach einem festgeschriebenen Leitbild arbeiten und auf das Wissen jeder einzelnen Fachkraft setzen. Die Wettbewerbsvorteile liegen in der Arbeit der autonomen Teams, die Lösungsfindungen beschleunigen und Evaluierungen der Ergebnisse und Prozesse eigenständig vornehmen und einen regelmäßigen Informationsaustausch innerhalb der Teams pflegen. Der Wettbewerbsvorteil gründet auf einer höheren wirtschaftlichen Effektivität sowie einer großen Zufriedenheit der Kunden und einer höheren Selbstbestätigung der Mitarbeiter.

5.10 Digital vor ambulant und stationär mit Buurtzorg und Digitalassistenten

Die Definition der Deutschen Gesellschaft für Care und Casemanagement (DGCC) bestätigt den Ansatz, dass Case-Management ein Teil der Pflege von pflegebedürftigen Menschen ist. Die Wahrnehmung ihrer Interessen und Bedürfnisse (Advocancy) steht besonders bei den Buurtzorg-Teams im Mittelpunkt der individuellen Pflege, deren Ziel der pflegebedürftige Mensch selbst festlegt. Die Wünsche und die Bedürfnisse des pflegebedürftigen Menschen vertreten die Buurtzorg-Mitarbeiter auch entgegen den Meinungen von Kooperationspartnern und anderen an der Versorgung Beteiligten.

Um bestimmte Phasen im konkreten Pflegeprozess transparent benennen zu können, wurden bei Buurtzorg-Pflegediensten Begriffe wie *stabile und instabile Pflegesituation* aus dem Expertenstandard ‚Schmerzmanagement in der Pflege bei chronischen Schmerzen' entlehnt.

Gemeint ist damit, dass z.B. bei einem instabilen Schmerzzustand pflegerische Interventionen gefordert sind, so sind bei instabilen Pflegesituationen pflegerische Interventionen gefordert.

Als eine stabile Pflegesituation wird ein Zustand beschrieben, bei dem durch die Pflegemaßnahmen die Pflegeziele erreicht wurden oder wenn keine weitere Verbesserung der pflegerischen Situation erzielt werden kann, aber weiterhin Pflegebedürftigkeit besteht. Diese weitere Pflegebedürftigkeit kann weiterhin durch eine professionelle Pflege erfolgen. Das entspricht einer abhängig kompensierten Pflegebedürftigkeit. Kann sich der pflegebedürftige Mensch durch den Einsatz von Empowerment und/oder durch Hilfsmittel in der Lage versetzen, sich weitgehend selbst zu versorgen, würde eine unabhängig kompensierte Pflegebedürftigkeit vorliegen. Die Begriffe *abhängig und unabhängig kompensierte Pflegebedürftigkeit* sind entnommen aus dem Expertenstandard ‚Förderung der Harninkontinenz in der Pflege‘.

Der individuelle Pflegeprozess des Mitarbeiters eines Buurtzorg-Teams beginnt mit dem persönlichen Gespräch mit dem pflegebedürftigen Menschen. Dieses Gespräch dient dem Mitarbeiter zum Kennenlernen der Persönlichkeit des Pflegebedürftigen sowie seiner Wünsche und Erwartungen. Es dient auch der Informationsgewinnung noch vorhandener Ressourcen und von Selbstpflegedefiziten, dem Kennenlernen des persönlichen sozialen Umfeldes des Pflegebedürftigen sowie möglicher verfügbarer Hilfen aus dem persönlichen Nahbereich. Schließlich dient es dem Aufbau einer vertrauensvollen pflegerischen Beziehung. Auch für den Pflegebedürftigen besitzt dieses Gespräch eine hohe Bedeutung, denn Sympathie oder Antipathie können eine Beziehung bestimmen. Hilfreich ist für ein solches Gespräch ein Leitfaden, der Strukturierung vorgibt und Vollständigkeit für die Erstellung der Pflegeanamnese schafft. Mithilfe der pflegefachlichen Perspektive der Pflegefachkraft formuliert der Pflegebedürftige konkrete Erwartungen an die Pflege in Form von Pflegezielen, die dokumentiert werden. Das Stammblatt inkl. Risikomatrix der strukturierten Informationssammlung (SIS) könnte hier ein nützlicher Leitfaden sein. Es umfasst die wesentlichsten Merkmale in acht Themenfeldern:

(1) Was bewegt sie im Augenblick? Was brauchen Sie? Was können wir für Sie tun?,
(2) Kognitive und kommunikative Fähigkeiten,
(3) Arbeitsbezogene Anforderungen und Belastungen,
(4) Mobilität und Beweglichkeit,
(5) Selbstversorgung,
(6) Leben in sozialen Beziehungen,
(7) Wohnen und Häuslichkeit und
(8) erste fachliche Einschätzung (Dekubitus, Sturz, Inkontinenz, Schmerz, Ernährung, Sonstiges) und Aussagen darüber, wann und in welchen Bereichen eine weitere Einschätzung notwendig wird.

Diese vom Pflegebedürftigen benannten Wünsche und Erwartungen werden gemeinsam mit der Pflegefachkraft in Form von Pflegezielen formuliert und dokumentiert. Außerdem werden die persönlichen Ressourcen aus pflegefachlicher Sicht ergänzt, die zur Erreichung der Pflegeziele genutzt werden können. Die Pflegeziele sind der rote Faden, der überwacht werden sollte. In einem weiteren Formblatt könnten überblicksartig erfasst werden: die Potentiale und Ressourcen des Pflegebedürftigen, die gemeinsam formulierten Pflegeziele, die Maßnahmenplanung (was, wann, wie, wer) und die Berichte der Kooperationspartner.

Die konkreten Leistungen der Pflegefachkräfte lassen sich in drei Kategorien einteilen: Case-Management, konkrete Anleitungsaufgaben und körperbezogene Pflegeleistungen.

Zum Case-Management zählt jeglicher Aufwand, der zur Organisation der Pflege notwendig ist. Dazu gehören: die Koordination von anderen Leistungserbringern, ehrenamtlichen Helfern, die Organisation von Hilfsmitteln, Einkäufen, Essenversorgung, Haushalts- und Betreuungsleistungen, nötige Wohnungsanpassungen und Fallbesprechungen.

Konkrete Anleitungsaufgaben, sogenanntes Empowerment, enthalten die Anleitungen von Angehörigen zur Pflege, die Anleitung des Pflegebedürftigen zur selbstständigen Kompensation des Hilfebedarfes, die

Anleitung zur Mitwirkung an der ärztlichen Therapie und die Anleitung zum Einsatz von Hilfsmitteln.

Körperbezogene Pflegeleistungen werden direkt am Pflegebedürftigen mit dem Fokus auf Mobilisation und Beweglichkeit durchgeführt.

Befindet sich der Pflegebedürftige in einer stabilen Pflegesituation, können die Leistungen, die durch das Buurtzorg-Team erbracht werden, nach dem bestehenden Leistungskomplexsystem bzw. nach Leistungen der Hauskrankenpflege geplant, erbracht und abgerechnet werden. Eine Abrechnung der erbrachten Leistungen nach Stunden wäre für alle Beteiligten eine Vereinfachung. Eine solche Abrechnung wäre außerdem für den Pflegebedürftigen nachvollziehbar und für alle Beteiligten transparent.

Bei instabiler Pflegesituation, bei einer akuten Pflegebedürftigkeit, sind der Koordinierungs- und der Anleitungsaufwand am größten. Die zu erbringenden Pflegeleistungen, einschließlich des Case-Managements und Empowerments, übersteigen an Dauer und Intensität den Aufwand von Pflegeleistungen bei stabilen Pflegesituationen erheblich. Die Leistungskomplexe und die Behandlungspflege nach Leistungsgruppen mit den bestehenden Festpreisleistungen bei ambulanter Pflege honorieren diese Mehrleistungen weder inhaltlich noch ökonomisch. Unstrittig ist aber die Bedeutsamkeit einer intensiven Frühmobilisierung anstelle einer chronifizierten Langzeitpflege.

Durch den Einsatz mobiler Endgeräte, die das genaue Leistungsgeschehen und die Leistungsdauer konkret aufzeichnen, könnte ohne bürokratischen Aufwand eine Abrechnung über das persönliche Budget nach § 35a SGB XI für den einzelnen Leistungsempfänger erfolgen. Auch die Erstversorgung von Leistungen der ambulanten Krankenpflege für dauerhafte therapeutische Behandlungen sollte wie instabile Pflegesituationen inhaltlich und ökonomisch betrachtet werden.

Im Rahmen des individuellen Empowerments des Pflegedienstes sollte auch über den Einsatz eines Digitalassistenten und seines Nutzens mit dem Pflegebedürftigen geredet werden. Dem pflegebedürftigen Menschen sollten die Vorteile der Nutzung des digitalen Selbstmanagements aufgezeigt werden.

Menschen, die ungeübt sind in der Nutzung digitaler Medien und digitaler Anwendungen, können sich nicht vorstellen, welche persönliche Bereicherung sie in ihrer Pflegebedürftigkeit durch digitale Anwendungen erhalten können. Digitales Selbstmanagement bedeutet Selbstbestimmung, Selbstverantwortung und Teilhabe an den zur Verfügung stehenden technischen, medizinischen und therapeutischen Möglichkeiten. Außerdem ist es ein essenzieller Sicherheits- und Präventionsfaktor.

Es bedarf eines individuellen, sensiblen, aber ermunternden, aktivierenden Anstoßes, damit der Pflegebedürftige ein Tablet, Wearables oder Robotik nutzen lernt, und es bedarf geduldiger Erklärungen, Übungen und Begleitung beim Gebrauch.

Selbst wenn der Pflegebedürftige Erfahrungen in der Anwendung digitaler Möglichkeiten hat, gibt es doch zu viele Neuerungen, Veränderungen und Weiterentwicklungen, als dass ein Nichtfachmann im Zustand seiner Pflegebedürftigkeit einen Überblick hat über spezielle, für ihn geeignete Nutzungsperspektiven. Eine Digitalassistenz kennt alle zur Verfügung stehenden digitalen Möglichkeiten und kann individuelle Vorschläge unterbreiten. So kann er dem Pflegebedürftigen den Nutzen der elektronischen Gesundheitskarte und der elektronischen Patientenakte verdeutlichen. Auf der elektronischen Gesundheitskarte sind z.B. die Notfalldaten und der Medikamentenplan hinterlegt, um Wechselwirkungen auszuschließen. Hat. Mithilfe der elektronischen Patientenakte hat der Arzt oder die Klinik eine Übersicht über erfolgte Therapien und ermittelte Diagnosen. Der Vorteil der telemedizinischen Nutzung besteht darin, dass der Pflegebedürftige von zuhause aus einen Arzt/Facharzt, eine Hebamme, einen Physiotherapeuten, eine Apotheke, einen Zahnarzt, eine Klinik, einen Logopäden etc. kontaktieren kann. Digitale Medien erlauben es auch, eine Videosprechstunde wahrzunehmen, um eine Zweitmeinung einzuholen oder eine apparative Beobachtung durchzuführen.

Digitale Anwendungen ermöglichen zudem die Nutzung von Homepages von Ärzten, Therapeuten, Apotheken und Kliniken. Sie gestatten Patienten-Selfservice, elektronische Terminvereinbarung mit Haus- und Fachärzten mit Erinnerungsfunktion und elektronischem Rezept oder die Einrichtung und Nutzung von Gesundheits-Apps und Wearables, wie Activity- oder Fitness-Tracker, um z.B. Vitalwerte zu erfassen, zu dokumentieren und zu überwachen.

Die digitalen Anwendungen können auf Wunsch oder bei Bedarf ergänzt werden durch alltagsunterstützende Assistenzlösungen. Diese sind Hilfen, wie Sturzsensormatten, GPS-Sender, die Demenzkranke orten können, Rauchmelder mit integrierter Herdsteuerung usw. All diese Technologien, die noch durch Robotik ergänzt werden könnten und sollten, sind hilfreich und vermitteln dem Pflegebedürftigen Sicherheit und Schutz. Aber ihre Bedienung muss erlernt werden; die Nutzer benötigen neben einer Einweisung auch eine begleitende Hilfe bei Nachfragen, technischen Defekten und veränderten Pflegesituationen.

Die Aufgaben der Digitalassistenz erfordern einerseits elektrotechnisches, elektronisches und informationstechnisches Wissen und andererseits fundierte pflegefachliche Kenntnisse.

Ohne digitale Unterstützung wird es immer schwerer werden, die pflegerische Versorgung in der Häuslichkeit in Zukunft sicherzustellen.

Man kann davon ausgehen (alle Zahlen habe ich auf der Grundlage der Angaben von 2017 niedrig geschätzt), dass von bundesweit 14.000 professionellen Pflegediensten insgesamt 850.000 Pflegebedürftige gepflegt, betreut und versorgt werden. In diesen Pflegediensten arbeiten 390.000 Pflegefachkräfte. Würden durch technischen und informationstechnologischen Einsatz und mithilfe von Digitalassistenzen die zur Verfügung stehenden digitalen Möglichkeiten genutzt werden und würde dadurch nur eine Stunde Arbeitszeit (AZ) pro Woche (vier Stunden pro Monat) pro Pflegedienst eingespart werden können, ergibt sich folgende Berechnung.

(1) Annahme bundesweit:

a) 850.000 Pflegebedürftige x 4 Std./mtl.AZ-Einsparung durch Digitalität/Digitalassistenz
= 3.400.000 Std/mtl.AZ-Einsparung

b) 3.400.000 Std/AZ: 130 Std./mtl.AZ pro Mitarbeiter i.d. Pflege (durchschnittliche monatliche, angenommene AZ eines Mitarbeiters)
= 26.154 Mitarbeiter, die bundesweit eingespart und für andere Aufgaben in der Pflege eingesetzt werden könnten

(2) Annahme bezogen auf den Landkreis der Beispielgemeinde in Brandenburg

a) 3.100 Pflegebedürftige x 4 Std./mtl.AZ-Einsparung durch Digitalität/Digitalassistenz
= 12.400 Std./mtl.AZ-Einsparung

b) weitere Annahme: 12.400 Std./AZ: 130 Std./mtl.AZ pro Mitarbeiter i.d. Pflege
= 95 Mitarbeiter, die im Landkreis B. für andere Aufgaben in der Pflege eingesetzt werden könnten

Für Pflegebedürftige, die in ihrer Häuslichkeit leben und dort auch möglichst lange verbleiben wollen, fanden die Organisation, Pflege und Betreuung durch herkömmliche Pflegedienste bisher weitgehend um den Pflegebedürftigen herum statt. Zeitvorgaben, Personaleinsatzpläne, Tourenvorgaben und persönliche Bereitschaften sowie Neigungen waren Determinanten, die vom Angehörigen, vom professionellen Dienstleister oder von anderen bestimmt wurden. Die aktive Einflussnahme des Pflegebedürftigen auf seinen eigenen Pflegeprozess war nur in Abhängigkeit vom professionellen Pflegedienst und von den Angehörigen oder Freunden möglich. Noch schwieriger und für den Pflegebedürftigen intransparenter war die Verbindung an der Schnittstelle zwischen Pflege und Medizin sowie an der Schnittstelle zwischen Pflege und sozialer Teilhabe. Gerade an diesen Schnittstellen, häufig nur per Telefon oder Fax oder durch Dritte verbunden, können Informationsverluste und Missverständnisse lebensbedrohlich werden.

Buurtzorg-Pflegeteams geben dem Pflegebedürftigen sein Selbstmanagement, seine Selbstverantwortung und -bestimmung zurück. Sie stellen ihn, seine Wünsche und Erwartungen ins Zentrum ihrer Pflegetätigkeit. Mithilfe von Digitalassistenzen und entsprechender Technik werden der mobile, der eingeschränkt mobile und der immobile Pflegebedürftige befähigt, mit Abwesenden eigenständig zu kommunizieren, digital an Gemeinschaften teilzuhaben, Selbstsorge wahrzunehmen und eigenständig am Geschäftsleben teilzunehmen. Besonders in Zeiten von Pandemien oder Ausnahmezuständen ist die Digitalität eine Verbindung aus der Häuslichkeit, aus der Isolation heraus und eine Möglichkeit, sich selbst zu organisieren.

Die Ziele des Pflegebedürftigen lauten: Die Pflegekräfte nehmen seine Wünsche und Erwartungen ernst und beziehen ihn und seine Angehörigen in den Pflegeprozess ein. Er wird nicht ‚bepflegt‘, sondern er wird befähigt, die Pflege mitzugestalten und möglichst eigenständig zu sein. Er erhält Unterstützung, damit seine Unabhängigkeit so lange wie möglich gewahrt wird.

Digitalassistenzen helfen ihm dabei, aus den digitalen Anwendungen einen persönlichen Nutzen zu ziehen. Dies stärkt sein Selbstbewusstsein, seine Verantwortung für sich selbst, seine Selbstorganisation und sein gesundheitliches Selbstmanagement.

Die Ziele der Mitarbeiter in den Pflegediensten sind Patientenzufriedenheit sowie Zufriedenheit und Erfüllung bei der Ausübung ihres Berufes. Sie wünschen sich mehr Menschlichkeit statt zunehmender Bürokratie.

Die Politik, die Gesellschaft und die ökonomischen Erfordernisse müssen auf den demografischen Wandel angemessen reagieren. Deshalb müssen die aktuellen Ziele der Pflegeversicherung für die Zukunft lauten:

- Der Ausbau der digitalen Strukturen und Anwendungen in der ambulanten Pflege hat Vorrang vor personellen Aufstockungen klassischer ambulanter Pflegedienste.
- Die Nutzung digitaler, technischer und telekommunikativer Anwendungen soll für alle Menschen, besonders aber für Alte und Pflegebedürftige, ermöglicht werden.
- Jeder Pflegebedürftige hat Anspruch auf individuelle und finanzielle Unterstützung bei der Nutzung digitaler, technischer und telekommunikativer Möglichkeiten, die ihm einen längeren Verbleib in der eigenen Häuslichkeit erlauben.
- Die Entwicklung hybrider und agiler Pflegekonzepte für den ambulanten Pflegedienst soll unterstützt werden durch neue angepasste Abrechnungsformen. Auch in Pflegekonzepten für stationäre und teilstationäre Einrichtungen sollen hybride und agile Strukturen entwickelt werden.

Der Leitsatz der Pflegeversicherung lautete bisher: ambulant vor stationär. Das hat die Ambulantisierung der Pflege in den letzten zwanzig Jahren erheblich befördert. Künftig soll der Leitsatz der Pflegeversicherung lauten: digital vor ambulant und stationär.

Die zukünftigen Strukturen im System der Pflege sollen digital, agil und hybride sein, damit Pflege bezahlbar bleibt, umfassende kommunale Daseinsvorsorge geleistet werden kann und soziale Teilhabe für jeden möglich ist.

Literaturverzeichnis

1. Naegele, G. / Tews, H.-P., Hrsg., Lebenslagen im Strukturwandel des Alterns: Alternde Gesellschaft – Folgen für die Politik, Opladen, Westdeutscher Verlag, 1993
2. Biedenkopf, K., Zur ordnungspolitischen Bedeutung der Zivilgesellschaft, Freiburger Diskussionspapiere zur Ordnungsökonomik, Walter Eucken Institut, 13/12, Seite 2, 2013
3. Biedenkopf, K., ebenda, Seite 14
4. Trampusch, Chr., Der erschöpfte Sozialstaat, Frankfurt, Campus 2009, Seite 110
5. Fuchs, H., Die Wohltaten der Pflegekasse, Satt, sauber und still – Prozeßqualität im Sinne des Pflegeversicherungsgesetzes? Soziale Sicherheit, Bund Verlag, Köln, 1997, Heft 10, Seite 321
6. Dammert, M., Angehörige im Visier der Pflegepolitik, Verlag der Sozialwissenschaften, Wiesbaden, 2009, Seite 67 ff
7. Dammert, M. ebenda, Seite 89
8. Dammert, M. ebenda, Seite 89
9. Evers, A., Zwischen Versorgung und Aktivierung. Das Pflegegesetz ermöglicht eine Kultur der Pflege – seine Umsetzung droht sie zu verbauen, In Konturen der neuen Pflegelandschaft. Positionen, Widersprüche, Konsequenzen, Hrg. Schmidt, R. / Thiele, A., Regensburg, 1998, Seite 7 ff
10. Bundestagsdrucksache 18/10210, 02.11.2016, Unterrichtung durch die Bundesregierung, Siebter Bericht zur Lage der älteren Generation in der Bundesrepublik Deutschland und Stellungnahme der Bundesregierung
11. Erster Engagementbericht des Bundesministeriums für Familie, Senioren, Frauen und Gesundheit, Für eine Kultur der Mitverantwortung, Engagementmonitor 2012, Schlußbemerkung, Seite 36

12. Erster Engagementbericht, ebenda, Kapitel I, Seite 10

13. Erster Engagementbericht, ebenda, Kapitel IV, Seite34

14. Zweiter Engagementbericht des Bundesministeriums für Familie, Senioren, Frauen und Gesundheit, Demografischer Wandel und bürgerschaftliches Engagement: Der Beitrag des Engagements zur lokalen Entwicklung, Kapitel IV, Seite 44

15. Zweiter Engagementbericht, ebenda, Kapitel I, Seite 10

16. Evers, A., Klie, T., Roß, P.-S., Die Vielfalt des Engagements. Eine Herausforderung an Gesellschaft und Politik, Aus Politik und Zeitgeschichte, 65. Jahrgang 14-15/2015, Seite 9

17. Mayer, T., Demografiepolitik – gestalten oder verwalten, Aus Politik und Zeitgeschichte, 10 – 11, 2001, Seite 11

18. Staatskanzlei des Landes Brandenburg, Bericht zu den demografischen und wirtschaftsstrukturellen Veränderungen in Brandenburg, 2004, Seite 34

19. Staatskanzlei des Landes Brandenburg, Demografischer Wandel in Brandenburg – Erneuerung aus eigener Kraft. Ursachen und Folgen – Strategien und Handlungsfelder – Projekte und Maßnahamen, 2005, Seite 30

20. Staatskanzlei des Landes Brandenburg, 3. Demografiebericht, 2011, Seite 20

21. Pressemitteilung des Ministeriums für Arbeit, Soziales, Gesundheit, Frauen und Familie, Sozialmimister □aaske zum Neuen Landespflegegesetz, 01.03.2011, Seite 1

22. Erstes Gesetz zur Änderung des Landespflegegesetzes (LPflegeG), vom 12.07.2011, Nummer 15

23. Ministerium für Arbeit, Soziales, Gesundheit, Frauen und Familie, Aktives Altern in Brandenburg – Seniorenpolitisches Maßnahmenpaket der Landesregierung, 2011

24. Ebenda, Kap. 3.1, 2011

25. Ebenda, Kap. 3.4, 2011

26. Ministerium für Arbeit, Soziales, Gesundheit, Frauen und Familie, Alt werden im Land Brandenburg – Leitlinien zur Seniorenpolitik der Landesregierung Brandenburg, 2007

27. Ministerium für Arbeit, Soziales, Gesundheit, Frauen und Familie, Fortschreiben. Verbessern. Fördern. Die Umsetzung neuer Leitlinien der Seniorenpolitik 2017

28. Ebenda, Einleitung, Seite 8

29. Berlin Institut für Bevölkerung und Entwicklung, Gutachten zum demografischen Wandel im Land Brandenburg, 2007, Seite 6

30. Amt für Statistik Berlin-Brandenburg, Statistischer Bericht, K VIII 1-2j /15, Potsdam 2016, aus Tabelle 1.1 und Tabelle 1.2

31. Ministerium für Arbeit, Soziales, Gesundheit, Frauen und Familie, sozial spezial, Daten und Fakten zur Pflege in Brandenburg, 2013, Seiten 7 bis 10.

32. Statistisches Bundesamt Wiesbaden, Pflegestatistik 2013, Pflege im Rahmen der Pflegeversicherung, Deutschlandergebnisse, Statistischer Informationsservice, 2015, Seite 9, Tabelle 1.2

33. Statistisches Bundesamt Wiesbaden, Pflegestatistik 2015, Pflege im Rahmen der Pflegeversicherung, Deutschlandergebnisse, Statistischer Informationsservice, 2017, Seite 9, Tabellen 1.2 und 2.1

34. Gesundheitsberichterstattung des Bundes – Gemeinsam getragen von RKI und Destatis, Startseite, Gesundheitliche Lage, Krankheitsfolgen, Pflegebedürftigkeit, Tabelle: Pflegebedürftigkeit (Anzahl und Quote) Gliederungsmerkmal, Jahr, Region, Alter und Geschlecht, 2018

35. Siehe Nr. 33 Auszug aus der Tabelle 1.2

36. Ministerium für Arbeit, Soziales, Gesundheit, Frauen und Familien, Analyse der Pflegestatistik 2015, Potsdam 2017, Seiten 11 – 21

37. Ranft, M. Vortrag am 20.05.2014, workshop der Bundesarbeitsgemeinschaft der Freien Wohlfahrtspflege

38. Ministerium für Arbeit, Soziales, Gesundheit, Frauen und Familie, Brandenburger Fachkräftestudie Pflege, Kurzfassung 2014, Kap. 8

39. Bericht der Landesregierung, Pflegeoffensive für eine verantwortungsvolle pflegerische Versorgung im Land Brandenburg auch in der Zukunft, Drucksache 6/4521, 2016, Seite 2

40. Ministerium für Arbeit, Soziales, Gesundheit, Frauen und Familie, Brandenburger Pflegeoffensive, 2. Ausgabe 2017, Einleitung, Seite 5

41. ebenda Seite 4

42. Pflegestützpunkte-online.de, Verzeichnis aller deutschen Pflegestützpunkte, Anzahl aus den Angaben der Bundesländer entnommen und Statistisches Bundesamt, Genesis-Online Datenbank, Pflegedürftige 2015

43. § 123 SGB Elftes Buch, Soziale Pflegeversicherung

44. Ministerium für Arbeit, Soziales, Gesundheit, Frauen und Familie, Presseinformation Nr.017/2017 vom 9. Februar, 2017

45. Vereinte Nationen, Handbook on Non-Profit Institutes in the System of National Accounts, New York, 2003, Seite 16

46. Landtag von Baden-Württemberg, Bericht und Empfehlungen der Enquetekommission „Pflege in Baden-Württemberg zukunftsorientiert und generationengerecht gestalten“ ausgegeben 22.01.2016, Seite 137

47. Aus: DStGB, Dokumentation N. 110, Lebensräume zum Älterwerden, Anregungen und Praxisbeispiele für ein neues Miteinander im Quartier, Hrsg. Deutscher Städte- und Gemeindebund, Netzwerk soziales neu gestalten, Kuratorium Deutsche Altershilfe, 12/2012, Seiten 28

48. Klie, T., Caring Community – ein leitbildfähiger Begriff für eine generationenübergreifende Sorgekultur? Institut für Sozialarbeit und Sozialpädagogik e.V. (Hrsg.) Sorgende Gemeinschaften – Vom Leitbild zu den Handlungsansätzen. Fachgespräche am 16.12.2013, Frankfurt am Main, Frankfurt/M., ISS 2014, Seite 16

49. Bernt, M. und Fritsche, M., Von Programmen zu Projekten. Die ambivalenten Innovationen des Quartiersmanagements. In Sylvia Greiffenhagen und Katja Neller (Hrsg.), Praxis ohne Theorie? Wissenschaftliche Diskurse zum Bund-Länder-Programm „Stadtteile mit besonderem Entwicklungsbedarf – die Soziale Stadt“, Wiesbaden, Verlag für Sozialwissenschaften, 2005, Seiten 2002 - 2018

50. Kißler, l. Kooperative Demokratie, Zum Qualifizierungspotential von Bürgerengagement, in, Perspektiven der politischen Soziologie im Wandel von Gesellschaft und Staatlichkeit, Hrsg. Von Winter, T. und Mittendorf, T., Festschrift für Theo Schiller, Verlag für Sozialwissenschaften, Wiesbaden, 20087, Seiten 102-119,

51. Bogumil, J., Neue Formen der Bürgerbeteiligung an kommunalen Entscheidungsprozessen - Kooperative Demokratie auf dem Vormarsch!? Vortrag auf der Fachkonferenz „Stadt und Bürger“ des Deutschen Städtetages am 1.3.2001 in Kassel. Seite 4

52. Bogumil, ebenda, Seite 5

53. Stegbauer, Ch., Reziprozität, Einführung in soziale Formen der Gegeseitigkeit, 2. Auflage, Verlag der Sozialwissenschaften, Wiesbaden, 2011, Seite 129

54. Ebenda, Seite 130

55. Ebenda, Seite 99

56. Institut für Sozialarbeit und Sozialpädagogik, ISS aktuell, 03, 2017, Frankfurt/Main, Seite 4

57. Generali Hochaltrigenstudie, Eine Erhebung des Instituts für Gerontologie der Universität Heidelberg, Köln 2014; Seite 15 ff

58. Klie, Th., Sorgende Gemeinschaften – Vom Leitbild zu Handlungsansätzen, Dokumentation, Institut für Sozialarbeit und Sozialpädagogik e.V., Frankfurt/Main, 2014, Seite 28

59. Hoberg, R., Klie, Th., Künzel, G., Politikentwurf für eine nachhaltige Sicherung von Pflege und Teilhabe, Strukturreform Pflege und Teilhabe, FEL Verlag, Freiburg, 2013

60. Ebenda Seite 11

61. Künzel; A. /SONG: Die Bremer Heimstiftung. In: sozialraum.de (5) Ausgabe 1/2013, URL:http://www.sozialraum.de/die bremer-heimstiftung.php, Datum des Zugriffs: 26.07.2018

62. Ebenda

63. Kricheldorff, C., Merten, A., Tonello, L.,"Im Projekt hat sich unglaublich viel getan" Auf dem Weg zu einer sorgenden Kommune, Handbuch für politisch Verantwortliche, Gestalter und Akteure in Baden-Württembergs Kommunen, Ergebnisse und Empfehlungen aus dem Landesmodellprojekt „Pflegemix in Lokalen Verantwortungsgemeinschaften", Hrsg. Katholische Hochschule Freiburg, Institut für Angewandte Forschung, Entwicklung und Weiterbildung (IAF), 2015, S. 28 ff

64. Ebenda, Seite 32

65. Ebenda, Seite 66

66. Ebenda, Seiten 33 ff

67. Ebenda, Seite 17

68. Ebenda, Seiten 37 bis 44

69. Ebenda, Seite 15

70. Ebenda, Seiten 44-49

71. Ebenda, Seiten 49-55

72. Ebenda, Seite 22

73. Bahr, M. und Kremer-Preiß, U., Aufgaben und Rollen in der Quartiersarbeit, Praxishilfe zur Klärung der unterschiedlichen Rollenprofile in der sozialräumlichen Vernetzungsarbeit, Bertelsmann Stiftung 2018, Seite 7

74. Ebenda Seite 7 – 9

75. Ebenda Seite 9 ff

76. Hartwig-Tiedt, A., Staatssekretärin MASGF Brandenburg, Presseinform. 083/2018

77. Ministerium für Arbeit, Soziales, Gesundheit, Frauen und Familie, Zeit im Quartier, Gemeinsam Lebensqualität vor Ort gestalten, Potsdam, 180/2017, Heft 1, unv. Nachauflage 2018

78. Falk, K., Kammerer, Dr. K., Sozialraumbezogene Analyse des künftigen Pflegebedarfes in der Gemeinde Wandlitz unter Berücksichtigung des Dritten Pflegestärkungsgesetzes (PSG III), Institut für Gerontologischer Forschung e.V., Berlin, 2017

79. Brandenburgische Beratungsgesellschaft für Stadterneuerung und Modernisierung mbH, Potsdam, Leitbild der Gemeinde Wandlitz, 14.12.2016

80. Brandenburgische Beratungsgesellschaft für Stadterneuerung und Modernisierung mbH, Potsdam, Umfeldanalyse, Gemeinde-Land-Region Wandlitz, Juni 2016

81. Brandenburgische Beratungsgesellschaft für Stadterneuerung und Modernisierung mbH, Potsdam, Leitbild der Gemeinde Wandlitz, Seite 82.

82. Datenquellen des statistischen Bundesamtes, Pflegestatistik, 2017

83. Siebel, W., Individualisierung, Integration, Nachbarschaft, Segregation, AMH, permanenter Link zum Eintrag, https://philosophie-indebate.de/3038/schwerpunktbeitrag-nachbarschaft/

84. Leistikow, D., Nebenan.de: Ein Netzwerk nur für Nachbarn, https://computerbild.de/artikel/cb-News-Internet-Nebenan-Netzwerk-Nachbarn-16831809html

85. Laufenberg, M., Sorgende Gemeinschaften? Demenfreundliche Koomunen zwischen sozialstaatlichem Sparmodell und Emanzipationsgewinn, zeitschrift-suburban, zeitschrift für kritische stadtforschung, Band 6, Heft 1, Seiten 77 bis 96, hier Seite 83

86. Kramer, L., 1,112 and counting - A historic article that helped start in the fight against AIDS, New York NATIVE, 14.03. 1983,

87. Laufenberg, M., Sorgende Gemeinschaften? „Demenzfreundliche Kommunen“ zwischen sozialstaatlichem Sparmodell und Emanzipationsgewinnn, Zeitschrift für kritische Stadtforschung sub/urban, Band 6, Heft 1, Seite 90

88. Die Bundesregierung, Konzertierte Aktion Pflege, Vereinbarungen der Arbeitsgruppen 1 bis 5, Herausgeber BMG, BMFSFJ, BMAS, Berlin 2019,

89. Die Bundesregierung, Bundesgesetzblatt Jahrgang 2019 Teil 1 Nr. 18, ausgegeben zu Bonn am 10.Mai 2019

90. Die Bundesregierung, Bundesgesetzblatt Jahrgang 2017 Teil 1 Nr. 49, ausgegeben zu Bonn am 24.Juli 2017

91. Statistisches Bundesamt, Destatis, Pflegestatistik 2017, Pflege im Rahmen der Pflegeversicherung, Deutschlandergebnisse, 2018, Wiesbaden, Seiten 21 bis 23

92. Luber, St. /Litzel, N., Was ist Digitalisierung? Artikel 09.01.2019 in BigData, Insider, https://www.bigdata-insider.de/was-ist-digitalisierung-a-626489/

93. Gabler Wirtschaftslexikon, https://wirtschaftslexikon.gabler.de/definition/kuenstliche-intelligenz-ki-40285/version-263676

94. Acatech, Deutsche Akademie der Technikwissenschaften, Lernende Systeme – Die Plattform für künstliche Intelligenz, Arbeitsgruppe Gesundheit, Medizintechnik und Pflege, Geschäftsstelle, München 2019

95. Hehner, St., Biesdorf, St., Möller, M., Digitalisierung im Gesundheitswesen: die Chancen für Deutschland, Studie von McKinsey in Kooperation mit dem Bundesverband Managed Care e.V., Digital McKinsey, Oktober 2018, http://www.mckinsey.de/news/presse/2018-9-27-digitalisierung-im-gesundheitswesen

96. Die medizinische Versorgung der Zukunft ist digital, Berlin, 26.11.2019, Bitkom e.V., https://www.bitkom-research.de/de/pressemitteilung/die-medizinische-versorgung-der-zukunft-ist-digital

97. Digitale Pflege: Deutsche sehen noch einen weiten Weg, Berlin, 30.01.2019, Bitkom e.V., https://www.bitkom.org/presse/presseinformation/digitale-pflege-deutsche-sehen-noch-einen-weiten-weg

98. Siehe Nr. 95

99. Im Auftrag der DAA-Stiftung Bildung und Beruf, Studie, Digitalisierung und Technisierung der Pflege in Deutschland, Aktuelle Trends und ihre Folgewirkungen auf Arbeitsorganisation, Beschäftigung und Qualifizierung, Erstellt durch Daun, M., input consulting, Hamburg, 2017

100. mhplus Krankenkasse und Süddeutsche Krankenversicherung a.G., Studie 55+ Pflege im Alter, 08.05.2019

101. Zwick, M., und Hampel, J., Cui bono? Zum Für und Wider von Robotik in der Pflege, Zeitschrift für Technikfolgenabschätzung in Theorie und Praxis, eokom Verlag, München, 2019, Seiten 52 bis 57

102. Ebenda, Seite 56

103. Thommes, K., Hoppe, J.A., Jelonek, V., Orient, Robotik in der Pflege, Paderborn, Februar 2019, Seiten 28-29

104. Rothgang; H., Domhoff, D., Die Pflegebürgerversicherung als Vollversicherung, Hans-Böckler-Stiftung, Nummer 150, Düsseldorf, 2019, Seite 82

105. Studie 55+ Pflege im Alter, mhplus Betriebskrankenkasse, Ludwigsburg und SDK Krankenversicherung a.G. Fellbach, 2019, Seiten 8 ff

106. Kochskämper, S., Wirtschaftliche Untersuchungen, Berichte und Sachverhalte, Institut der deutschen Wirtschaft, IW-Report 46/18, Köln 2018, Seite 10

107. Milich, N., News vom 12.02.2020, https://www.bibliomed-pflege.de/alle-news/detailansicht/39870-in deutschland-ist-die-pflege-chronisch-unterfinanziert/

108. Evans, M., „Dienstleistungssystem Altenhilfe" im Umbruch, Aus Politik und Zeitgeschichte, Pflege, 69. Jahrgang, 33-34/12.08.2019, Seite 32ff

109. Evans, M., und Hilpert, J., Zur Zukunft der Arbeit in der Sozial- und Gesundheitswirtschaft in der Digitalisierungsära, in Handbuch soziale Arbeit und Digitalisierung, Kutscher, N., Ley, T., Seelmeyer, U., Siller, F., Tillmann, A., Zorn, I., (Hrsg), Beltz Juventa, Weinheim, 2020, Seite 86

110. Deutscher Pflegerat e.V. (DPR), Positionspapier: Digitalisierung in der Pflege Berlin, 2019, Seite 5

111. Kirchner, U., Was ist Buurtzorg? http://www.buurtzorg-in-deutschland.org/buurtzorg/ 2016

112. Madörin, M., Ökonomisierung des Gesundheitswesens – Erkundungen aus der Sicht der Pflege, Hrsg. Züricher Hochschule für Angewandte Wissenschaften, Winterthur, Überarbeitete Version 2015, Seiten 93 ff

113. Stubbe, J., Schaat, S., Ehrenberg-Silies, S., Digital souverän? Kompetenzen für ein selbstbestimmtes Leben im Alter, Bertelsmann Stiftung, Gütersloh, 2019, S. 12

114. ebenda, Seite 8

115. ebenda, Seite 12

116. Universität Bremen, Digitale Teilhabe älterer Offliner braucht mehr als Tabletkurse, Aktuelle Meldung, Mitteilung Nr. 147, vom 01.10.2017

117. Schmölz, J., Die digitalen Lebenswelten der über 60-Jährigen in Deutschland, Auszug Ü60-Studie, Deutsches Institut für Vertrauen und Sicherheit im Internet, DIVSI, 2017

118. Kubicek, H., Nutzung und Nutzen des Internets im Alter, Herausforderungen für eine Digitalisierungspolitik in Zeiten des demographischen Wandels, Stiftung digitale Chancen, Institut für Informationsmanagement Bremen (ifib), 2019, Seite 11

119. Ebenda, Seite 13

120. Ebenda, Seite 19

121. Ebenda, Seite 21 ff

122. Ebenda, Seite 25

123. Ebenda, Seite 27

124. 124. Schwab, K., und Sutherland, J., Der Scrum Guide, Der gültige Leitfaden für Scrum: Die Spielregeln, entwickelt und kontinuierlich verbessert, Deutsche Ausgabe November 2017, http://creativecommons.org/licenses/by-sa/4.0/legalcode

125. Diehl, A., Agilität im Unternehmen – Die hohe Kunst mit Dynamik und Komplexität umzugehen, https://digitale neuordnung.de/blog/was-ist-agilitaet/

126. Diehl, A., Agile Methoden – Übersicht und Bewertung, https://digitaleneuordnung.de/blog/agile-methoden/

Anhang: Tabellen

Tabelle 1 Pflegebedürftige im Land Brandenburg

Pflege-bedürftige	**insge-samt**	**%**	**75-85**	**%**	**85-90**	**%**	**90 plus**	**%**
Insgesamt	111 595	100	40 975	36,7	22 002	19,7	15 057	13,5
Frauen	71 378	64	26 480	37,1	16 391	23	12 498	17,5
Männer	40 217	36	114 456	36	5611	14	2 559	6,4
Pflegequote								
Insgesamt		4,49	17		47,4		76,4	
Frauen		5,68	19,1		52,3		80	
Männer		3,27	14,2		37,1		62,7	

Tabelle 2 Steigerung der Anzahl der Pflegebedürftigen von 2001 bis 2015

Pflege-bedürftige	**2001**	**2011**	**Steige-rung**	**%**	**2015**	**Steige-rung**	**%**
im Land Brandenburg							
	67 179	95 970	28 791	42,9	111 595	15 625	16,3
Brandbg./Hav	1 720	2 309	589	34,2	2 904	595	25,8
Cottbus	2 427	2 809	382	15,7	3 167	358	12,7
Frankfurt/O.	1 550	2 140	590	38,1	2 432	292	13,6
Potsdam	2 717	4 584	1 876	68,1	5 300	716	15,6
Barnim	5 309	8 692	3 383	63,7	10 558	1 866	21,5
Dahme-Spr.	4 339	5 472	133	26,1	6 323	851	15,6
Elbe-Elster	3 396	4 447	1 081	30,9	5 092	645	14,5
Havelland	4 082	4 915	833	20,4	6 383	1 468	29,9
M.-Oderland	4 807	8 006	3 399	73,8	8 828	822	10,3
Oberhavel	5 306	8 056	2750	51,8	9 315	259	15,6
O.-Lausitz	3 301	3 997	696	21,1	4 499	502	12,6
Oder-Spree	4 998	8 501	3 503	70,1	9 189	688	17,2
Ostp.-Ruppin	3 378	4 943	1 565	46,3	5 721	502	10,2
P.-Mittelmark	5 331	6 402	1 071	20,1	7 379	977	15,3
Prignitz	2 920	4 388	1 468	50,3	5 277	889	20,3
Spree-Neiße	3 371	3 635	264	7,8	4 295	660	18,2
Tel.-Fläming	3 870	5 787	1 917	49,5	6 702	915	15,8
Uckermark	4 587	6 887	2 330	51,1	8 231	1 344	19,2

Tabelle 3 Pflegebedürftige im Land Brandenburg – Unterschiede in den Landkreisen

Pflege-bedürftige	2001	2011	Steige-rung	%	2015	Steige-rung	%	2001-15 in %
im Land Brandenburg ges.								
	67 179	95 970	28 791	42,9	111 595	15 625	16,3	66,1
Brandbg./Hav	1 720	2 309	589	34,2	2 904	595	25,8	68,8
Cottbus	2 427	2 809	382	15,7	3 167	358	12,7	30,5
Frankfurt/O.	1 550	2 140	590	38,1	2 432	292	13,6	56,9
Potsdam	2 717	4 584	1 876	68,1	5 300	716	15,6	95,1
Barnim	5 309	8 692	3 383	63,7	10 558	1 866	21,5	98,9
Dahme-Spr.	4 339	5 472	133	26,1	6 323	851	15,6	45,7
Elbe-Elster	3 396	4 447	1 081	30,9	5 092	645	14,5	49,9
Havelland	4 082	4 915	833	20,4	6 383	1 468	29,9	56,4
M.-Oderland	4 807	8 006	3 399	73,8	8 828	822	10,3	83,6
Oberhavel	5 306	8 056	2750	51,8	9 315	259	15,6	75,6
O.-Lausitz	3 301	3 997	696	21,1	4 499	502	12,6	36,3
Oder-Spree	4 998	8 501	3 503	70,1	9 189	688	17,2	83,9
Ostp.-Ruppin	3 378	4 943	1 565	46,3	5 721	502	10,2	69,4
P.-Mittelmark	5 331	6 402	1 071	20,1	7 379	977	15,3	38,4
Prignitz	2 920	4 388	1 468	50,3	5 277	889	20,3	80,7
Spree-Neiße	3 371	3 635	264	7,8	4 295	660	18,2	27,4
Tel.-Fläming	3 870	5 787	1 917	49,5	6 702	915	15,8	73,2
Uckermark	4 587	6 887	2 330	51,1	8 231	1 344	19,2	79,4

Tabelle 4 Bundesweite Verteilung der Pflegequote bei Männern und Frauen

Alter	Anz. Pflege-Bedürftige	Quote	Anzahl Männer	Quote	Anzahl Frauen	Quote
75–80	422 093	9,9	1.889.669	9,1	2.380 229	10,5
80–85	533.737	21,1	1.019.477	17,5	1.504.935	23,6
85–90	5.589.665	39,7	504.530	31,3	982.170	44
über 90	474.942	66,2	163.672	53,5	554.419	69,9

Tabelle 5 Pflegestützpunkte in Bundesländern nach dem Pflegeweiterentwicklungsgesetz

		Pfl.bedürft.	**Pfl.stützp./Bedürftige**
Mecklenburg-Vorpommern	12	79 145	6 595
Schleswig-Holstein	24	89 428	3 726
Hamburg	7	52 649	7 522
Niedersachsen	34	317 568	9 340
Bremen	7	24 787	3 541
Brandenburg	19	111 595	5 873
Berlin	12	116 424	9 702
Sachsen-Anhalt	0	99 119	0
Nordrhein-Westfalen	66	638 103	9 668
Sachsen (alternative Pflegenetze)		166 792	0
Thüringen	2	94 280	47 140
Hessen	20	223 579	11 178
Rheinland-Pfalz	112	132 283	1 181
Saarland	8	37 991	4 749
Baden-Württemberg	63	328 297	5 211
Bayern (geplant max.60)	9	348 253	38 694